LUIZ MAZETTO

NÓS SOMOS A TEMPESTADE
CONVERSAS SOBRE O METAL ALTERNATIVO DOS EUA

**BLACK FLAG | MELVINS | NEUROSIS | EYEHATEGOD | BUZZOV•EN | GRIEF | ISIS | PELICAN
MASTODON | KYLESA | BARONESS | DOWN | SAINT VITUS | CLUTCH | CONVERGE | BOTCH
THE DILLINGER ESCAPE PLAN | CORROSION OF CONFORMITY | CAVE IN | UNSANE
TODAY IS THE DAY | OXBOW | COLISEUM | MINSK | A STORM OF LIGHT**

Copyright © 2014, Luiz Mazetto

Copyright desta edição © 2014, Edições Ideal – Coleção Mondo Massari

Todos os direitos reservados. Nenhuma parte desta publicação pode ser reproduzida, armazenada em sistema de recuperação ou transmitida, em qualquer forma ou por quaisquer meios (eletrônico, mecânico, fotocópia, gravação ou outros), sem a permissão por escrito da editora.

Editor: **Marcelo Viegas**

Curadoria da coleção: **Fabio Massari**

Capa, Projeto Gráfico e Diagramação: **Guilherme Theodoro**

Revisão: **Mário Gonçalino**

Diretor de Marketing: **Felipe Gasnier**

CATALOGAÇÃO NA PUBLICAÇÃO
Bibliotecária: Fernanda Pinheiro de S. Landin CRB-7: 6304

M476n

Mazetto, Luiz, 1986-
Nós somos a tempestade : conversas sobre o metal alternativo dos EUA / Luiz Mazetto.
São Paulo: Edições Ideal, 2014. 272 p.: il. : 23 cm

ISBN 978-85-62885-33-4

1. Músicos de rock - Estados Unidos - Entrevistas. 2. Grupos de rock - Estados Unidos - Entrevistas. 3. Heavy Metal - Estados Unidos. 4. Rock alternativo - Estados Unidos. I. Título.

CDD: 781.66

19.08.2014

EDIÇÕES IDEAL

Caixa Postal 78237

São Bernardo do Campo/SP

CEP: 09720-970

Tel: 11 4941-6669

Site: www.edicoesideal.com

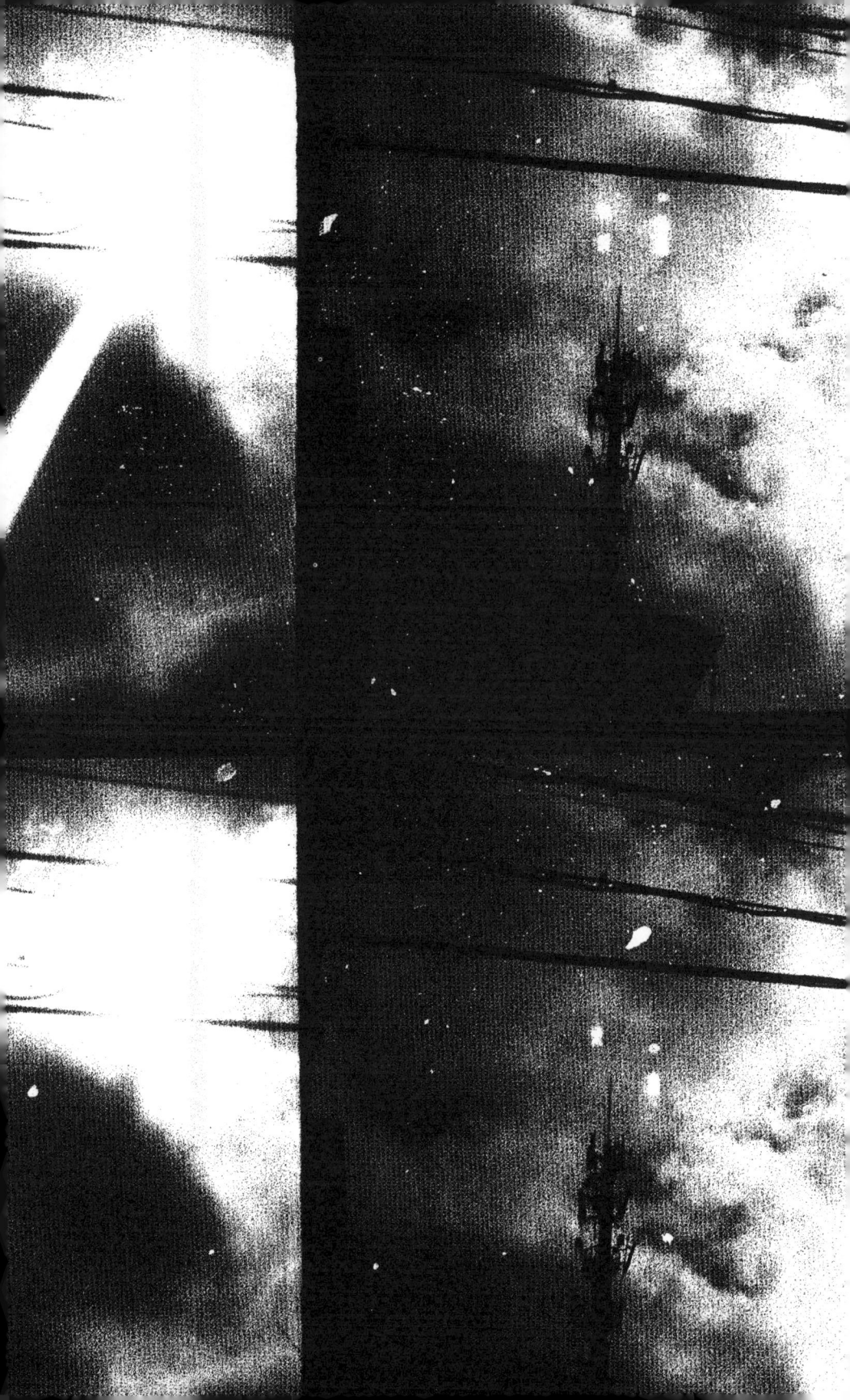

SUMÁRIO

PREFÁCIO, por Nate Newton (Converge) _PÁGINA 9
INTRODUÇÃO, por Luiz Mazetto _PÁGINA 13
BREVE HISTÓRIA DO METAL ALTERNATIVO DOS EUA _PÁGINA 17

CAP. 1 - PRECURSORES
Black Flag: entrevista com Chuck Dukowski _PÁGINA 24
Melvins: entrevista com Buzz Osborne e Dale Crover _PÁGINA 27
Neurosis: entrevista com Scott Kelly _PÁGINA 32

CAP. 2 - SLUDGE
Eyehategod: entrevista com Mike IX Williams _PÁGINA 48
Buzzov•en: entrevista com Kirk Lloyd Fisher _PÁGINA 59
Grief: entrevista com Randy Odierno _PÁGINA 65

CAP. 3 - PÓS-METAL
Isis: entrevista com Aaron Harris _PÁGINA 70
Pelican: entrevista com Trevor de Brauw _PÁGINA 81
Minsk: entrevista com Sanford Parker _PÁGINA 89

CAP. 4 - SLUDGE PROGRESSIVO
Mastodon: entrevista com Bill Kelliher _PÁGINA 100
Kylesa: entrevista com Laura Pleasants _PÁGINA 112
Baroness: entrevista com John Baizley _PÁGINA 123

CAP. 5 - STONER/DOOM
Saint Vitus: entrevista com Wino _PÁGINA 136
Down: entrevista com Jimmy Bower _PÁGINA 143
Clutch: entrevista com Jean-Paul Gaster _PÁGINA 155

CAP. 6 - HARDCORE TORTO
Converge: entrevista com Nate Newton _PÁGINA 168
Botch: entrevista com Brian Cook _PÁGINA 182
The Dillinger Escape Plan: entrevista com Ben Weinman _PÁGINA 195

CAP. 7 - JÁ FOMOS HARDCORE
Corrosion of Conformity: entrevista com Mike Dean _PÁGINA 204
Coliseum: entrevista com Ryan Patterson _PÁGINA 212
Cave In: entrevista com Stephen Brodsky _PÁGINA 221

CAP. 8 - NOISE/EXPERIMENTAL
Today is the Day: entrevista com Steve Austin _PÁGINA 230
Unsane: entrevista com Dave Curran _PÁGINA 233
Oxbow: entrevista com Eugene Robinson _PÁGINA 240

CAP. 9 - NO CINEMA
Blood, Sweat + Vinyl: entrevista com o diretor Kenneth Thomas _PÁGINA 248
Such Hawks Such Hounds: entrevista com o diretor John Srebalus _PÁGINA 258

APÊNDICE
A Storm of Light: entrevista inédita de Fabio Massari com Josh Graham _PÁGINA 265
50 discos essenciais para entender o metal alternativo (Por Luiz Mazetto) _PÁGINA 270

PREFÁCIO
Por Nate Newton*

FIQUEI olhando para uma tela em branco a noite inteira tentando pensar sobre o quê escrever. Há algo para dizer sobre essa música que a música em si já não tenha dito por conta própria? É música para os que ficam de fora, os "outsiders". Essa voz está sempre mudando. Sempre encontrando uma nova inspiração, uma nova maneira de se expressar.

Não posso falar por mais ninguém, mas essa voz é a razão para eu estar aqui. Nunca tive nenhuma ambição de verdade na vida além de fazer a música que eu amo. Eu queria apenas continuar. Era isso. Nunca vi um futuro. Meu plano de vida era tocar música até eu não poder mais e então morrer. Nunca achei que chegaria aos 40 anos. Faço 39 neste ano (em 2014) e sou casado, tenho uma filha e sei que agora tenho um propósito na vida... e o que me levou a isso foi essa música. Posso dizer, sem um pingo de ironia, que se essa música – essa vida – não tivesse me encontrado, eu estaria morto hoje. Sou mais agradecido a isso do que jamais poderia expressar aqui.

Tudo começou quando meu primo mais velho me deu uma fita com a *Thrasher Skate Rock Volume 1* no lado A e o *Who's Got the 10 ½?*, do Black Flag, no lado B. Era apenas uma fase passageira para ele (agora ele é um militar de carreira), mas para mim foi um tipo de despertar estranho. Ainda era uma criança, mas no instante em que ouvi "Loose Nut" pela primeira vez, soube que tinha encontrado algo que ficaria comigo para sempre. Algo que iria me definir. Eu tinha encontrado a minha voz – e o meu pessoal. Foi engraçado quando vi esse mesmo primo alguns anos depois e ele me perguntou, meio tirando uma: "Você ainda escuta aquela porcaria?". Claro que sim. Sim, ainda escuto e obrigado por me apresentar a isso. Sem aquela fita, quem sabe que tipo de pessoa eu teria me tornado. Conheci os meus melhores amigos por causa dessa música. Conheci minha mulher por causa dessa música. Tudo que eu tenho na vida eu tenho por causa dessa música. Lembro que alguns anos depois desse reencontro com o meu primo, fiz uma turnê com a minha antiga banda, o Jesuit. Estávamos na estrada com o Botch, fazendo um show em um estacionamento de trailers e foi uma das cenas mais bizarras que já presenciei em mais de 20 anos fazendo isso. Lembro de pensar duas coisas enquanto assistia ao Botch tocar naquele dia. A primeira é que eu tenho sorte. Lá estava eu presenciando algo que pouquíssimas pessoas poderiam ter a chance de ver. O show não foi ótimo (era um show "caseiro" em um estacionamento de trailers no meio dos anos 1990), mas havia essa energia, essa força... a voz. Ela estava lá. Falava por meio de todos nós. Não há nada no mundo como esse sentimento. A segunda coisa que pensei foi: "O que está acontecendo aqui é importante". Nós estávamos em turnê juntos fazendo esses shows pequenos para pouca gente e em que talvez apenas metade do público realmente conhecia as bandas ou se importava com a gente. Mas estávamos espalhando algo diferente, algo novo. Eu sabia que a nossa voz repercutiria entre as pessoas.

Quando falo "nossa voz" não quero dizer a minha banda em particular, mas essa pequena cena da qual fazíamos parte. Havia algumas bandas incríveis que as pessoas simplesmente não conheciam. O Botch estava no topo dessa lista (que banda absolutamente incrível eles eram). Da mesma forma quando eu era pequeno e ouvi a fita do Black Flag. E é por essa razão que tudo isso é tão incrível. Porque AINDA está acontecendo. Todos os dias, em alguma parte do mundo, há uma banda com a voz fazendo o seu próprio "barulho" e esse "barulho" inspira outras pessoas a se juntarem e fazerem o seu próprio "barulho". Isso é importante. Isso é vital. Sinto-me honrado por ter o privilégio de usar a minha voz para ajudar outras pessoas a encontrarem as suas vozes. Existem facilmente centenas de bandas que eu poderia citar agora, que me inspiraram e ajudaram por esse caminho. Mas não preciso fazer isso. Porque sei que sempre existirão pessoas no mundo buscando por uma honestidade verdadeira na música: elas descobrirão essas bandas e continuarão a encontrar suas vozes. Obrigado por me deixar ser uma delas.

* NATE NEWTON É UM INCANSÁVEL DA CENA DE METAL ALTERNATIVO DOS EUA. JÁ TOCOU NA CLÁSSICA BANDA DE "MÚSICA TORTA" JESUIT E DESDE O FINAL DOS ANOS 1990 É BAIXISTA DO CONVERGE. ALÉM DISSO, COMANDA AS GUITARRAS E VOCAIS DO OLD MAN GLOOM E DOOMRIDERS. MAIS RECENTEMENTE, TAMBÉM PASSOU A RESPONDER PELAS LINHAS DE BAIXO DO CAVALERA CONSPIRACY.

INTRODUÇÃO
Por Luiz Mazetto

ESTE livro começou a ser escrito em março de 2010, meio sem querer, bem antes de passar pela minha cabeça realmente fazer algo nesse sentido. Naquela época, já formado em jornalismo (mas um jornalista ainda em formação, veja só), eu estava em San Francisco, nos EUA, fazendo minha viagem dos sonhos e tentando iniciar minha carreira no jornalismo musical, meio à fórceps, já que obviamente ninguém se interessava por sugestões de pautas sobre bandas de metal alternativo/underground.

Pois bem, após um e-mail despretensioso ao site do Neurosis, eis que o fundador da banda, o senhor Scott Kelly, respondeu não apenas topando a entrevista como dizendo para eu aparecer um pouco antes do show para conversar e ver a passagem de som do Shrinebuilder, banda que reunia o rapaz acima mais o Dale Crover, do Melvins, o Wino, do Saint Vitus, e o Al Cisneros, do Sleep.

Por conta de problemas na voz, que infelizmente continuaram durante o show, o Scott não pôde fazer a entrevista, mas conversei com o resto da banda. E esse papo, feito totalmente de surpresa e por isso mesmo nunca publicado, deu-me o ânimo necessário para correr atrás de outras entrevistas, ainda que não tivesse o livro ou nada mais amplo em mente.

Pule dois anos. Em 2012, logo após ter uma ótima resposta com a entrevista que finalmente tinha feito com o Scott Kelly, percebi que não existia nenhum livro específico sobre essa "cena" de metal alternativo e comecei a considerar seriamente tal ideia.

O fato de nunca ter trabalhado na chamada imprensa musical "oficial" provavelmente me ajudou mais do que o esperado. Pelo menos para fazer este livro. Como sempre publiquei meus textos, inclusive alguns deste livro, "fora do eixo", seja no meu blog já extinto ou no Intervalo Banger, sempre pude ter uma liberdade que certamente não encontraria em nenhum outro lugar.

A pegada "do it yourself" da maioria das bandas entrevistadas também foi uma aliada incrível nessa jornada de quase quatro anos. Apesar de as sempre presentes assessorias de imprensa terem sido sim muito importantes para chegar até determinadas bandas, felizmente posso dizer que a maioria das entrevistas usadas no livro foi agendada diretamente com os músicos, o que diz muito sobre a postura desses artistas.

E então, cerca de quatro anos depois e muitas noites viradas fazendo pautas e traduções que resultaram em quase 30 entrevistas, o projeto do livro finalmente virou realidade. Por isso, só tenho a agradecer ao Massari, que abraçou a ideia desde o primeiro dia que falei com ele e foi de uma ajuda impossível de colocar em palavras, e a Edições Ideal, por ter acreditado no projeto e tornado possível um livro tão "estranho" quanto esse.

BREVE HISTÓRIA DO METAL ALTERNATIVO DOS EUA

POR ser muito diverso e sem um padrão de som mais definido, ao contrário de outros gêneros musicais, o metal alternativo dos EUA não tem um início marcado ou um disco fundamental como outras "cenas".

Mas isso não quer dizer que não exista um consenso sobre quais os principais responsáveis por essa "cena" surgida na metade da década de 1980. O Melvins, que também tem ligações com o Nirvana e toda a cena de Seattle, é apontado como precursor e uma das principais bandas do movimento.

Outra pedra fundamental é o Neurosis, criado em 1986 na Califórnia. Assim como o Melvins, o Neurosis também começou tocando com uma pegada punk/hardcore e acabou mudando para um som cada vez mais lento e complexo, indo contra o padrão mais comum na época.

O jornalista J. Bennett, conhecido por seu trabalho na *Decibel*, revista de metal dos EUA mais ligada ao metal alternativo, concorda que essas são as duas bandas mais importantes do gênero, mas lembra de um outro nome, o Black Flag, que só ficou mais lento no final de carreira, com trabalhos já clássicos como *My War* (1984), mas mesmo assim acabou influenciando muita gente dessa cena.

"Também colocaria o Black Flag bem alto nessa lista, como precursores do Melvins e do Neurosis. Eles foram responsáveis quase que sozinhos por estabelecer o circuito alternativo/underground de turnês nos EUA como conhecemos hoje", aponta o jornalista, que também aparece como entrevistado nos dois documentários presentes neste livro, *Blood, Sweat + Vinyl* e *Such Hawks Such Hounds*.

Nomes como Saint Vitus e Corrosion of Conformity também começaram antes do Melvins e do Neurosis, mas foram importantes de uma forma mais indireta para a criação dessa cena de metal alternativo, até por terem "passeado" por diversos estilos em suas carreiras. Mas as suas ligações com o movimento e outras bandas são inegáveis e essenciais para o underground norte-americano.

Pois bem. Após essa chamada primeira leva, surgiram outras bandas extremamente importantes para a difusão não apenas desse tipo de som, então chamado de sludge, mas de uma postura diferente das bandas em relação ao chamado "metal tradicional".

"Todo mundo estava tocando esses *riffs* death metal realmente muito rápidos e nós dissemos: 'Não, nós vamos tocar tudo muito lento e com muita microfonia e deixar todo mundo bravo' (risos). E funcionou. Quando nós aparecemos pela primeira vez, as pessoas em todos os lugares, e especialmente em Nova

Orleans, nos odiaram. Então, para nós foi algo do tipo 'Isso mesmo. Nós apenas vamos ser o oposto do que todo mundo está fazendo'", lembra o guitarrista do Eyehategod e do Soilent Green, Brian Patton.

Com origens em cidades distantes e cenas muito diferentes, bandas como o já citado Eyehategod, além de Buzzov•en e Unsane, acabaram encontrando pontos em comum, além do som normalmente associado ao sludge, e fizeram diversos shows e turnês juntos, que invariavelmente também contavam com Melvins e Neurosis.

Apesar de ter alcançado algum sucesso comercial, a maioria dessas bandas não foi "reconhecida" por boa parte da imprensa e dos fãs do metal mais tradicional. Essas bandas acabaram ficando mais ligadas a selos punks e alternativos, como Alternative Tentacles e Amphetamine Reptile, além da Relapse, que sempre deu espaço para todos os tipos de som pesado.

"Tenho certeza que as vendas menores de discos (em comparação com o metalcore e o new metal) tem algo a ver com isso. Mas é também porque as pessoas não são muito curiosas sobre música. Elas ficam felizes com o que ouvem no rádio, em comerciais, ou em videogames e filmes famosos. Qualquer coisa que precisem buscar por conta própria já parece trabalho. Elas têm programas de TV para assistir, afinal de contas", aponta Bennett.

O passo seguinte para muitos desses músicos foi fundar seus próprios selos, como por exemplo a Hydra Head, que foi seguida pela Neurot Recordings e depois pela Southern Lord, para citar três das principais gravadoras independentes de metal alternativo dos EUA.

A maioria das publicações e filmes sobre metal, aliás, nunca deu muita atenção ao chamado metal alternativo. As exceções são talvez bandas como Mastodon e Tool, que tiveram um maior sucesso comercial e aparecem até em obras que se dispõem a falar sobre a história do metal de forma mais geral, como a série de documentários *Metal Evolution*, do já renomado diretor e antropólogo Sam Dunn, e o livro *Louder Than Hell*, de Jon Wiederhorn.

Wiederhorn, que escreveu essa verdadeira "bíblia do metal" junto com Katherine Turman, disse-me que chegou a pensar em incluir um capítulo sobre pós-metal/metal alternativo no *Louder Than Hell*. No entanto, as dimensões já exageradas da obra – uma vez que seu livro tem mais de 600 páginas – acabaram jogando a ideia para debaixo do tapete.

"É engraçado porque eu realmente queria fazer um capítulo sobre pós-metal. Doeu-me não poder fazer. Minha coautora, a Katherine, disse 'Sem chance, não podemos fazer mais nenhum capítulo'. Eu consegui colocar o Mastodon no livro, em um contexto diferente, porque eles são um pouco mais pesados."

Além disso, o autor, que também é responsável pelas biografias dos líderes do Ministry e Anthrax, lembra de um outro fato que pode ter atrapalhado uma maior aceitação dessas bandas de metal alternativo pela comunidade dos *headbangers* mais tradicionais.

"Essas bandas não se consideravam metal e muitas delas fazem isso até hoje. Porque elas não querem ser compartimentadas. Lembro que a *Revolver* (importante revista de metal dos EUA) queria realmente ficar por trás do Isis. E lhes deu um prêmio no *Revolver Golden Gods*, acho que para banda mais criativa...não me lembro do título exato (nota: na verdade, foi para "melhor banda de metal underground"). E a banda veio e disse algo do tipo: 'Nós não pensamos que somos realmente uma banda de metal. Não gostamos muito de metal. Obrigado, tchau'. E foi realmente como um golpe pelas costas. Para mim, é algo do tipo: 'Foda-se. Se você vai tratar a comunidade metal dessa forma, por que devemos apoiá-los?'", questiona o jornalista.

Na verdade, a briga entre o Isis e a *Revolver* foi um pouco além disso, com o vocalista Aaron Turner dizendo que ele e seus companheiros de banda acharam que o evento da revista foi algo "um tanto ridículo" e "meio sem sentido", como aponta reportagem do site *Metal Insider* publicada na época. A principal bronca da banda foi por conta de uma categoria da premiação em especial: "Mulher mais gostosa no metal" ("Hottest Chick in metal", no original).

A repercussão do caso foi tão grande que a *Decibel*, que sempre deu espaço para bandas mais alternativas como Neurosis, Isis e Mastodon, publicou uma capa com o título "Mulheres no Metal" ("Women in Metal", no original), trazendo a vocalista do Kylesa, Laura Pleasants, junto com Marissa Martinez, do Cretin, e Miny Parsonz, do Royal Thunder, em resposta à *Revolver*.

Sempre bem-humorado, Bennett aponta uma terceira possível razão para a baixa popularidade da maioria das bandas de metal alternativo entre o público metal. "Ao contrário de alguns músicos da cena do black metal da Escandinávia, bandas como Melvins e Neurosis, entre outras, não estiveram envolvidas em tantos assassinatos, suicídios e/ou incêndios em igrejas."

De qualquer maneira, essa atitude do Isis contra a *Revolver*, que representa de certa forma o "establishment" do metal, pode ser vista como um pequeno exemplo de um comportamento geral que tem mais a ver com as bandas de punk/hardcore dos anos 1970 e 1980 do que com os astros de metal da mesma época.

"Na minha experiência em lidar com os caras dessas bandas, atitudes de rock star são bem raras. E qualquer um que tenha tempo e vontade de responder ao seu próprio e-mail não precisa realmente de um assessor de imprensa", aponta J. Bennett, cujas entrevistas com algumas dessas bandas aparecem no livro *Precious Metal*, uma compilação de artigos especiais da *Decibel* sobre discos clássicos do metal tradicional e alternativo.

Apesar da falta de aceitação geral e da ausência de material específico em livros sobre o metal alternativo, o cenário é diferente no mundo do cinema. Isso porque existem dois ótimos documentários sobre essa "cena", citados no início do texto, e que não por acaso aparecem neste livro por meio de entrevistas com seus diretores.

São eles o *Blood, Sweat + Vinyl*, sobre as gravadoras Neurot Recordings (do Neurosis), Hydra Head (do Isis) e Constellation (conhecida por lançar os trabalhos do Godspeed You! Black Emperor), e o *Such Hawks Such Hounds*, que passeia pelo stoner/sludge dos EUA, desde os anos 1970, incluindo bandas precursoras como Pentagram e Obsessed até nomes mais recentes como Kyuss e Sleep.

ANOS 2000

Ajudados talvez pelo compartilhamento de arquivos na Internet, muitos desses artistas citados no início do texto encontraram um espaço maior entre os fãs a partir dos anos 2000, apesar das prováveis vendas menores de discos e de precisarem ir contra o som pesado da moda no país, o chamado metalcore, de bandas como Killswitch Engage e Shadows Fall. O exemplo mais forte é o Eyehategod, que ficou sem lançar nenhum álbum *full length* entre 2000 e 2014, ano que marca a chegada do seu aguardado disco autointitulado, mas só viu sua popularidade crescer nesse período.

O surgimento de contemporâneos que sempre fizeram questão de mostrar a influência de bandas como Melvins e Neurosis também ajudou nesse sentido. O Mastodon, por exemplo, sempre teve uma relação bastante próxima com o

Neurosis. Seja pelos shows em conjunto das bandas ou pela participação do vocalista do Neurosis, Scott Kelly, em todos os discos da banda de Atlanta desde o seminal álbum *Leviathan (2004)*.

Vale notar que as bandas mais recentes do metal alternativo dos EUA apresentam uma variedade maior de influências, sem ficarem "presas" (no bom sentido, é claro) à herança ainda viva de Melvins, Neurosis e EHG, conhecidas por fazer um som mais feio e arrastado, chamado de sludge por muitos. São os casos, por exemplo, das bandas da região de Boston, como Isis, Converge e Cave In, e de Chicago, que incluem Pelican, Russian Circles e Minsk.

As mais de 25 entrevistas a seguir (ou conversas, se você preferir) tentam dar um panorama amplo, mas ao mesmo tempo detalhado, sobre as principais bandas dessa "cena", além de buscar uma visão mais próxima dos personagens principais disso tudo, os músicos, que também são artistas visuais, produtores musicais, donos de gravadoras e escritores nas "horas vagas".

CAPÍTULO 1

PRECURSORES

BLACK FLAG | MELVINS | NEUROSIS

Essas bandas são apontadas como responsáveis pela fundação do metal alternativo underground dos EUA, apesar de tocarem sons muito diferentes. Curiosamente, duas delas (Black Flag e Neurosis) são da Califórnia, enquanto que o Melvins se mudou para o ensolarado estado americano ainda no começo da sua carreira.

BLACK FLAG

Chuck Dukowski (ex-baixista da banda) – entrevista feita em maio de 2014.

Um dos principais nomes do hardcore norte-americano, o Black Flag também teve um grande impacto em diversas bandas de metal dos EUA e do mundo todo, especialmente pela chamada "segunda fase" da banda, em que flertou com passagens mais lentas e muitas influências de Black Sabbath, com direito até a cabelos compridos entre seus integrantes.

Lançado em 1984, o disco My War é constantemente apontado como uma das principais influências das chamadas bandas sludge, como Eyehategod, Melvins e Grief, entre outras.

Apesar de ter deixado a banda um pouco antes do lançamento desse álbum, o baixista Chuck Dukowski é o compositor da faixa título do disco, uma das músicas mais conhecidas da banda californiana liderada pelo temperamental guitarrista Greg Ginn.

Nos últimos anos, o Black Flag voltou à ativa com duas formações diferentes. Uma "oficial", com o mesmo nome e Ginn nas guitarras, e a outra chamada simplesmente de FLAG, com basicamente todos os integrantes clássicos (menos Ginn e Rollins), incluindo o próprio Dukowski, além de Dez Cadena, Keith Morris, Bill Stevenson e Stephen Egerton (esse último "emprestado" do Descendents).

Nessa entrevista, o eterno baixista do Black Flag (que também era empresário da banda e depois trabalhou na gravadora SST) fala sobre sua influência na cena de metal alternativo dos EUA, qual a sua versão favorita de "My War", como foi tocar com o Eugene Robinson, do Oxbow, entre outras coisas.

Apesar de o Black Flag nunca ter feito shows com bandas como Melvins, Neurosis e Eyehategod, vocês costumam ser apontados como os pioneiros dessa cena de metal alternativo dos EUA. Você concorda com isso e qual sua opinião sobre essas bandas?
Chuck: Fico honrado por essas bandas terem sido influenciadas pela minha música e por minhas ideias. Já me encontrei com os caras do Melvins e do Eyehategod. Eles são pessoas legais com ideias interessantes, fazendo sua própria música in-

crível. Tenho orgulho em pensar que os ajudei da mesma forma que o Sabbath, os Stooges ou o Cream fizeram comigo.

Sua música "My War" foi uma grande influência para as bandas sludge (assim como todo o disco de mesmo título do Black Flag). Você disse recentemente que a gravação que você fez com o Chuck Dukowski Sextet era a versão definitiva da música. Gosta da versão gravada com o Rollins no vocal? E como foi tocar a música com o FLAG (banda que reúne basicamente todos os integrantes clássicos do Black Flag, menos o Greg Ginn) tantos anos depois?

Chuck: Escrevi a "My War" com os vocais do Henry [Rollins] na cabeça e acho que ele fez um ótimo trabalho. Penso que ele está melhor na versão demo de 83, aliás. E penso que a versão da "My War" gravada ao vivo pelo CD6, banda que conta com a minha família, é a melhor gravação de longe e tenho muito orgulho dela – gravamos essa versão há dois anos em um estúdio na garagem do nosso amigo Dave Jones. Milo [guitarrista da banda e filho de Chuck] e Lora [vocalista da banda e esposa de Chuck] trazem uma combinação épica de raiva e fúria, e Ashton [baterista do CD6] está lá junto comigo mandando energia e insanidade. Gosto de tocar "My War" com o FLAG. Gosto especialmente do fato que Stephen [Egerton] e Dez [Cadena] permitem que a música tenha a minha visão original com duas guitarras.

Recentemente você esteve em uma banda chamada Black Face, junto com o Eugene Robinson, do Oxbow, em que tocavam algumas músicas inéditas suas para o Black Flag, além de alguns clássicos da banda. Como foi essa experiência? E ainda tem alguns "tesouros escondidos" dessa época?

Chuck: Gravar o EP de 7" do Black Face foi algo sensacional e tenho orgulho desse disco. A guitarra do Milo é insanamente incrível. Fico impressionado com ele toda vez que escuto o álbum. Apenas o Milo poderia fazer algo assim. Tudo isso junto com o tratamento intenso para as letras da Lora e o vocal impressionante do Eugene. Existem mais algumas músicas dessa época. Quem sabe o que vai acontecer com elas. Ultimamente tenho tocado uma música em casa que tem uma letra criada entre o primeiro e o segundo disco do Black Flag. Há uma banda aqui da Califórnia chamada The Shrine que colocou uma letra minha de 1982 em uma música deles intitulada "The Duke", que está no disco *Bless Off* (2014). Realmente gosto dessa música.

Qual a sua opinião sobre compartilhamento de arquivos na Internet? Pensa que é a principal razão para o fim de algumas gravadoras independentes recentemente?
Chuck: [A questão] sempre foi sobre tocar, fazer turnês. As bandas e as gravadoras se esquecem disso. Um disco na loja ou um arquivo na web não fazem realmente algo acontecer. Uma banda precisa tocar sua música ao vivo para as pessoas poderem "cruzar" essa linha. Só aí é que a gravadora então pode fazer dinheiro.

Alguma chance de o FLAG vir tocar no Brasil?
Chuck: Vamos torcer. Realmente gostaria de ir até aí para tocar a nossa música. Também gostaria de ir para a Colômbia e visitar o Robo [Roberto Valverde, ex-baterista do Black Flag]. Talvez ele pudesse fazer algumas jams com a gente nos shows por lá. Poderíamos visitá-lo e conhecer sua família e seus dois cavalos.

Ok, a próxima pergunta é um pouco difícil. Quais os três discos que mudaram a sua vida e por que eles fizeram isso?
Chuck: Os três primeiros discos mais importantes da minha vida foram o Wheels of Fire (1968), do Cream, porque foi o primeiro disco de rock com o qual passei algum tempo. Depois o Paranoid (1970), do Sabbath, porque teve um impacto muito profundo em mim, assim como o Raw Power (1973), do Stooges. Existem discos que são tão importantes quanto esses para mim agora, mas precisei parar depois dos três primeiros.

Última pergunta. Do que você mais tem orgulho na sua carreira?
Chuck: Do fato de pessoas jovens ouvirem a minha música e me deixarem participar do seu mundo hoje em dia.

MELVINS

Buzz Osborne (guitarrista/vocalista do Melvins e Fantômas) e Dale Crover (baterista do Melvins e do Shrinebuilder) – entrevistas feitas em março de 2014.

Apontado como precursor do grunge e do sludge, gêneros que compartilham uma marcante influência de Black Sabbath e do punk, o Melvins é uma daquelas bandas difíceis de enquadrar onde quer que seja.

Surgido na região próxima de Seattle no início dos anos 1980, o grupo liderado por Buzz Osborne, também conhecido como King Buzzo, acabou se mudando para a Califórnia antes da "explosão grunge", no início dos anos 1990.

Apesar de ter ficado conhecido por discos como *Bullhead* (1991) e *Houdini* (1993), com uma pegada bem arrastada, o Melvins começou sua carreira altamente influenciado pelo punk. Seja no som, com ecos do Black Flag, no próprio nome da banda, em homenagem aos Ramones, ou nos discos que gravaram com o Jello Biafra (Dead Kennedys), a verdade é que eles mantiveram o espírito DIY independentemente do som tocado.

Com Buzz e Dale Crover (Nirvana e Shrinebuilder) como únicos membros fixos nas últimas décadas, o Melvins teve diversos baixistas e hoje conta até com um segundo baterista, que se apresentou junto com a banda no Brasil, em 2008.

Nesta entrevista, feita em diferentes momentos com Buzz e Dale Crover, falamos sobre os recentes splits com os amigos do Unsane e do Helmet, uma tour especial que passou por todos os estados dos EUA em menos de dois meses, além de relembrar como o David Bowie dava medo no Buzz e que Dale queria tocar no Kiss, entre outros assuntos.

Em 2013, vocês lançaram o disco *Three Cabrones* com o baterista original do Melvins, Mike Dillard. Como foi fazer essa "viagem no tempo" e ter o Dale tocando baixo ao invés de bateria?

Buzz: Foi ótimo. Fizemos algumas coisas com o Mike no passado recente e continuamos amigos desde os anos 1970, por isso não teve nenhum problema.

Dale: Não acho que voltamos no tempo nem nada. O disco realmente não foi uma viagem para o que a banda soava em 1983. É bem "atual"! Estamos sempre seguindo em frente. É uma ideia estranha que funciona! E sim, eu posso tocar baixo. Quem diria? Sólido como uma rocha!

Além desse disco, vocês recentemente lançaram splits com bandas como Unsane e Helmet. Quem teve essa ideia e vocês planejam fazer algo parecido de novo?
Buzz: Acho que foi minha ideia e não temos nenhum plano imediato de fazer algo nessa linha no momento.

Em 2012, o Melvins fez uma turnê especial chamada "51 States in 51 Days" em que vocês tocaram em todos os estados dos EUA, incluindo a capital. Como vocês tiveram essa ideia e qual foi o maior desafio para fazer isso rolar?
Buzz: Sempre quis fazer essa turnê, mas é algo que só funcionaria com uma formação menor e menos equipamento. Bingo! Melvins Lite! O maior desafio foi conseguir ajeitar tudo para fazer isso acontecer.
Dale: Tivemos a ideia a partir do [músico] George Thorogood. Ouvimos falar que ele tentou fazer isso, mas não conseguiu. O maior desafio foi definir a rota. Além disso, conseguir shows em alguns estados foi difícil. Tente agendar algo em Jackson, no Mississipi, em uma segunda-feira à noite!

Vocês têm uma relação próxima com o Brian Walsby, que fez várias artes e desenhos de camisetas para o Melvins e até acompanhou a banda em algumas turnês recentes. Como vocês se conheceram?
Buzz: Conhecemos o Brian na nossa primeira turnê nos EUA, em 1986, e ficamos próximos desde então. Ele é um homem estranho, mas bom.
Dale: Nós conhecemos o Brian em Raleigh, na Carolina do Norte, durante a nossa primeira turnê norte-americana. Ele era amigo dos caras do Corrosion of Conformity e acabamos ficando na casa do baterista deles (Reed Mullin), onde o Brian também morava. Ele realmente gostou da nossa banda e continuamos amigos durante todos esses anos. São pouquíssimas as pessoas que conhecemos há tanto tempo e ainda temos contato. Brian é um cara sólido e sempre ficou com a gente!

O que vocês acharam do show no Brasil em 2008? E Buzz, você veio uma vez a mais, com o Fantômas, em 2005, certo? Quais suas lembranças dessas visitas?
Buzz: Sim, realmente fui duas vezes. Me diverti muito e achei que os shows

foram ótimos. Com o Fantômas, pudemos ver o Stooges acabar com o Nine Inch Nails DUAS VEZES!

Dale: O show foi um pouco estranho. Ficamos espremidos entre o The Hives e as garotas francesas bonitinhas, The Plasticines. Mas nos divertimos! Voltaria apenas pelo banquete de carnes! Talvez a gente volte algum dia desses para fazer um show só nosso! Isso não seria legal?

Aliás, Buzz, nas duas vezes em que você veio ao Brasil tocou em festivais com bandas muito diferentes tanto do Melvins quanto do Fantômas. Você prefere tocar em lugares maiores ou menores?

Buzz: Menores. O Melvins só tocou em um "festival" e nem era muito grande. Talvez umas três mil pessoas.

E você conhece alguma banda brasileira?

Buzz: Não conheço nenhuma banda brasileira. Deveria?

Buzz, além do Melvins e do Fantômas, você também tocou guitarra por algum tempo no Venomous Concept, com o Shane Embury e o Danny Herrera, do Napalm Death, e o Kevin Sharp, do Brutal Truth. Como isso aconteceu? Foi muito estranho tocar algo tão rápido, como grind/crust, após tantos anos fazendo um som mais lento com o Melvins?

Buzz: O Fantômas é muito mais rápido do que o Venomous Concept, por isso não foi nada demais. Eles eram fãs do Melvins e foi assim que aconteceu. Fico me perguntando o que aconteceu com o Kevin...

A mudança da região de Seattle para a Califórnia afetou o som de vocês de alguma maneira? Quero dizer, o Isis fez a mesma coisa e eles me disseram que mudar de Boston para Los Angeles foi meio "revitalizante" para eles. Vocês sentem da mesma maneira?

Buzz: Apenas melhorou as coisas. Nunca liguei muito para morar no estado de Washington e gosto muito mais da Califórnia. Se você gosta de árvores e clima ruim, então Seattle é para você!

Dale: Na verdade, nos mudamos de Aberdeen para San Francisco primeiro. Nós vivemos lá, ou pelo menos eu vivi, por onze anos. Difícil dizer se isso influenciou o som. O ambiente certamente era melhor. Mas sempre estávamos na nossa própria viagem, onde quer que estivéssemos.

O Melvins sempre foi ligado a muitas bandas diferentes, não apenas em Seattle e LA. É possível dizer que vocês também fazem parte de uma comunidade de bandas que inclui nomes como Unsane, Tool, Neurosis e Eyehategod, entre outros?
Buzz: Não. Na verdade, não acho que temos nenhuma banda "irmã". Apesar de realmente termos coisas em comum com essas bandas, penso que somos muito mais estranhos. Para o bem ou para o mal. Rá!

Aliás, o que acharam do tributo *We Reach: The Music of The Melvins* (2005)? Tinha várias bandas legais, como Mastodon, Isis, High on Fire, Eyehategod e Dillinger Escape Plan.
Buzz: Nunca ouvi.
Dale: Eu ouvi uma vez na Internet. Acho que não tenho uma cópia do disco. O Eyehategod aparece tocando "Easy As it Was". Toquei essa música recentemente com eles em um show (no *Housecore Horror Film Festival* de 2013, evento organizado por Phil Anselmo).

Quais os três discos que mudaram a sua vida e por que eles fizeram isso?
Buzz: O primeiro seria o *Axis: Bold as Love* (1967), do Jimi Hendrix. Que disco incrível. Cheio de emoção verdadeira e ótima musicalidade. Nunca tinha ouvido música como essa antes e não ouvi depois. O segundo é o *Sell Out* (1967), do The Who. Um disco conceitual incrível, que toca como se você estivesse ouvindo o rádio. Que ideia sensacional! E o terceiro e último seria o *"Heroes"* (1977), do David Bowie. As duas músicas que abrem esse disco sempre me assustaram. Estava na oitava série quando ouvi pela primeira vez e certamente deixou uma impressão em mim. Estranho e excelente. Até hoje gosto dele.
Dale: O primeiro seria o *Alive!* (1975), do Kiss. Esse disco me fez querer estar em uma banda. Na verdade, eu queria estar no Kiss! Em seguida o *Unleashed in the East* (1979), do Judas Priest. Esse disco mexeu muito comigo quando eu tinha 13 anos! Era tããããoo pesado e brutal! Posso ouvir esse disco e ficar animado! Um disco importante no desenvolvimento do meu jeito de tocar bateria. O terceiro seria o *Funhouse* (1970), do Stooges. Conseguia me relacionar totalmente.

A angústia adolescente, crescer em uma cidade de merda no meio de lugar nenhum com nada acontecendo. Eles eram foda! Queria parecer com eles, me vestir como eles. Como os Stooges eram tão legais!

Quando você começou a tocar guitarra, Buzz? E quem eram seus "heróis" naquela época?
Buzz: Comecei no fim da adolescência. Gostava do Jimi Hendrix, Greg Ginn, Andy Gill, Billy Gibbons, Frank Zappa e Eddie Hazel.

Qual a sua opinião sobre as pessoas baixarem a sua música e de outras pessoas de graça? Acha que essa é a razão para o fechamento de gravadoras independentes, como a Hydra Head?
Buzz: Acredito muito que o download de músicas é qualquer coisa. Não consigo me incomodar pensando nisso. Não é bom, mas e daí? Mude ou morra, como os dinossauros. A razão para a Hydra Head ter fechado é a mesma para qualquer empresa: falta de dinheiro. Não sei se os downloads tiveram algo a ver com isso.

O que você gosta de fazer quando não está tocando guitarra ou fazendo shows?
Buzz: Jogar golfe.

Essa é a última. Como você quer ser lembrado quando morrer?
Buzz: Não me importo...
Dale: Como o cara que respondeu todas as suas perguntas. Pelo menos é assim que você vai se lembrar de mim!

NEUROSIS

Scott Kelly (vocalista e guitarrista do Neurosis, do Shrinebuilder e um dos cabeças da gravadora Neurot Recordings) – entrevista feita em agosto de 2012

Formado na Califórnia na metade dos anos 1980, o Neurosis continua relevante como poucos após quase três décadas na ativa. Todo esse tempo engloba uma carreira que começou com um som mais influenciado pelo punk e hardcore e depois evoluiu para virar provavelmente a banda mais intensa do mundo, com trabalhos já clássicos como Enemy of the Sun (1993) e Through Silver in Blood (1996), ambos produzidos por Billy Anderson, além de tudo que veio depois pelas mãos do grande Steve Albini.

Após ter a chance de ver um show da banda, em 2011, resolvi que já era mais do que hora de falar com o Scott Kelly, o que acabou felizmente acontecendo no ano seguinte. Além de ser cofundador do Neurosis, o cara também toca em dois outros projetos altamente indicados, Shrinebuilder e Corrections House, e tem uma já sólida carreira solo com uma mais do que bem-vinda pegada folk.

Mesmo com uma discografia de altíssimo nível como a do Neurosis, ele confessou que enjoa muito rápido das coisas e que o último disco que faz é sempre o seu favorito. Além disso, na conversa (de mais de uma hora) por telefone também falamos sobre como foi tocar no Ozzfest apenas para ver o Black Sabbath nos anos 1990, a briga da banda com o Jello Biafra, sua admiração por Townes Van Zandt, entre outras coisas.

Você fez recentemente uma turnê solo bem extensa, em que passou por três continentes (América do Norte, Europa e Oceania) tocando com artistas diferentes como John Baizley (Baroness), Eugene Robinson (Oxbow) e Nate Hall (USX), entre outros. Conte um pouco sobre essa experiência.
Scott: Bem, esses três são todos caras que são meus amigos e artistas que eu realmente admiro. Então, essa parte foi fácil, sabe? Apenas tentar achar esses caras, e meio que encontrar tempo pra gente ficar junto, fazer os shows. Eu finalmente fui para Nova Zelândia e Austrália, que eram lugares para onde eu queria ir há muito tempo. E foi ótimo. Então, Eugene e eu fizemos

algo como 30 dias nos Estados Unidos, alguns shows com o Nate também. Eu fiz shows em dezembro [de 2011], cerca de 17 shows nos EUA com Bob Wayne e Jay Munly. E tenho mais algumas datas agora em setembro [de 2012] com o Mike Scheidt (YOB).

Falando sobre os shows mais um pouco, eu vi um vídeo no YouTube em que você toca a primeira música do disco novo, "A Spirit Reedmed to the Sun", com John Baizley te acompanhando na guitarra semiacústica. Ele te ajudou de alguma forma na composição?
Scott: Não, não. A música é só minha mesmo.

Entendi. E falando nisso, você chegou a ouvir o novo disco do Baroness, *Yellow & Green* (2012)? O que achou?
Scott: Ouvi sim. Eu adorei, eu adorei mesmo. Acho que é ótimo. Penso que... Estou totalmente com eles nisso. Fico feliz que eles tenham feito esse disco. Se isso é algo que você tem vontade de fazer, então você deve fazer. E não se preocupar se outras pessoas vão gostar ou não. Eu acho que as pessoas não entendem como é difícil e único ter todas as músicas certas desse jeito. Acho que se você tem esse tipo de músicas, então deve deixá-las fluir. Porque não existem muitas pessoas que conseguem escrever esse tipo de música, tipo escrever de forma legítima, sabe?

Agora sobre o seu disco novo, *The Forgiven Ghost in Me* (2012). Essa foi a primeira vez na sua carreira solo que você teve outros músicos te acompanhando, certo? Como isso funcionou? Eles ajudaram a escrever o material? Ou as músicas já estavam prontas e eles meio que adicionaram suas partes?
Scott: É, eu escrevi todas as músicas e então as entreguei para Greg (Dale) e Noah (Landis, do Neurosis), e então eles escreveram suas partes. E inclusive ajustei as partes deles um pouquinho algumas vezes, mas na maior parte esses caras escreveram suas próprias coisas. Eu tive muita confiança ao trabalhar dessa maneira. Noah e eu tocamos juntos há muito, muito tempo. E eu sei como ele escreve e o que ele ouve na sua cabeça e, por isso, eu tive confiança para fazer dessa maneira. E Greg apenas sentiu as músicas, sabe? Foi muito fácil e natural, um processo orgânico.

Isso é algo que você pretende continuar fazendo, tocar com outras pessoas em sua carreira solo daqui pra frente? Você gostou da experiência?
Scott: Eu gostei, mas não sei cara. Ainda não sei o que vou fazer no próximo disco. Eu tento não me adiantar muito nessas coisas e sim ficar mais focado. Mas estou totalmente feliz com esse disco e adorei o jeito que ele ficou. Adorei o que esses caras fizeram com as músicas. Acho que eles adicionaram camadas totalmente novas de tons e climas. É, estou muito orgulhoso do disco. Provavelmente vou fazer isso (tocar com outras pessoas no futuro).

Você acha que esse talvez seja o seu melhor disco solo?
Scott: Sim, eu acho sim.

O fato de você estar mais confortável em tocar esse tipo de som, mais acústico, permite que você possa ir mais fundo nas suas músicas e na sua maneira de se expressar por elas? E se for isso mesmo, você sente essa diferença ao ouvir seus trabalhos solos anteriores?
Scott: Sim, definitivamente estou mais confortável agora. E quanto mais confortável, mais profundo fica. É apenas o jeito que as coisas são. E penso que o próximo disco será mais profundo porque estarei mais confortável. Levou anos para eu ter essa confiança e foi muito difícil no início.

O lance de essa confiança só ter aparecido depois de um tempo pode explicar o intervalo grande entre seu primeiro disco, de 2001, e o segundo, que saiu sete anos depois? Ou talvez o Blood and Time (projeto acústico de Scott com Noah Landis e Josh Graham, ambos então no Neurosis) tenha preenchido esse buraco?
Scott: É, o Blood and Time preencheu esse buraco realmente. E foi meio que uma experiência para ver se isso funcionaria. É, eu acho que você precisa incluir o Blood and Time em minha carreira solo. Quanto às músicas, eu escrevo todas elas. Eu escrevi todas as músicas nesses discos: *At the Foot of the Garden* (2003), *Spirit Bound Flesh* (2001), *The Wake* (2008) e *The Forgiven Ghost in Me* (2012). [Nota: os três últimos são da carreira solo do Scott e o primeiro do Blood and Time]

E como você se sente estando quase sempre sozinho no palco, apenas com um violão, sendo que passou a maior parte da sua carreira cercado por

essas grandes paredes de amplificadores? Como é agora?
Scott: Bem, costumava ser muito estranho e meio difícil de lidar, porque você se esconde atrás dessas paredes de amplificadores e nem percebe isso até que eles vão embora. Agora eu me sinto confortável com isso. Estou acostumado. Venho fazendo muito mais shows solos do que apresentações elétricas com as bandas (Neurosis e Shrinebuilder) nos últimos anos. Então, predominantemente estou fazendo mais coisas acústicas agora. Por causa da maneira como as coisas aconteceram com o Neurosis e o Shrinebuilder, e apenas não podemos tocar com tanta frequência. Acho que eu fiz 60 ou 70 shows da minha carreira solo no ano passado e algo como cinco shows elétricos [Nota: na verdade foi um pouco mais que isso por causa da turnê europeia do Neurosis].

E você sente falta de fazer mais desses shows com as bandas?
Scott: Sim, eu definitivamente sinto falta. Queria que fosse mais fácil resolver como fazer as coisas acontecerem. Mas não é, sabe? Com o Shrinebuilder, todo mundo tem suas próprias agendas e bandas diferentes. E com o Neurosis, todos nós temos trabalhos normais e filhos e é simplesmente difícil de conseguir um pouco de folga. Todos trabalhamos bastante.
Estou muito ansioso para tocar nesse inverno (nos EUA, último trimestre do ano) nos Estados Unidos e estou esperando muito por isso. E provavelmente no próximo verão vamos para a Europa. É sempre ótimo ir pra lá.

Imagino mesmo, já que fazem mais shows por lá. Voltando um pouco ao seu novo álbum, você tem uma música favorita no disco?
Scott: Ah, eu acho que "We Burn Through the Night" [Nota: mesmo nome do blog dele] é a minha faixa favorita. Apenas porque é tão... Para mim, é uma música única. Foi a primeira vez que eu realmente escrevi uma música sobre a minha família, sobre a força que a minha família tem, a força que eles me dão. E foi uma música muito fácil, é uma faixa que ficou pronta em questão de minutos, sabe? Às vezes, as músicas meio que caem do céu. Eu realmente gosto dessa música.

Falando em família, a perda do seu pai no ano passado (2011) afetou ou influenciou de alguma maneira direta a composição do disco?
Scott: Hmm, sim. Claro que afetou, sabe? Acho que tudo te afeta quando você

está escrevendo, cada passo da sua vida. Acho que esses eventos significativos pelos quais você passa...você não pode desfazê-los. E então eles certamente contam muito. Eu acho que afetou sim (a morte do pai dele). E eu não sei muito o que dizer, é algo difícil, ainda continuar a passar por isso.

Bom, mudando um pouco de assunto para voltar a sua carreira solo. Morar no meio da floresta teve algum peso na sua decisão de iniciar sua carreira solo acústica ou na maneira como você escreve suas músicas?
Scott: Sim, foi meio que uma coisa natural. Meio que fazia sentido. Cercado por todos esses grandes pedaços de madeira. Mas as árvores e a natureza sempre são influentes nesse sentido.

Sua música tem um impacto muito forte sobre as pessoas. Por que você acha que isso acontece? Talvez seja porque você diz levar a música como uma espécie de religião na sua vida?
Scott: Bom, pra mim realmente é. É, eu não sei se religião é a palavra certa ou se é apenas como fazer uma viagem espiritual, sabe? A música tem sido a coisa constante na minha vida, desde que eu tinha 12 anos.

Quando você começou a tocar guitarra? Quantos anos tinha na época?
Scott: Ah, 13 ou 14 anos, eu acho. Logo quando eu entrei na nona série no colegial. Era uma aula de violão na escola e todo mundo sabia que era uma aula muito fácil porque o professor era esse cara meio hippie. E ele realmente não ligava se você aparecia ou não. Então eu me matriculei porque eu pensei que eu iria simplesmente faltar à aula, porque era o que eu gostava de fazer: não estar na escola o máximo possível. E, ao mesmo tempo, eu estava descobrindo o hardcore e o punk e essas coisas. E uns amigos formaram uma banda e o cara estava nessa aula de violão e me perguntou se eu tocaria baixo na banda. E felizmente não era preciso tocar muito bem, porque eu não conseguia. Basicamente eu batia no baixo e era isso. Eu ainda sou basicamente um baixista, eu não faço o que a maioria dos guitarrista fazem. Basicamente, eu sou um guitarrista base ou um baixista. Mesmo na estrutura das músicas do Neurosis, se você escutar o que eu faço em relação ao que o Dave (Edwardson, baixista da banda) está fazendo, eu sou mais um baixista. Estou meio que segurando a

fundação, as estruturas das músicas. Então, você sabe, eu consigo tocar e tudo mais, mas eu não consigo tocar como Steve (Von Till) ou Wino... Esses caras são guitarristas de verdade.

Mas eu acho que você tem um estilo único. Eu entrevistei o Wino ano passado e ele me disse o seguinte, são palavras dele: "Scott gosta de dizer que não é um guitarrista, mas deixe-me dizer que ele é um guitarrista foda".
Scott: (Risos) Bom, isso é legal. É algo legal vindo dele, porque ele é definitivamente um guitarrista, então... Mas eu não sou. (Risos)

Você já tocou com ótimos músicos no Neurosis, Shrinebuilder, Blood and Time, e até mesmo no Mastodon. Com quem mais você gostaria de tocar, que ainda esteja vivo?
Scott: Ah, eu gostaria de tocar mais com o John Baizley. Tenho certeza que tem outras pessoas por aí que não estou lembrando.

Há cerca de dois anos, você disse numa entrevista que o Jello Biafra tinha tentado roubar vocês (Neurosis) na Alternative Tentacles (que lançou o disco *Enemy of the Sun*, de 1993). Eu queria saber se alguma coisa mudou desde então. Ele entrou em contato com vocês ou tentou mudar isso de alguma maneira?
Scott: Não, não. Eu não sei, ele nunca vai fazer isso, nunca. Ele tenta nos evitar ao máximo. Tenho certeza que ele tem vergonha do que fez. Honestamente, eu nunca fiquei tão desapontado assim com alguém na cena musical. Ele é falso, uma mentira. Bem, do que ele era pra mim quando eu era um garoto de 14 anos da Califórnia que curtia punk quando os Dead Kennedys eram a maior banda em toda a cena, e ele trazia todo esse conhecimento e política para a cena... E sem mencionar a musicalidade da banda, era uma ótima banda. Era uma banda muito importante na minha vida. E quando fomos convidados a entrar na Alternative Tentacles foi uma honra enorme, algo que levamos muito a sério e nos preparamos para representá-los da melhor maneira possível. E ter ele envolvido numa situação em que dinheiro estava sendo roubado da gente e, sabe, basicamente nos acusar de sermos estrelas do rock por levantar o assunto. É simplesmente imperdoável. Ele mostrou quem ele é realmente, ele realmente não é pra valer, nem um pouco. Ele finge ser esse tipo de cara

quando, na verdade, ele vive numa mansão. Eu não conheço mais o cara. Desde que isso aconteceu, eu percebi que ele era uma mentira completa.

É, isso parece ruim.
Scott: É horrível, cara. Eu não ligo se ele vive numa mansão e toda essa merda. Eu não ligo nem um pouco pra isso. Ele não pode ficar bravo com as pessoas pelo sucesso delas, sabe? Quero dizer, eu sinto que, se ele tem algo, ele mereceu. Mas ele tem vergonha disso, não quer que ninguém fique sabendo. Ele anda por aí contando essas histórias de pobreza e estar quebrado... Ele não sabe merda nenhuma sobre isso, ele não tem um emprego desde que tinha, sei lá, 18 anos! Ele não sabe nada sobre isso.

Muita gente no Brasil, e penso que em muitos outros lugares, tem uma outra visão dele (Jello) e pensa que os caras do Dead Kennedys são uns vendidos e tudo mais. Por isso, vai ser interessante quando a entrevista for publicada.
Scott: Eles pensam isso da banda?

É, de certa forma sim. O Jello tocou aqui no Brasil em 2010 e 2012 e todo mundo adorou os shows, e quando o Dead Kennedys tocou aqui em SP no início dos anos 2000 a comoção não foi a mesma.
Scott: É, bom, não me surpreende. Porque ele é muito bom nisso, em manipular as coisas. Lembre-se disso: da próxima vez que ele estiver tocando aí, se quiser achá-lo basta ir ao hotel cinco estrelas mais próximo, que é lá onde ele vai estar. E eu não estou nem brincando com essa merda, essa é a verdade. É lá que esse cara vai estar, com suas massagens e sua banheira quente. É isso que ele vai estar fazendo.

Agora queria falar um pouco sobre o tributo que você, Steve Von Till e Wino gravaram para o Townes Van Zandt. Em primeiro lugar, quem teve a ideia para o disco?
Scott: A ideia foi de um amigo [Ansgar Glade] que vive na Alemanha, em Hamburgo, e é um cara que trabalhou com o Neurosis por mais de 20 anos. Ele lança as coisas da Neurot na Europa e ele também tem sua própria gravadora [My Proud Mountain]. De qualquer maneira, a ideia dele era ter eu, Steve e Wino juntos tocando músicas do Townes porque ele sabia que, antes de mais nada, nós realmente gostávamos das músicas, e ele também gostava das músicas.

E ele achou que seria uma ótima ideia tentar expor as músicas desse grande compositor para todo mundo.

E como foi a seleção e a divisão das faixas? Teve alguma "briga" nesse processo?
Scott: Nós tínhamos que escolher três músicas e, se tivéssemos duas pessoas escolhendo a mesma faixa, então meio que resolveríamos entre nós. Mas acabou que foi muito fácil e todos queríamos músicas diferentes. Ele (Townes) tem tantas músicas ótimas que foi fácil, sabe? Como disse, a ideia era tentar mostrar a música dele para as pessoas que não a conheciam. Porque essas músicas são sensacionais. Ele é o maior compositor da história, na minha opinião.

E o que você achou do "produto final"? Ficou dentro do que você esperava?
Scott: Ah, sim. Eu realmente gostei do disco. Estou muito, muito feliz com ele. Muito orgulhoso por ter feito.

Falando nisso, o Steve Von Till gravou um cover do Neil Young ("Running Dry") há alguns anos – e um do Townes também. Além disso, há um vídeo recente em que você toca outra música do Neil Young, "Cortez the Killer", em uma versão bem interessante com um saxofone e violão apenas. Alguma chance de um tributo a ele?
Scott: Talvez. Essa não é a pior ideia que já ouvi. Ele também tem algumas músicas incríveis. É...não sei. Vamos ver.

Agora um pouco sobre o novo disco do Neurosis, *Honor Found in Decay* (2012). Qual seu sentimento por ele, agora que já está pronto para sair?
Scott: Eu me sinto ótimo sobre ele, estou pronto para que ele seja lançado. Estamos com o disco pronto desde março, por isso já é hora de lançá-lo.

Vocês passaram cerca de três anos escrevendo material para esse disco, certo?
Scott: Sim. Nós tínhamos muitas coisas pessoais acontecendo que precisávamos cuidar antes de poder dedicar o tempo que achávamos certo para esse disco. Então, acho que já são cinco anos desde o último disco (*Given to the Rising*, de 2007). Mas essa é uma das coisas sensacionais do Neurosis: nós não temos um cronograma, não temos essa pressão para lançar um álbum a cada um ano

ou ano e meio para que possamos fazer turnês ou algo assim, sabe? Nós apenas fazemos o que queremos fazer, e quando podemos fazer, para que isso possa realmente ser o melhor possível.

Acho que esse é o sonho de muita gente.
Scott: Eu também acho. Quero dizer, para nós isso significa que trabalhamos em empregos normais e deixamos as coisas seguirem seu tempo: o tempo para fazê-las da maneira certa.

E como foi trabalhar mais uma vez com o Steve Albini?
Scott: Foi ótimo. Ele é sensacional. Sabe, eu amo aquele cara e acho que ele é tão bom de uma forma muito consistente. É um lugar muito confortável para estarmos. Nós sabemos o que vamos ter quando chegamos lá, e isso significa muito pra gente. Nós definitivamente somos "criaturas do hábito", sabe? Costumamos fazer as coisas da mesma maneira. Gostamos que as coisas e os rituais fiquem intactos, então queremos muita tranquilidade quando entramos em estúdio. Então, é ótimo.

O Steve Albini tocou aqui no Brasil com o Shellac e pareceu um cara legal mesmo, além de ter feito uns shows ótimos.
Scott: Sim, um cara muito gente fina. Muito legal, inteligente e muito bom no que faz.

Um dos vídeos mais famosos do Neurosis é de vocês tocando "Locust Star" no Ozzfest, na metade dos anos 1990. Eu, por exemplo, conheci vocês através dessa gravação em vídeo e no CD ao vivo, e acredito que isso aconteceu com muitas outras pessoas no Brasil e no mundo. Quais são as suas memórias desses shows? E como foi tocar com o Black Sabbath?
Scott: Bem, foi meio que um verão estranho, porque nós tocávamos em lugares abertos durante o dia. Por isso, não estávamos fazendo nossos shows normais da época, quando tocávamos apenas em locais fechados, fazendo sets de uma hora e meia, duas horas, com nossas projeções; no Ozzfest nós estávamos fazendo esses sets de 25 minutos, durante o dia e em locais abertos, não havia projeções. E honestamente nós fizemos isso [porque] nossa ideia toda era poder

ver o Black Sabbath trinta vezes, então... E nós vimos. Nosso objetivo todo do verão era ver o Black Sabbath todas as noites. Nós tocávamos nosso set e normalmente não havia muitas pessoas assistindo, e então nós simplesmente esperávamos a noite chegar... E aí ficávamos lá na frente para ver o Tony Iommi, era como ir para a escola, sabe? Basicamente aprender com os mestres.

Vocês chegaram a tocar com eles novamente por volta de 2009, quando estavam como Heaven & Hell, certo?
Scott: Sim, nós tocamos. Foi um show só em Seattle, foi ótimo. Eles foram fantásticos. Isso foi logo antes de o Dio ficar doente, provavelmente uns dois meses antes eu acho.

Sim, eles tocaram aqui em São Paulo na mesma época e os shows foram ótimos.
Scott: É, eu adorei. Na verdade, eu gostei mais desse show do que das apresentações com a formação original no Ozzfest, porque havia um clima muito melhor entre os caras da banda. Eles realmente gostavam muito mais uns dos outros no Heaven & Hell, a dinâmica era muito melhor.

Falando em reuniões: vocês têm planos para um novo álbum do Shrinebuilder?
Scott: Eu não sei, vamos ver. Será difícil conciliar as agendas de todo mundo agora. Temos material, é só uma questão de reunir todo mundo. Então, não sei quando isso vai acontecer.

Bom, é clichê, mas preciso perguntar sempre: o que você conhece de música brasileira?
Scott: Ah, não muito cara, honestamente... É claro que eu conheço o Sepultura. Também conheço o Ratos de Porão. Eu pronunciei certo? Eu tenho certeza que não, mas enfim (risos).

Sim, está certo.
Scott: Sério? Que bom (risos). Mas isso é basicamente tudo que eu conheço. Talvez conhecesse algumas outras antes, quando ouvia bastante hardcore, mas não consigo mais lembrar. Eu definitivamente quero ir para aí e tocar. Com o Neurosis, minha carreira solo ou o que for, sabe?

Você já recebeu convites para vir pra cá?
Scott: Não.

Isso é uma pena.
Scott: Pois é, eu sei. Mas espero que algum produtor entre em contato logo, para que possamos fazer rolar.

Sim, o Melvins tocou por aqui e foi bem legal (apesar das bandas que tocaram no dia).
Scott: Sim, eu ouvi sobre isso. O Dale (Crover) me contou e disse que foi uma experiência fantástica.

Bom, o Neurosis certamente afetou a vida de muita gente, talvez até tenha mudado a vida de muitos. Quais bandas tiveram esse mesmo impacto em você?
Scott: Que bandas mudaram a minha vida? Bom, o Black Flag mudou minha vida, o Crass, o Joy Division. Acho que o Metallica fez isso em um certo momento, sabe? Quando eles apareceram, no começo, o som deles definitivamente mudou minha perspectiva das coisas. Mas não sei se isso é certo, não sei se eles realmente mudaram a minha vida. Quero dizer, bandas como Crass, Black Flag e Joy Division afetaram a minha vida de muitas maneiras. Mudaram não apenas a maneira como eu escuto música, mas o modo como eu faço as coisas, como me identifico com o mundo. Eu provavelmente diria que foram essas três.

Agora mudando para bandas que *você* influenciou: como você acabou ficando tão próximo dos caras do Mastodon (e participando de quase todos os discos deles)?
Scott: Eu conheço o Brent (Hinds, guitarrista) há uns 25 anos. Apenas por todas as vezes que íamos para Atlanta ou Birmingham, qualquer uma dessas áreas, então eu fiquei amigo dele por isso. E o Brann (baterista) e o Bill (guitarrista) eu conheci quando eles tocavam no Today is The Day e fizemos uma turnê europeia juntos, o Neurosis e eles. E o Today is The Day acabou enquanto estávamos em turnê e esses dois caras acabaram ficando com a gente. Depois que terminamos a turnê, eles voltaram para Atlanta e se juntaram com o Troy e o Brent. Eu não conheci o Troy (baixista e vocalista) até o Mastodon realmente começar.

Acho que só falei com ele na primeira vez que vi o Mastodon tocando. Enfim, eles são apenas uns caras legais, gosto de trabalhar com eles. E gosto muito deles como pessoas também.

E como funciona? Basicamente eles te mandam a música e você grava os vocais por cima ou há algum tipo de encontro antes?
Scott: É, é assim que funciona, eles me mandam as músicas. Eles me mandam uma demo e perguntam se eu quero fazer e até agora eu sempre disse sim. Sempre gostei do que eles me mandaram. Então eu apenas escrevo minhas partes e gravo aqui onde eu moro.

Falando em projetos paralelos, como foi participar do documentário *Blood, Sweat + Vinyl*?
Scott: Isso foi legal. Foi um amigo meu (Kenneth Thomas) que fez o documentário. É um cara fácil de lidar e que trabalha muito. Ele tinha a visão e trabalhamos juntos nisso. Nós estávamos realmente honrados de fazer parte disso. Acho que acabou sendo um ótimo filme. Ele fez um grande trabalho.

Já que vocês têm uma gravadora independente, qual sua opinião sobre as pessoas que baixam músicas sem pagar nada por isso?
Scott: Acho que elas precisam entender que, especialmente para uma banda como o Neurosis, em que nós temos empregos normais, e estamos pagando pelas nossas próprias gravações, pagamos por tudo do nosso bolso. Então, é realmente roubar de nós quando elas baixam as músicas, sabe? Nós estamos lançando pela nossa própria gravadora, está literalmente vindo da gente. Dito isso, eu entendo que muitas pessoas não podem pagar pela música e acho que o resumo disso é que música é comunicação, então eu acho que prefiro me comunicar com as pessoas. Então, o que eu diria é: se você puder pagar, nós agradecemos. Porque o dinheiro realmente vai para nós e nos ajuda a recuperar o que gastamos para gravar e lançar essas músicas. Mas se você não tiver o dinheiro, e estiver precisando desse tipo de comunicação e conexão, então faça o que você precisa para conseguir isso. Acho que eu prefiro que eles roubem de uma loja, assim nós somos pagos (risos).

Vocês relançaram neste ano os álbuns *Souls at Zero* (1992) e *Enemy of the Sun* (1993) em vinil. Há mais relançamentos desse tipo a caminho?
Scott: Sim, nós provavelmente vamos relançar tudo. Mas eu não tenho certeza das datas de lançamento e do que vem agora, preciso olhar isso.

Deve ser difícil para você escolher isso, mas você tem um disco favorito com o Neurosis?
Scott: É o que está para ser lançado. É assim que funciona para mim, fico entediado rapidamente com as coisas.

Quando você escuta os discos antigos, pensa no que poderia ter feito diferente ou algo assim?
Scott: Ah, sim. Sempre há alguma coisa, algo que está diferente no som em relação ao que era e o que se tornou. Mas, sabe, é assim que as coisas são. É sempre bom ouvir e refletir, mas eu não acho que escute os álbuns do Neurosis a não ser que precise aprender uma música que não lembro mais.

Última pergunta. Há uma música da sua carreira solo – e do Blood and Time também – chamada "Remember Me". Como você gostaria de ser lembrado?
Scott: Espero ser [lembrado] como alguém que tentou ser melhor, sabe? Que tentou ser uma pessoa melhor. E tentou aprender com os erros. E espero que as pessoas sintam que meu tempo com elas tenha valido a pena.

EYEHATEGOD

Samothrace : Witchburn : Plast[...]

Sunday September 2nd, 2012 | the Highline . Seattle.wa

CAPÍTULO 2

SLUDGE

EYEHATEGOD | BUZZOV•EN | GRIEF

Estilo musical mais associado ao metal alternativo underground, é conhecido por um som extremamente pesado e "feio", quase sempre lento e arrastado, mas nem por isso sem influência punk, seja pelas (poucas) passagens rápidas como pelo espírito DIY.

EYEHATEGOD

Mike IX Williams (vocalista do Eyehategod e Corrections House, além de escritor) – entrevista feita em outubro de 2013

Tudo no Eyehategod parece feito para provocar, desde as microfonias altíssimas e intermináveis até as capas nada agradáveis dos discos e os títulos controversos das músicas, que já renderam até problemas com gravadoras e fãs.

Além dessa polêmica toda, a banda de Nova Orleans faz um som lindamente feio, ora arrastado, ora acelerado, o casamento perfeito entre Black Sabbath e Black Flag, mas com tudo desesperador e agonizante na medida certa.

Uma das bandas criadoras do sludge, já que surgiu um pouco depois do Melvins e praticamente na mesma época de Buzzov•en e Grief, o EHG continuou crescendo em popularidade na última década, mesmo sem lançar nenhum disco desde 2000, quando soltou a violência em forma de música chamada *Confederacy of Ruined Lives*.

Alguns meses antes do lançamento do seu aguardado disco autointitulado, que saiu em maio de 2014, bati um papo daqueles com o vocalista Mike IX Williams, responsável também pelas letras igualmente pesadas da banda. Além disso, o cara agora também faz parte do Corrections House, grupo que conta ainda com Scott Kelly (Neurosis), Sanford Parker (Minsk) e Bruce Lamont (Yakuza).

Na conversa abaixo, feita na época de lançamento do primeiro disco do Corrections House, falamos sobre tudo isso, e também sobre a então recente morte do baterista do EHG, Joey Lacaze, a expectativa de tocar com o Dale Crover, do Melvins, sua relação com outros músicos-escritores, bandas do Brasil e muito mais.

Tenho ouvido o disco do Corrections House há alguns dias e às vezes tenho a impressão de que parece, na verdade, que são quatro álbuns em um só. Isso foi algo intencional?
Mike: Bom, a maneira como essa banda se juntou foi algo bem sem planejamento. Nós apenas tivemos as mesmas ideias, mas começou como algo para ser quatro sets solos. Fizemos uma tour nos EUA em que fazíamos quatro sets diferentes: eu fazia algo com *spoken word* e poesia, Bruce tocava saxofone com

efeitos, pedais e tudo mais, Scott fazia seu lance acústico, e o Sanford fazia uns barulhos. Por isso, é interessante quando você diz que nosso álbum parece com quatro discos diferentes porque é meio que isso mesmo. São quatro pessoas diferentes colocando suas visões e, de alguma forma, isso tudo se junta. Estamos muito felizes com a maneira como o disco ficou.

E quem teve a ideia para que isso virasse uma banda mesmo?
Mike: Foi algo que os quatro decidiram. A primeira ideia foi: "Ok, nós nos conhecemos há algum tempo". Eu conheço o Scott Kelly desde o início dos anos 1990; o Eyehategod costumava fazer turnês com o Neurosis. Então nós apenas falamos: "Vamos nos juntar e fazer uma turnê em que cada um de nós faz um set solo". Era só isso que realmente achávamos que ia acontecer, mas então eles começaram a criar algumas bases e *riffs* e o Sanford editou um pouco o material, colocou sintetizadores, batidas e coisas desse tipo. E quando vimos já tínhamos três músicas. E nós ficamos tipo "Uau, acho que vamos fazer músicas agora". Nós não tínhamos percebido que essa seria a evolução do que estava acontecendo, achávamos que só faríamos os sets solos. Mas o Sanford fez isso e logo em seguida já estávamos fazendo uma tour, em que fizemos os sets solos e no fim tocávamos as três músicas que era tudo o que tínhamos na época; três músicas feitas de forma colaborativa.

Vi alguns vídeos de shows da banda e vocês todos usam as mesmas camisas, com um logo e tudo mais, que também aparece no fundo do palco. Qual o significado disso (se é que há um específico)?
Mike: Ah, apenas um lance de uniformidade. Quero dizer, nunca estive em uma banda que fosse muito visual. Já estive em bandas que eram visuais porque pulávamos na bateria e batíamos nas pessoas (risos). Além disso, queríamos fazer algo um pouco diferente com o Corrections House, as camisetas... Isso realmente veio do Sanford. Ele teve as ideias disso tudo em um *brainstorm*. Quanto ao símbolo, nós queríamos algo icônico, que as pessoas fossem lembrar. Por isso, colocamos a bandeira no show. Essa é uma banda em que as coisas que estão no palco também são algo para os seus olhos, assim como para o seu ouvido. Acho que é um visual legal, a estética e tudo mais.

Falando nisso, vocês lançaram alguns videoclipes sensacionais. Tiveram envolvimento direto com a produção deles?
Mike: Eu não tive pessoalmente, mas o Sanford se envolveu e os outros caras um pouco. Nós demos ao diretor liberdade para fazer o que quisesse. Depois ele voltou com o que tinha feito para mostrar e falamos do que tínhamos gostado e o que tinha de sair, por exemplo. Nós meio que dirigimos o diretor após ele ter feito o lance dele. No início, apenas demos uma ideia e deixamos ele se "alimentar" com ela.

Em um dos show de vocês no YouTube, há uma música em que o Scott Kelly está tocando guitarra e você começa a ler em voz alta um texto de um livro. Era algo do seu livro mesmo? Não consegui identificar.
Mike: Sim, era algo do meu livro, chamado Cancer as a Social Activity. Esse é o livro que lancei há um tempo, tem poesias, podemos dizer, letras do Eyehategod e coisas obscuras; foi lançado em 2003. Era algo que fazíamos ao vivo, a leitura do livro, e decidimos incorporar no disco.

E você já pensou em escrever uma biografia do Eyehategod?
Mike: Não sozinho. Mas penso em fazer um livro sobre as minhas experiências durante o Katrina, que passou por Nova Orleans há um tempo. Só que ainda não comecei a escrever, [está] só na minha cabeça, mas não coloquei nada no papel. Tenho outros dois livros de poesia que quero lançar antes. Quanto ao livro sobre o Eyehategod, já falamos sobre isso por um tempo, mas nossa história continua rolando, ainda somos uma banda. Vamos chamar algumas pessoas para nos ajudar a reunir fotografias, flyers e coisas desse tipo. Além disso, também quero entrevistar pessoas que foram nossos motoristas em turnês, roadies, bandas que tocaram com a gente; vamos falar com todas essas pessoas e juntar essas histórias loucas. Tentar fazer um livro de "mesa de centro" [coffee table book, expressão que faz referência a livros grandes que ficam nas mesinhas de centro de salas de estar] com todas essas fotos e tal.

E alguma chance de fazer um documentário sobre o EHG?
Mike: Sim, também já falamos sobre isso. Na verdade, tivemos uma equipe de filmagem na gravação do novo disco do EHG, que ainda não foi lançado. A equipe foi ao estúdio e também vai gravar alguns shows que temos a seguir. Mas já falamos

sobre o documentário sim. Quero dizer, estamos juntos há 25 anos. Acho que seria legal ter um documentário, registrar nosso trabalho dessa maneira.

Eu falei com o Jimmy Bower (guitarrista da banda) no início de 2013 e ele me disse que o novo disco do EHG estava quase pronto. Você tem uma ideia de quando será lançado?
Mike: Hmm, não. Não quero dizer uma data porque eu não sei. Não quero falar uma data porque se não sair nesse dia, vai ficar feio para mim. Já fizemos isso antes. Acho que antes do final do ano [2013] devemos ter alguma novidade. Ainda precisamos mixar e masterizar o disco, além de fechar a arte. Espero que o disco saia em algum ponto de 2014. Temos 15 músicas novas que devemos lançar como um LP e depois um EP, provavelmente.

Aliás, vocês gravaram uma parte desse material novo com o Billy Anderson, certo?
Mike: Nós começamos gravando com o Billy. Mas tudo que mantivemos dessas sessões foram as faixas de bateria. Muita coisa estranha aconteceu com a gente, como sempre costuma rolar com a banda. Nós começamos com o Billy e ele fez um ótimo trabalho. E então apenas decidimos que trabalharíamos com outra pessoa; essa outra pessoa que nos gravou também ia mixar o disco. Mas agora outra pessoa vai fazer isso. Nós mudamos muito de ideia. Mas não rolou nada com o Billy, ele é um cara ótimo.

Agora no final de outubro [de 2013] vocês vão tocar no Housecore Festival, evento organizado pelo Phil Anselmo, com uma participação especial do Dale Crover, do Melvins, na bateria. Como isso aconteceu? Ele falou com vocês ou vocês entraram em contato com ele?
Mike: Somos amigos do Dale desde os anos 1990, e o Melvins já fez alguns shows com o Down, por exemplo. O nosso baterista faleceu recentemente e o Dale ligou para o Jimmy Bower depois disso. Na verdade, ele ligou para o Phil Anselmo primeiro. O Melvins já ia tocar no Housecore Festival de qualquer maneira e então essa ideia que tínhamos acabou virando realidade. Assim que me disseram que ele queria fazer isso, eu disse: "Claro! É óbvio que quero tocar com o Dale!" (risos). Ele era o baterista favorito do Joey, o ex-baterista do EHG. Por isso, acho que esse é o tributo perfeito ao Joey: ter o Dale tocando com a gente nesse show.

E vocês estão planejando alguma homenagem especial ao Joey nesse show ou no disco novo?
Mike: O show em si já será um tributo ao Joey. Apenas o fato de ter o Dale lá será nossa homenagem a ele. Acho que podemos tocar algumas músicas novas também. Não teremos um set muito longo, acho que uns 45 minutos, já que há muitas bandas que vão tocar no festival. O EHG já fez shows de duas, até três horas; nós podemos fazer isso (risos). Mas é isso, acho que a ideia de ter o Dale tocando com a gente já é um tributo ao Joey.

Voltando a falar um pouco sobre o Corrections House: você acha que é possível considerar esse o disco mais experimental que você já fez?
Mike: Não creio. Pois tenho outra banda, que nunca toca ao vivo ou faz turnês, chamada The Guilt Of, em que fazemos um som mais noise, mas também com alguns dos mesmos elementos. É uma dupla, e já lançamos diversos trabalhos em vários formatos, incluindo uma parceria com o Merzbow, do Japão. Então o disco com o Corrections House não é o meu trabalho mais experimental, mas chega perto. Ele é mais bem organizado, eu diria. A gravação foi feita de forma profissional. Os vocais foram gravados no estúdio do Steve Albini, em Chicago. Então eu diria que é algo mais profissional nesse sentido. Mas é definitivamente algo experimental para as pessoas que são fãs do Eyehategod e Neurosis, por exemplo, porque elas vão esperar que o Corrections House soe como EHG e Neurosis. Mas o nosso som não tem nada a ver com isso. Por isso, acho que algumas pessoas vão odiar completamente o nosso disco (por não entenderem), e outras vão curtir o som.

Você sempre teve uma abordagem provocativa com o Eyehategod e, de certa maneira, com o Corrections House. Acha que o fato de ver a arte como algo que precisa provocar o público tem relação com o seu background ligado à literatura?
Mike: Ah, claro. Eu sempre gostei de provocar as pessoas, desde que era criança. Era algo que fazia parte de crescer, com toda aquela coisa de rebelião...acho que nunca saí disso (risos). Uma outra banda na qual toquei, o Arson Anthem, com o Phil Anselmo e o Hank III, também tinha a mesma pegada, de provocar, de fazer as pessoas pensarem. Não de uma maneira política, mas apenas de uma maneira para as pessoas pensarem nas coisas, questionarem as coisas, e lutarem por aquilo que quiserem fazer.

Anteriormente, você mencionou que pretende fazer um livro sobre o Katrina. Você considera que a passagem do furacão com tudo o que trouxe, como você ser preso e depois limpo das drogas, foi algo que mudou a sua vida?
Mike: Definitivamente foi um ponto de virada para mim. Quero dizer, acho que ainda tenho problemas mentais por causa disso. É uma coisa difícil para se passar, um furacão; foi complicado. É algo assustador e é real. Você ouve falar sobre isso ou vê na TV, mas era a realidade. Foi algo que definitivamente mudou a minha vida. Acabei indo morar em um lugar completamente diferente. Agora moro a cerca de uma hora de Nova Orleans. E definitivamente foi algo que mudou a minha vida para melhor.

E você acha que isso mudou a sua maneira de escrever, tanto para o EHG e suas outras bandas quanto no campo literário?
Mike: Não sei, um pouco talvez. Porque eu costumava ser esse cara super negativo e sem esperança sobre algumas situações, e agora eu meio que vejo um pouco de esperança. Se isso faz algum sentido. Agora eu posso escrever coisas em que sempre há (não sempre, não deveria dizer sempre) uma perspectiva de melhora. Enquanto que no passado eu não me importava realmente.

E o que você acha de outros músicos que também são escritores, como Eugene Robinson, do Oxbow, e Nick Cave? Já chegou a falar com algum deles sobre uma possível parceria ou apenas para trocar ideias?
Mike: Ah, eu adoraria falar com o Nick Cave (risos). Ele é um dos meus heróis. Primeiro de tudo, The Birthday Party é uma das minhas bandas favoritas de todos os tempos. Os livros dele, como *And the Ass Saw the Angel*, são incríveis – tenho alguns outros dele por aqui também. E óbvio que as letras dele também ótimas, assim como as coisas que ele fez com o Bad Seeds. Mas não, nunca falei com o cara. Já troquei alguns e-mails com o Henry Rollins e encontrei com ele algumas vezes. Aparentemente, ele só publica pessoas mais ligadas a ele, como amigos próximos. Até falei com ele sobre publicar um livro meu e ele pediu para eu manter contato. Além disso, também falei por e-mail recentemente com o Eugene, do Oxbow, que é ótimo. O Scott Kelly nos apresentou. Ele é um cara muito bom, tanto nos livros quanto no palco com o Oxbow, [ele] fala muito bem. Adoraria fazer algo com ele. Aliás, uma das coisas que estávamos planejando há um tempo era

uma tour com nós três [Mike, Eugene e Scott], com Eugene e eu fazendo apresentações de *spoken word* e leituras e depois o Scott fazendo o seu set acústico. Então sim, definitivamente conheço o trabalho do Eugene e sou um fã dele.

Legal. Aliás, acho que eles fizeram isso este ano, o Scott e o Eugene, uma mini tour com o Scott tocando e o Eugene fazendo suas leituras.
Mike: Sim, eles fizeram! Eles passaram pela Europa e pelos EUA também. Aliás, foi daí que tirei minha ideia dessa tour que falei antes. Até tinha ficado de abrir para eles quando eles vieram para Nova Orleans, mas estava fora da cidade no dia.

Agora uma pergunta que sempre faço. Quais os três discos que mudaram a sua vida e por que eles fizeram isso.
Mike: (Risos) Essa é uma pergunta impossível, cara. Isso é tão difícil, porque são tantos. Mas diria o material antigo do Black Flag. Não consigo apontar um disco só, porque tem muita coisa boa. Mas a época deles antes do Rollins definitivamente mudou a minha vida. Quando era um jovem punk, com uns 14 anos, eu tinha uma coletânea do Black Sabbath que mexeu muito comigo. Todos os meus amigos punks odiavam e diziam coisas como "Não é rápido o bastante" ou "Não é político". Eu só dizia que não ligava para nada disso e que era ótimo, que eles não entendiam. E quando era moleque também ouvi muito o *Love it to Death* (1971), do Alice Cooper. Ainda é um ótimo disco. Mas poderia falar várias [bandas], sempre gostei muito de Kiss, Motörhead, Trouble, Witchfinder General, The Swans, são tantas bandas... E o Birthday Party, que já mencionei, e é algo que nunca tinha escutado antes. E fazendo um paralelo com o Corrections House, quero que as pessoas tenham esse mesmo sentimento que eu tive com o Birthday Party. Que algo que eu estou envolvido mude a forma como elas entendem música, sobre a forma como a música pode ser feita. Algumas pessoas têm essa ideia pré-concebida que a música deve ser desse ou daquele jeito. Tipo "metal é isso", "punk é aquilo" e blá-blá-blá, enquanto que a música é uma expressão livre de ideias e sons, e isso remonta ao Charlie Parker, que tocava jazz nos anos 1940.

Falando em jazz, você sempre morou em Nova Orleans?
Mike: Não, eu nasci na Carolina do Norte. Mas mudei para cá com uns 11 anos. Vim pra cá quando o punk estava começando a ficar grande, em 1976, 1977.

Mudei para Nova Orleans, que era obviamente uma cidade grande; eu vivia em uma cidade pequena na Carolina do Norte. Mudei pra cá com minha família e meu irmão. E comecei a entrar nessa coisa do punk, do underground. Isso foi muito importante pra mim, sabe? Ser exposto a coisas novas.

E qual paixão veio primeiro para você: a música ou os livros? Ou vieram juntos?
Mike: É meio difícil dizer. Os dois vieram ao mesmo tempo, acho. Eu costumava passar muito tempo na biblioteca quando era criança. Nunca ouvi falar dos pais de uma criança gritarem com ela por ficar muito tempo na biblioteca. Eu só queria ficar lá todos os dias. Mas, ao mesmo tempo, eu tenho dois irmãos mais velhos, isso sempre ajudou. E eles também liam muito. Quanto à música, graças a eles pude crescer com coisas como Beatles, Elton John, muita coisa hippie, The Who, e umas coisas do Black Sabbath. E tudo isso aconteceu em Nova Orleans.

E quais os seus autores favoritos?
Mike: Putz, são tantos. O Nick Cave definitivamente; gosto muito do Charles Bukowski também. Clive Barker, adoro ele. Tem um cara chamado Sonny Barger, que era dos Hells Angels e escreve livros sobre esse universo. São tantos caras bons, a lista só continua.

Voltando um pouco ao Eyehategod. Por que você acha que a popularidade de vocês só cresce, mesmo com um hiato de quase 15 anos desde o seu último disco de estúdio?
Mike: Essa é uma boa pergunta, cara. Fico totalmente feliz com isso, mas eu não sei [o motivo] realmente. Acho que pode ser um lance das novas gerações nos descobrindo. Estamos aí há tanto tempo, quase 25 anos. As pessoas vão aos shows e, às vezes, aparece um cara que conheci há 10 anos e ele está lá com o filho dele, que por sua vez é um grande fã do Eyehategod. Então, acho que é um lance de gerações também. Ficamos muito agradecidos por isso, [pelo fato] de sermos uma banda ainda e podermos continuar. Poucas algumas bandas conseguem isso e de alguma forma conseguimos. Não poderia dizer para ninguém o "segredo" por trás disso. Acho que uma coisa que acontece é que as pessoas percebem que somos pessoas reais, somos honestos. Nós ficamos com o público depois dos shows, você vai me ver falando com as pessoas e não me esconden-

do no camarim ou algo do tipo. E acho que as pessoas sentem isso, esse sentimento de família que temos como uma banda.

E você acha que essas gerações mais novas têm a cabeça mais aberta para bandas como vocês, Neurosis, Melvins, Unsane?
Mike: Parece que sim. Mas quando eu tinha 15 anos, também ficava procurando por coisas novas. Então talvez esse público e esse interesse sempre estiveram por aí, mas agora está um pouco mais visível. Acho que temos essas bandas, como Marilyn Manson, que são gigantes, mas são meio controversas e também têm um som meio pesado – não tão pesadas quanto a gente, lógico, porque o Eyehategod acaba com eles. Mas o Slipknot também é gigante, por exemplo. Então esse tipo de coisa chegar ao *mainstream* talvez faça com que fique mais aceitável uma banda como a gente estar por aí, sem receber muita negatividade. Então eu acho que é aceitável nos dias de hoje.

Quando ficaram sabendo da morte do Joey, chegaram a considerar acabar com a banda?
Mike: Não, nunca. Nós não faríamos isso. O Joey não gostaria que fizéssemos isso. Por isso, nunca faríamos isso. Temos um baterista novo que vai fazer alguns shows com a gente agora, mas ainda não podemos revelar o nome dele [nota: o baterista se chama Aaron Hill e tocava em bandas menores de Nova Orleans antes de entrar no EHG]. Caso ele não dê certo, arrumamos outro. Quero dizer, é o que nós fazemos. É por isso que estamos aqui há 25 anos. E espero continuar por mais 25 anos. Por que não? O que há de errado com isso? Os Rolling Stones ainda tocam (risos).

Qual sua opinião sobre o compartilhamento de arquivos na web? Acha que é a principal razão para o fim de várias gravadoras independentes nos últimos anos?
Mike: Acho que essa é a razão para a indústria da música ter entrado em colapso. Mas acho que isso é algo ótimo, de verdade (risos). Não acho que baixar as músicas dos artistas seja necessariamente a coisa certa e perfeita a se fazer. Os músicos precisam ser recompensados pela sua música, sabe? Nós fazemos isso pelas pessoas, escrevemos as músicas e tocamos para as pessoas. Mas, ao mesmo tempo, você não consegue ter um emprego, você precisa fazer turnês,

o que está Ok comigo, porque gosto de fazer turnês. Quero dizer, acho bom que a indústria [da música] esteja vindo abaixo, até porque nunca confiei nas gravadoras, de qualquer maneira. Mas, não tem jeito, todo mundo baixa músicas de vez em quando. Atualmente parece até que forçam você a fazer isso, algo do tipo "Aqui está um cartão para você fazer downloads gratuitos". Eu não penso realmente que seja roubar. Sei lá, todos os discos do Eyehategod estão inteiros no YouTube. Se você quiser ouvir, bastar ir lá e pronto. E tenho certeza que há uma maneira de você passar esse áudio para um CD ou coisa do tipo. Quanto mais pessoas ouvirem sua música, então talvez mais pessoas vão ver o seu show. Elas vão pagar para entrar, comprar uma camiseta e depois vão se divertir com a gente após o show. Então, em geral, acho que é algo Ok.

Você conhece alguma banda brasileira?
Mike: Ratos de Porão. Eles são fantásticos. Também conheço o Vulcano e o Sarcófago, eles são do Brasil, certo? Tem outras também, mas não consigo lembrar agora. Mas gosto dessas três.

E quais as chances do EHG tocar no Brasil?
Mike: Sempre quisemos ir para a América do Sul. Talvez tenha que acontecer como fizemos para conseguir tocar na Austrália depois de muito tempo tentando. Espero que algum produtor daí nos leve para tocar no Brasil e na América do Sul. Estou afim de ir o mais rápido possível. Quero conhecer o Brasil e fazer alguns shows aí. Espero que tenhamos alguns fãs por aí.

Falamos há pouco sobre o Black Sabbath. Você chegou a ouvir o último disco deles, 13 (2013)?
Mike: Sim. Ouvi e gostei. Ainda não tenho uma cópia do disco, o que preciso providenciar, mas eu gostei sim. Achei que é um disco realmente incrível. E concordo com o que todo mundo diz, que é uma pena o Bill Ward não estar junto deles, isso é horrível. Até porque eles são amigos há muitos anos, e ele é membro original da banda. Sei lá, parece um pouco ganancioso. Quer dizer, não sei da situação deles, não os conheço pessoalmente. Mas acho que o disco novo é ótimo musicalmente.

E o que você achou do Black Flag ter voltado com duas formações diferentes, digamos?
Mike: Sou a favor disso. Mas eu prefiro o FLAG, acho que como a maioria das pessoas. O outro Black Flag, com o Greg Ginn, tocou aqui em Nova Orleans há algumas semanas e eu nem fui, porque sabia que seria ruim (risos). Todos os meus amigos que foram me disseram que foi horrível. Não sei, não estava lá, mas me disseram que tiveram muitas jams no show e tudo mais. Acho que o Greg Ginn gosta de deixar as pessoas bravas. E não tem nada de errado com isso. Acredite em mim, eu já fiz a mesma coisa. Provoco todas as pessoas possíveis uma vez ou outra. E também ouvi que eles tocaram a maioria das músicas muito mais lentas do que o normal nesse show, o que me pareceu estranho.

Do que você tem mais orgulho na sua carreira?
Mike: Do fato de ainda fazer isso após 25 anos. Eu toco em bandas desde os 14 anos, por isso já faz bastante tempo. Eu comecei com algumas bandas de punk/hardcore, e então fui para uma que fazia covers de Sodom e Destruction e aquela coisa mais crossover/speed metal. E sempre pude tocar o que gostava; adoro esse tipo de música até hoje. Apenas estou feliz de ainda estar vivo. E orgulhoso disso, de podermos continuar com essa banda, deixando as pessoas felizes em nos verem. É realmente incrível. E também todos esses discos que já lancei com as minhas bandas, sabe? Achava que ia, sei lá, lançar um disco na minha vida. E já lancei vários discos com cinco bandas diferentes. E meu livro também, tenho muito orgulho dele. Mal posso esperar para lançar o próximo.

BUZZOV•EN

Kirk Lloyd (guitarrista e vocalista do Buzzov•en) – entrevista feita por telefone em outubro de 2013

Cria direta da primeira leva do metal alternativo dos EUA, já que até o seu nome faz referência ao Melvins, o Buzzov•en é provavelmente uma das bandas com mais altos e baixos dessa cena do metal underground norte-americano.

Após um começo com dois ótimos discos, To a Frown (1993) e Sore (1994), a carreira do grupo liderado por Kirk Lloyd começou a derrapar até chegar a uma separação depois do terceiro álbum, ...At a Loss (1998). Desde então, foram feitas algumas tentativas de volta sem sucesso, em parte pelos problemas do vocalista com drogas.

Tive a chance de falar com Kirk no final de 2013, logo após o Buzzov•en anunciar uma volta para o festival Roadburn do ano seguinte, que infelizmente acabou sendo cancelada por problemas de saúde do próprio líder da banda, diagnosticado como bipolar no início de 2014.

No papo a seguir – a primeira entrevista de Kirk em anos – o ritmo acompanhou o mesmo caos sonoro do Buzzov•en e, por isso, foi dividido em tópicos. Entre outras coisas, falamos sobre as tentativas de volta da banda, as expectativas para tocar pela primeira vez na Europa, a amizade de Kirk com os caras do Neurosis e do Eyehategod, e a história por trás do nome do grupo.

Diferença entre essa volta, de 2013/2014, e a última, realizada em 2010/2011.
Kirk: Tecnicamente, nós ficamos completamente inoperantes por nove anos. Depois teve a tour de 2010 e 2011, quando eu estava em um lugar melhor, mas não estava no lugar que eu estou agora. Digo isso sobre os meus problemas pessoais. Durante as três turnês que fizemos nessa época, eu fui ficando pior, pior e pior, de forma progressiva. Eu estava bebendo... O fim desse ciclo aconteceu no Maryland Deathfest de 2011. As primeiras duas ou três músicas foram incríveis. Aliás, outro dia eu falei com o Scott Kelly, do Neurosis, sobre isso. Nós somos amigos há muito tempo, já que nossas bandas costumavam tocar juntas. Ele disse: "Cara, eles estavam tentando arrumar o som, e você estava obviamente puto. Quando vocês começaram e chegaram na '...At a Loss', que foi a segunda

música, meu queixo foi pro chão. Pensei que vocês tinham conseguido voltar com tudo." Mas aí ele me disse que a partir da terceira música ele quase dormiu (risos). O que rolou foi que eu apaguei. Eu não estava lá, ficava indo e voltando pelo resto do set. É engraçado rir disso, mas essa foi a última gota. Foi algo do tipo: "Cara, você desperdiçou todas as chances". Se você não consegue ficar acordado e tocar guitarra, então você está ferrado. Tive sorte de sair vivo de Baltimore (cidade onde acontece o MDF). Nós tocamos na quinta e eu resolvi ficar por uns três ou quatro dias na cidade. Não sei se você já esteve em Baltimore, mas é basicamente um gueto gigante (risos). Eu encontrei alguns conhecidos que me disseram: "Você parecia o demônio da Tasmânia nos primeiros 20 minutos e depois sumiu". Não quero me gabar nem nada. Hoje sou muito honesto quanto a isso. Tive um problema muito sério com isso... Mesmo no MDF, quando apaguei, eu não estava usando heroína, mas estava tomando algumas substâncias, uns comprimidos, que podiam derrubar um cavalo. No MDF de 2011, o Scott Kelly veio um dia antes porque queria ver o Buzzov•en. Porque o papo era que eu estava bem, livre dos narcóticos. Ele veio antes e nos falamos, e ele me disse: "Cara, você está sob o efeito de algo. Sei que você toma remédios". Eu acho que o lance é que não estava necessariamente mentindo sobre o que estava fazendo, mas me enganando. No MDF você podia andar três quadras do local do show e conseguir qualquer droga que quisesse, literalmente. Tenho certeza que 90% do público não sabia disso, o que é provavelmente algo bom (risos).

Sobre a volta do Buzzov•en ser chamada de um "renascimento" e a chance de tocar na Europa pela primeira vez.
Kirk: Quanto ao renascimento que falamos do [festival] Roadburn, não é nada sobre cristianismo ou coisa do tipo. Quando começamos o Buzzov•en, eu já era alcoólatra. Isso já estava lá. Quando a banda começou, era meio que uma terapia. Agora, depois que fiquei afastado e voltei, a música volta a ser uma terapia, uma coisa boa para mim, desde que consiga ir para o palco. Cara, se eu não estivesse no Buzzov•en durante todo esse tempo provavelmente teria matado alguém. Teria canalizado minha raiva em fúria. Eu brincava que o Buzzov•en seria chamado de "Buzzover" daqui uns anos. Porque eu não tenho mais "barulho" e a banda terá acabado [trocadilho com as palavras buzz, que significa barulho em inglês, e over, que significa acabar]. E comecei a pensar que não havia razão para não tocar mais.

Continuei tocando com o K.Lloyd nesse tempo, estava tocando mais acústico do que elétrico. Quando apareceu o convite para o festival, pensei que realmente queria fazer isso. Não quero ficar na estrada por muito tempo. Mas estamos com a esperança de que essa seja a nossa primeira tour na Europa. Essa é a quarta ou a quinta vez que tentamos ir. Nas outras três ou quatro vezes não deu certo por diversos motivos, seja problemas de saúde ou coisas do tipo. Se alguma coisa der errado agora, não vão nos chamar novamente. E não os culparia, sabe? Não tenho nada a fazer além de agradecer a pessoas como o Walter, do Roadburn, que ainda estão dispostas a nos receber de braços abertos. Porque pensando de forma realista, pelo nosso histórico, eu não mereço. Mas tento não pensar nisso, e sim focar no momento e seguir em frente, certificar-me de fazer as coisas e não prejudicar outras pessoas. Algo como "Cara, não pense nisso, apenas siga em frente". E esse é o sentimento de renascimento do qual falei. Se eu conseguir passar pelos próximos seis meses e continuar melhorando... Porque a recuperação é o lance de lidar com os problemas no dia-a-dia. Comecei a minha reabilitação há mais ou menos dois anos e, desde então, não coloquei uma agulha no meu braço ou usei narcóticos, mas não tenho dois anos de tempo realmente limpo, se isso faz sentido pra você. Eu estava começando a enlouquecer, mesmo com tudo isso. Tenho uma mulher em Atlanta, que eu amo muito. E adoraria me casar com ela um dia. Mas ainda tenho trabalho pela frente. Porque basicamente vou precisar crescer tudo de novo, já que nunca cresci realmente. E esse é o lance do renascimento.

Sobre a origem do nome Buzzov•en.
Kirk: Não sei se você sabe, mas o nome do Buzzov•en literalmente veio de eu olhar um disco do Melvins. Sabe um disco deles chamado *Ozma* (1989)? Então, qual o nome da segunda música desse álbum? "Oven". E qual o nome do vocalista do Melvins? Buzz (risos). Não estávamos diretamente tentando ser o Melvins, mas foi isso que aconteceu. Estava tentando pensar em um nome, só tínhamos opções horríveis. E no início pensei apenas em Oven e depois em Buzzov•en. E pareceu legal, então foi isso (risos). E quando fui olhar no dicionário a palavra "oven", tinha essa separação por causa da pronúncia e acabei deixando no logo da banda. E, por isso, muita gente começou a pronunciar errado o nosso nome [imita várias vozes engraçadas tentando falar Buzzov•en com diferentes entonações]. Então foi algo simples assim.

Amizade com o Eyehategod.
Kirk: Eu vi o Eyehategod pela primeira vez quando nós tocamos em Nova Orleans. O Mike IX Williams ouviu sobre a gente e veio nos ver. Eles nos descobriram por essa conexão, a Alicia Morgan, da banda 13, de Nova York. E o Brian Hill, que era nosso baixista na época, estava saindo com a Alicia, que por fim acabou saindo com o Mike IX Williams. Mas enfim, o Mike veio, viu o show e falou: "É cara, vocês são tipo o Bl'ast!". E então nós fomos até a região do West Bank, em Nova Orleans, e o Mike IX Williams disse que eles tinham comido uns cogumelos e perguntou se eu também queria. E eu respondi: "É claro que sim!". Então nós comemos os cogumelos e eu fiquei doidão. Fomos para uma casa de shows bem pequena, em que eles estavam se preparando para tocar (o EHG) e tinha algo como 10 pessoas lá. E eu subi no palco e comecei a gritar "Eyehategod, é isso aí!", totalmente fora de controle. E nós estávamos todos viajando, por causa dos cogumelos, alucinando mesmo.

Shows com Eyehategod e Neurosis.
Kirk: Eu estava agendando os shows do Buzzov•en na época (início dos anos 1990), já que nós não tínhamos um agente. Então eu falei com o Mike porque o EHG tinha feito alguns shows com o White Zombie, mas ainda não tinha feito turnês. Eu falei para o Mike: "Cara, não há muito dinheiro envolvido. Na verdade, vai ser algo bem modesto. Mas acho que conseguimos dinheiro para gasolina e comida para as duas bandas. Vocês precisam sair daqui e tocar, cara!". Eu fiquei impressionado com eles e queria ajudar de alguma forma. Então, quando estava agendando o Buzzov•en, eu pensei "Foda-se! Vou dizer que estou agendando a turnê para o Buzzov•en e o Eyehategod, em vez de apenas o Buzzov•en". E eles estavam literalmente estacionados na rua enquanto nós estávamos gravando o *Sore*, dormindo na van em frente ao estúdio. Acho que as pessoas nem percebem como éramos próximos... E o Neurosis, na verdade, fez um show especial com a gente em San Francisco, já que eles não estavam em tour nem nada. Acho que foi a maneira deles tentarem nos ajudar, já que pensavam que as pessoas precisavam nos ver. Mais ou menos como fizemos com o Eyehategod. Era como se tivéssemos que nos ajudar para sermos vistos por mais pessoas e levarmos adiante a mensagem de sludge e drogas (risos). Estou brincando (risos). Nós conversamos sobre essas tours de antigamente, mais com o Eyehategod do

que o Neurosis, na verdade. O Mike IX Williams é o melhor...ele tem muito mais talento para escrever. Estou trabalhando no lance de escrever, mas ele consegue colocar algumas palavras mais apropriadas e descrever essas turnês da melhor maneira possível. Algumas vezes era mais tranquilo e tudo mais, mas em outras o nível de caos era absurdo, cara (risos). Tocamos em alguns lugares onde não tinha ninguém e ficávamos jogando garrafas uns nos outros. O Eyehategod jogava na gente e vice-versa. Bom, nós éramos jovens, burros e pobres (risos).

Livro sobre o Buzzov•en que está escrevendo.
Kirk: Sim, já comecei a escrever, na verdade. Não sei se você costuma acessar minha página no Facebook, mas publico algumas notas, incluindo links para o meu blog. É algo em que estou trabalhando. É algo que vou fazer. Devo ter um ou dois capítulos prontos. Quero ter alguma outra pessoa literalmente entrevistando todo mundo que já esteve na banda, tocando ou trabalhando. Quero ter entrevistas com todos, ter a perspectiva deles, saber como eles viram tudo isso. Não sei bem como fazer isso, [pois quero que] seja algo sobre o Buzzov•en, mas também algo sobre...porque, sabe, eu passei por muita merda. Quando fiquei limpo e sóbrio pela primeira vez, tive muitas coisas psicológicas acontecendo já que estava nessa há muito tempo. Não quero dizer isso e parecer louco. Mas, após alguns meses limpo, comecei a ver algumas merdas. E não eram coisas legais, eram coisas do mal. Na minha opinião, não sou um cara religioso, mas sou um homem espiritual. Mas virei minhas costas para isso, porque era uma pessoa brava, irritada. Estar em recuperação é como estar em algo que o cristianismo e a Igreja tentam fazer, mas não fazem de verdade. Mas não acredito em religião. Sempre acreditei que a religião – e o catolicismo em especial – eram um monte de merda falsa. Mas acredito em Deus, rezo, sou muito aberto quanto a isso.

Sobre ter conhecido Anton LaVey (fundador da Igreja de Satã nos EUA e autor da *Bíblia Satânica*).
Kirk: Eu tive um pequeno tipo de interação com o Anton LaVey uma vez. E eu fiquei "Você é um filho da mãe assustador!". Já tive dreadlocks até a minha cintura, usei droga suficiente para matar um cavalo e me quebrei todo no palco, mas cara, você me assusta pra caralho (risos)! Era algo do tipo: "Você escreveu a porra da *Bíblia Satânica*? Suma daqui!" (risos)

Seu passado de breakdance (!)

Kirk: Bom, eu fui criado ouvindo coisas como Willie Nelson, obviamente. E meus pais também ouviam coisas como Crystal Gayle quando eu era garoto. Eu estava na escola católica quando mudamos de Indiana para a Flórida, e acho que o que realmente me atraiu para a música pesada foi o breakdance. O Jimmy Bower, do Eyehategod, nunca riu tanto na vida quando alguém lhe mostrou uma foto minha do anuário dessa escola da Flórida dançando break. Você podia ouvir o Jimmy gargalhando a uns cinco quilômetros de distância (risos). É uma foto na qual estou fazendo aquele passo do "robô" (risos). Eu sempre quis ser um artista e não vou mentir: eu ficava curtindo coisas como Village People e Michael Jackson no meu quarto. Por outro lado, o Electric Light Orchestra foi uma grande influência, suas letras e tudo mais. Por isso nós fizemos o cover de "Don't Bring Me Down" no [disco] ...At a Loss; lógico que foi uma versão puxada para o metal/sludge.

Discos que mudaram a sua vida.

Kirk: Eu estava na oitava série nessa escola da Flórida e conheci o surf, o skate e tudo mais. Acabei entrando no punk nessa época, quando tinha uns 13 anos; isso já faz mais de 30 anos! Lembro que fui a uma loja de discos na Flórida e os primeiros discos que comprei (e nem sabia o que estava fazendo) foram o My War (1984), do Black Flag, e o Group Sex (1980), do Circle Jerks. Foi o meu primeiro contato com o Black Flag: lembro de ouvir o Henry Rollins gritando e tudo mais. Tive vontade de quebrar as coisas no meu quarto. É como com as drogas, pois você pensa que achou a solução para todos os seus problemas. E foi isso que aconteceu comigo com o Black Flag: pensava que tinha achado o que estava buscando durante toda a minha vida. E eu só tinha 13 anos (risos). Logo em seguida comecei a tocar guitarra e tudo mais. Então esses discos foram importantes. O Group Sex, do Circle Jerks, também foi foda, eles faziam músicas que podiam ser do Black Flag. Além de Metallica e Slayer, acho que só ouvia punk/hardcore até os meus pais me chutarem de casa (risos). Mas o Black Flag era "a banda" pra mim. Vi eles tocarem quando tinha uns 16 anos, um amigo me deixou entrar pelos fundos [do clube], foi uma experiência incrível. Também vi o Battalion of Saints e o GBH na época. Mas os dois "Blacks" – o Black Flag e o Black Sabbath – seriam minhas escolhas se tivesse que ir para a floresta ou algo do tipo.

GRIEF

Randy Odierno (ex-baterista do Grief e do Disrupt) – entrevista feita em março de 2014

Banda seminal do sludge com um som extremamente lento e arrastado, o Grief surgiu a partir de outra banda igualmente importante e cultuada, o Disrupt, que fazia um som totalmente oposto, misturando crust, punk e metal extremo da forma mais rápida possível.

Enquanto o Disrupt acabou de forma rápida como a sua música, deixando pouco material em meio a tanto talento, o Grief seguiu em frente por mais tempo, suficiente para a banda de Boston gravar diversos discos, incluindo o já clássico *Come to Grief*, de 1994.

Na entrevista abaixo, feita com o gente-finíssima Odierno, que tocou bateria no Disrupt e no Grief (onde também se arriscou no baixo e nos vocais), falamos de como foi o início de tudo, as influências na época, sua relação com o Eyehategod e outras bandas da mesma "cena", entre outras coisas.

O que você tem feito ultimamente?
Randy: Desde 2006 eu toco bateria em uma banda chamada The Under. É bem diferente de tudo que fiz antes. Estamos com um baixista novo e terminando nosso novo disco.

Como você enxerga o seu trabalho com o Grief tantos anos após o fim da banda (e até uma reunião no meio disso)?
Randy: Tenho orgulho do que fiz no Grief e ainda escuto os discos com uma boa regularidade. O lance é simplesmente "doente", na minha opinião. É incrível quantas pessoas nos consideram agora uma banda "seminal" do sludge, considerando que, quando estávamos na ativa, não era muita gente que se importava, especialmente na região de Boston.

Por que você decidiu começar o Grief com o Terry Savastano, então seu companheiro de no Disrupt?
Randy: Bem, na verdade quatro dos membros originais do Grief também toca-

vam no Disrupt: eu, o Terry, o Jeff Hayward e o Jay Stiles. Durante o começo do Grief, o Disrupt ainda estava na ativa. Então fazíamos o ensaio do Disrupt, e tocávamos com o Grief logo em seguida. Quando o Disrupt acabou, após nossa turnê na Europa em 1993, o Grief continuou, e o resto é história.

Quais eram suas influências na época? Vocês curtiam Melvins, Saint Vitus, Black Flag e coisas desse tipo?
Randy: Sim, sim e sim. E muito mais. Tínhamos muitas influências diferentes entre nós. Mas, falando de maneira geral, diria que Sabbath era a principal influência que compartilhávamos. Slayer, Iron Maiden, Deep Purple, Alice Cooper, Metallica, coisas mais punk/crust, Misfits, death metal em geral, e por aí vai. Tinha um milhão de coisas e todo mundo tinha suas preferidas. Mas quando o assunto era doom, Sabbath e Vitus eram definitivamente duas grandes influências. Também sempre fui muito ligado em coisas mais progressivas como Rush, [uma influência] que você pode definitivamente ouvir na minha banda atual.

É possível dizer que o Grief estava na mesma "cena" sludge que tinha bandas como Melvins, Eyehategod, Buzzov•en, entre outras? Afinal, não tinha muita gente tocando esse tipo de som naquela época.
Randy: Definitivamente [na mesma cena] do Eyehategod. Saímos com esses caras algumas vezes quando eles estavam por perto. Acho que eles começaram na mesma época que a gente. O Melvins era basicamente um pioneiro direto do que fizemos, mas não chamaria o Melvins exatamente de doom, então a cena deles era um pouco diferente e mais antiga, eu diria. O Buzzov•en definitivamente estava por aí na mesma época que a gente, mas acho que só tocamos uma vez com eles. Só havia realmente algumas poucas bandas fazendo esse tipo de som naquela época, então a "cena" não era assim tão grande. Isso influenciou, além do fato de que não viajávamos muito. Íamos bastante para Nova York e para alguns outros estados próximos, e fizemos uma tour nos EUA com o Extreme Noise Terror em 1995, mas foi basicamente isso. Os caras viajaram muito mais depois que eu saí da banda.

E você tem um disco e um show favoritos com o Grief?
Randy: Ah, essa é difícil porque gosto de todos os discos. Teria que dizer o *Come*

to Grief, com o Torso (1998) em segundo lugar, mas bem perto. Quanto a shows favoritos, a reunião que fizemos em 2005 em Boston foi bem legal. As pessoas estavam indo à loucura e isso me fez sentir que as pessoas realmente se importavam com a gente em nossa cidade natal; algo que nunca tinha acontecido antes. E nos anos 1990, um dos meus últimos shows com a banda foi no CBGB, em Nova York, e foi incrível. Também fizemos um show sensacional na turnê de 1995 em Minneapolis. O lugar estava tão cheio e parecia que estava fazendo uns 50 graus lá dentro, sem ar condicionado ou qualquer tipo de ventilação. Foi insano, mas incrível.

Você tocou bateria e baixo no Grief, certo? Qual instrumento veio primeiro para você? E quando começou a tocar?
Randy: Sim, isso está certo... Mas eu sou um baterista, desde os oito anos de idade. Quando começamos o Grief, eu queria fazer algo além da bateria. Na verdade, tentei cantar nas primeiras vezes, mas não consegui, por isso acabei pegando o baixo. Ainda bem que o Jeff canta daquele jeito.

Você conhece alguma banda brasileira?
Randy: O Sepultura. O *Beneath the Remains* (1989) é um clássico absoluto. Existem provavelmente outras [bandas] que eu ouvi, mas nem sabia que eram do Brasil.

Quais os três discos que mudaram a sua vida e por que eles fizeram isso?
Randy: Ah, essa é difícil porque são muitos discos. Mas acho que consigo pensar em uns de cabeça agora (risos). O *Reign in Blood* (1986) do Slayer. Se você curtia metal em 1987, então esse disco mudou a sua vida. Ele mudou tudo. Outro seria o *Morbid Tales* (1984), do Celtic Frost, que provou que você podia ser pesado pra cacete tocando metal das cavernas realmente básico, o que o Grief transformou em uma ciência. E, obviamente, os seis primeiros discos do Black Sabbath. Autoexplicativo.

Do que você tem mais orgulho na sua carreira como músico?
Randy: Apenas poder dizer que estive em bandas que as pessoas consideram influentes. Esse é o melhor elogio que um músico pode receber.

ISIS
09.24 – 11.02 2002
DALEK • OXES • THRONES

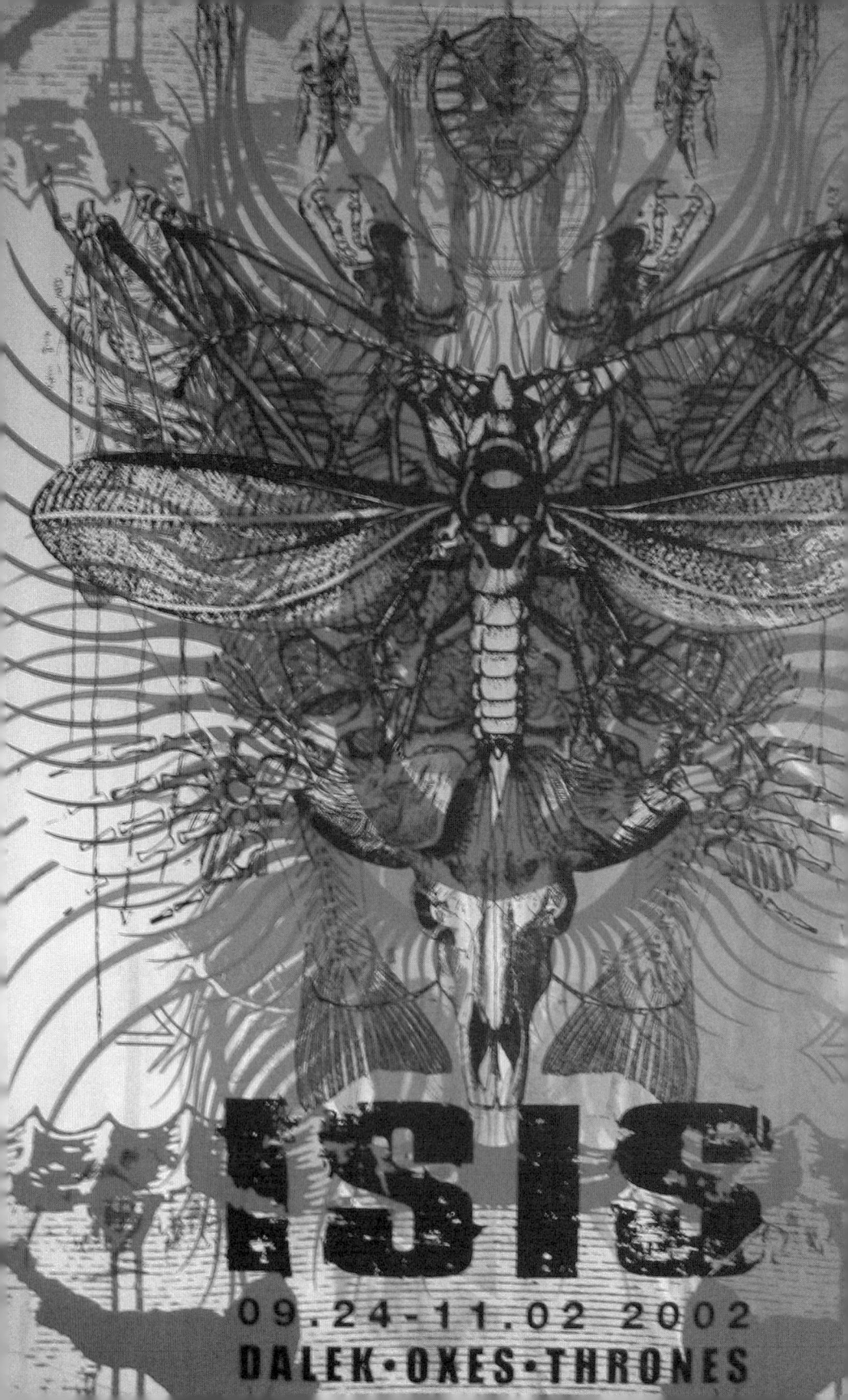

CAPÍTULO 3

PÓS-METAL

ISIS | PELICAN | MINSK

Outro estilo criado diretamente por causa
dessa cena alternativa de metal dos EUA, tem
nas músicas longas, densas e cheias de partes
"bonitas" e "viajantes" a sua marca registrada.
As origens remontam tanto ao pós-rock,
principalmente nos casos de Pelican e Isis, e
ao Neurosis, influência direta do Minsk com
seu som pesado e cheio de camadas.

ISIS

Aaron Harris (baterista do Isis e do Palms, além de produtor musical) – entrevista feita em fevereiro de 2013

"Filho" mais conhecido do Neurosis e uma das principais bandas do gênero conhecido como pós-metal, o Isis teve uma carreira muito consistente que acabou em 2010, pouco após lançar aquele que é considerado por muitos o melhor disco do sexteto que iniciou suas atividades na fria Boston, mas acabou na ensolarada Los Angeles.

Após o término da banda, anunciado por meio de uma carta aos fãs em seu site oficial, o vocalista Aaron Turner – também responsável pela quase finada gravadora Hydra Head – resolveu ressuscitar o "supergrupo" Old Man Gloom e dedicar-se a outros projetos, enquanto que todos os outros integrantes do Isis, com exceção do guitarrista Mike Gallagher, juntaram-se ao vocalista do Deftones, Chino Moreno, para formar o mais melódico Palms.

No começo de 2013, alguns meses antes do disco do Palms ser lançado pela Ipecac, gravadora de Mike Patton, tive a chance de falar por telefone com o baterista e cofundador do Isis, Aaron Harris, sobre esse álbum, a sua primeira fita K7, a sempre tão falada influência do Neurosis, e a sua nova carreira como produtor de bandas como o Zozobra e o próprio Palms.

Vamos começar falando do Palms. Como vocês formaram a banda? Tipo, quem ligou pra quem depois do fim do Isis?
Harris: Começou assim: Jeff (Caxide, baixista), Cliff (Meyer, tecladista/guitarrista/vocalista) e eu continuamos a morar aqui em Los Angeles e falamos sobre nos juntar e tocar. Apenas nos encontrar, escrever algumas músicas, sentir um pouco como seria. As coisas começaram a correr muito bem e logo já tínhamos algumas faixas escritas. E eu fiquei amigo do Chino (Moreno, vocalista do Deftones) porque ele e eu fazíamos muitas caminhadas. Los Angeles tem muitas trilhas pra isso. Nós costumávamos nos encontrar e fazer essas caminhadas e, certo dia, eu estava falando sobre as músicas que tínhamos feito e ele questionou sobre talvez cantar nessas músicas. E as coisas meio que evoluíram a partir daí. Eu já tinha ido em algumas tours como técnico de bateria do Abe (baterista do Deftones) e

ficamos mais amigos. Comecei a mostrar as músicas para o Chino, ele começou a escrever letras, foi ficando mais envolvido, e meio que cresceu a partir daí.

E como foi trabalhar com o Chino após tantos anos acostumado a ter o Aaron Turner como o vocalista principal do Isis? O processo foi muito diferente?
Harris: É diferente, e o *timing* foi meio estranho. Porque o Chino estava compondo o novo disco do Deftones nessa época e, obviamente, estava muito comprometido em fazer isso. E nós três, Cliff, Jeff e eu, tínhamos feito essas músicas. Elas foram compostas sem o Chino, porque enquanto estávamos escrevendo, embora ele tenha se interessado e tudo, não era algo certo, definitivo nesse sentido. Nós meio que escrevemos as faixas tendo ele em mente, mas... Acho que quanto a escrever as músicas, foi algo familiar para a gente porque tivemos o mesmo tipo de processo que tínhamos no Isis. E então o Chino entrou na banda, para fazer os vocais em cima dessas músicas, fizemos umas mudanças aqui e ali, editamos algumas coisas, porque nós costumamos escrever essas músicas muito longas (risos). O que o Chino trouxe realmente mudou as faixas assim que ele cantou nelas.

Aliás, o que achou do disco novo do Deftones, o *Koi No Yokan* (2012)?
Harris: Eu adorei! Adorei mesmo. Não sei, mas assim que saiu e fui ouvir, achei que fosse provavelmente o meu favorito deles. Não sei se é o meu disco predileto do Deftones, mas está definitivamente ali, entre os melhores. Eu gosto muito do *Deftones* (2003) e do *Saturday Night Wrist* (2006) também... Gosto de todos, na verdade (risos). Mas é definitivamente ótimo. Escuto muito quando estou correndo e fazendo exercícios ou coisa do tipo. É muito bom, porque os tempos e os ritmos são muito consistentes e bons para ouvir quando se está fazendo algo desse tipo.

Voltando ao Palms, o álbum de vocês vai ser lançado pela Ipecac. Isso foi algo natural por causa do Isis? Ou vocês foram e "venderam" a ideia para o Mike Patton?
Harris: Ah, é engraçado. Porque quando começamos e estávamos fazendo as músicas, o plano inicial era nós mesmos lançarmos o disco. Mas aí o Chino concordou em cantar e tudo mais... Não sei...porque estávamos fora do "jogo" havia algum tempo, uns bons anos. Acho que não pensamos em um disco quando estávamos

fazendo as faixas, não víamos potencial no material. E pensamos que *talvez* a Ipecac quisesse...e aconteceu que eles quiseram de cara lançar as músicas. Foi bem legal ouvir deles que estavam interessados, tipo uma surpresa. Quando você está fazendo algo novo, algumas vezes é difícil saber se é bom. Isso faz sentido?

(Risos) Faz sim, tipo você gosta, mas está inseguro.
Harris: Nós achávamos o material bom, mas não sabíamos se outras pessoas também achariam isso. Por isso, foi muito legal ouvir da Ipecac que eles tinham gostado e queriam fazer parte disso. E é ótimo trabalhar com eles, realmente gostamos deles. E o Chino também ficou muito animado, porque ele é um grande fã da Ipecac e do Mike Patton.

Mesmo sem ter lançado nada [o disco saiu alguns meses depois desta entrevista] nem nunca ter feito um show, o Palms já tem algo como 10 mil fãs no Facebook. Como é isso pra vocês, começar uma banda já com todo esse apoio? Sentem algum tipo de pressão por isso?
Harris: (Risos) Sim, nós sempre fazemos piadas com isso. Tipo: "Uau, nós temos 10 mil *likes* no Facebook e ninguém nunca nem ouviu uma música nossa". Então, sim, há alguma pressão. Mas você tem que lembrar a si mesmo que não pode pensar muito nisso. Se você pensar no que as pessoas querem ouvir de você, ou como deveria soar, não será algo verdadeiro. Você só precisa colocar isso de lado, fazer sua música e torcer para que as pessoas gostem.

Entendi. Teve até um cara no Facebook que disse que ia tentar ouvir Deftones em um fone e Isis no outro, ao mesmo tempo, para tentar descobrir como seria o som de vocês.
Harris: (Risos) Eu vi isso também, foi engraçado.

Como foi para você trabalhar como engenheiro de som (Aaron é creditado como produtor juntamente com a banda, além de engenheiro) no disco? Ter trabalhado com caras como o Matt Bayles (produtor que já trabalhou com bandas como Mastodon e Botch), na época do Isis, ajudou de alguma maneira nisso?
Harris: Sim, definitivamente ajudou. Aprendi muito vendo o Matt traba-

lhando nos discos do Isis, gravando e produzindo. Entre o Matt e o nosso cara do som, Grant Moss, e outros, já que tivemos vários caras trabalhando com o Isis, tentava "roubar" o máximo que podia deles, prestar atenção. Isso é algo em que sempre estive interessado. E, por mais que tentassem me deixar de fora, sempre tentava ficar de olho, espiando por cima do ombro (risos). Sempre absorvi tudo porque, na minha cabeça, sempre quis ser um engenheiro, ser um produtor. E a primeira oportunidade que tive de fazer isso foi como substituto no disco do Zozobra, projeto do Caleb Scofield, baixista/vocalista do Cave In.

Você também toca nesse disco, certo?
Harris: Sim, eu toquei em todo o álbum *Bird of Prey* (2006). E também gravei e mixei o disco todo. Esse foi o meu primeiro disco como produtor.

E isso é algo que você pretende continuar fazendo, trabalhar como produtor?
Harris: Sim, definitivamente. Isso é meio que meu lance principal agora, após o Isis. Trabalhar com engenharia e mixagem de som. Óbvio que também tocar no Palms, fazer shows e tudo mais, mas, além da banda, esse trabalho de gravar e produzir é o meu negócio mais importante agora.

Falando em tocar com o Palms, vocês planejam sair em turnê ou apenas fazer algum show aqui e ali?
Harris: Sim, certamente vamos tocar ao vivo. Não quero falar muito, mas estamos planejando alguns shows no decorrer deste ano [2013]. Ver o que podemos fazer, sabe? É meio difícil saber quando o Chino vai estar disponível. Porque obviamente o Deftones é a banda principal dele e, assim, tem prioridade para essas coisas. Então, vamos ver quando ele vai estar livre. Mas definitivamente queremos fazer shows.

Por falar em shows, o Isis chegou a ser sondado ou convidado alguma vez para vir para a América do Sul?
Harris: Nós falávamos sobre isso, sempre quisemos. Mas simplesmente nunca aconteceu. Sei que temos fãs por aí e seria sensacional fazer isso, mas nunca conseguimos juntar tudo para dar certo.

Você conhece algo sobre música brasileira?
Harris: Não. Recebo material de muita gente. Alguém me mandou algo há pouco tempo, aí do Brasil. Era um lance mais pesado, tipo Meshuggah, que realmente gostei. Mas não consigo lembrar o nome da banda nem do disco.

Depois me avise se lembrar, acho que não conheço nenhuma banda por aqui que pareça com Meshuggah, aposto que deve ser legal (risos).
Harris: (Risos) Ah, acho que Meshuggah não foi a melhor descrição, mas era definitivamente bem pesado.

Agora vamos falar um pouco sobre o Isis. Vocês lançaram recentemente o *Temporal* (2012), com muito material inédito, lados B e coisas do tipo. Há mais material desse tipo guardado que possa ser lançado no futuro?
Harris: Nós temos toneladas de coisas. É apenas uma questão de mexer com esse material e encontrar o que vale ser lançado, algo que as pessoas gostariam. Ou seja, ainda temos muito material que tecnicamente poderíamos lançar. Só que, como eu disse, é um lance de escolher o que lançar. Mas eu não sei realmente quanto interesse ainda existe aí fora entre os fãs.

Acho que há bastante interesse, pelo que vejo (risos).
Harris: (Risos) Bom, é difícil dizer. Algumas vezes você pode lançar algo e vê as pessoas dizendo coisas como "Vocês só estão querendo ganhar dinheiro" ou algo do tipo. (Risos) O que essas pessoas não percebem é que você realmente não ganha mais dinheiro com discos. De qualquer maneira, ainda mais com uma banda que não existe mais e não faz mais shows, nós definitivamente não estamos ganhando dinheiro fazendo isso. Porque nós "gastamos" muitos anos com essa banda e temos muito material, e gostamos muito da banda. Ainda é pelo amor que temos pelo Isis. Não é uma maneira de ganhar dinheiro, com certeza.

Recentemente temos visto muitas gravadoras e lojas de discos sofrendo com baixas vendas e algumas até fecharam, como a Hydra Head. O que acha das pessoas baixarem músicas de graça na Internet? Acha que essa é a principal causa disso?
Harris: Sim, decididamente penso que é (a principal causa). Infelizmente, ao longo dos anos eu vi como as coisas ficaram mais e mais difíceis para a Hydra

Head. Quando eu falava com o Mark [Thompson], o principal cara do selo, ele sempre dizia: "Cara, as coisas estão ficando cada vez piores". Tenho certeza que é muito difícil para uma gravadora se manter atualmente. As coisas custam muito dinheiro, e você tem a fabricação, a divulgação. E, às vezes, você tem que se arriscar com essas bandas. Aí as pessoas roubam a música e você não recupera seus custos. Por isso é difícil se manter vivo nesse sentido. Quero dizer, há dois lados na história. Eu entendo as pessoas baixarem as músicas, entendo todo o argumento por trás disso. Não estou condenando, [mas] não acho que seja certo. Mas eu entendo... Consigo ver pontos positivos em ambos os lados. E pontos negativos também.

E você vê algum tipo de solução, a curto ou longo prazo?
Harris: Realmente não vejo. Sei que há coisas por aí que as pessoas estão fazendo que podem ajudar. É legal ver as vendas de vinil aumentando, e continuam subindo. E as pessoas incluem códigos ou coisas do tipo para as versões digitais. Assim, as pessoas podem comprar o vinil e ter a gravação legal analógica, além da [versão] digital também. E os discos são coisas muito legais para se ter.

Falando nisso, li há pouco tempo que a Amoeba Music (famosa rede de lojas de discos da Califórnia) começou a vender versões digitais de vinis raros que eles possuem. O que acha disso?
Harris: Ahh, sério? Isso é engraçado. Cliff, do Palms e do Isis, na verdade começou a fazer isso com alguns discos da coleção pessoal dele. E eu disse para ele outro dia: "Cara, eu te pago para fazer o mesmo com os meus vinis" (risos). Porque ele tem um toca-discos muito legal, e um ótimo conversor. Acho que isso é legal. Se você fizer direito, pode conseguir com que o arquivo digital soe muito bem. Eu teria interesse nisso, com certeza.

Quando vocês começaram o Isis, em 1997, você tinha uns 19, 20 anos de idade. Pensava na época que ficariam juntos por tanto tempo? Havia algum tipo de projeto nesse sentido?
Harris: Não. Naquela época, acho que nossos únicos objetivos eram apenas tocar música barulhenta e gritada (risos). E talvez fazer alguns shows. E talvez, talvez mesmo, fazer uma turnê. Não tínhamos nenhum objetivo, além de fazer música.

Vocês ensaiavam bastante, certo?
Harris: Sim, bastante.

Isso era algo importante entre vocês? Porque conversei com o Bill Kelliher, do Mastodon, e o Jean-Paul Gaster, do Clutch, e eles disseram que praticamente nunca ensaiam, a não ser antes de turnês e gravações.
Harris: (Risos) Ah, eu não sei. Nunca pensei nisso realmente. Mas nós costumávamos ensaiar quatro noites por semana mesmo antes de a banda ser algo exclusivo, *full-time* para a gente. Assim que pudemos largar nossos empregos e nos dedicar apenas à banda, acho que passamos a ver a banda como nosso trabalho. E dissemos: "Se vamos fazer isso o tempo todo, nós devíamos tratar como se fosse nosso trabalho. É para isso que fizemos tudo, é o que sempre quisemos, fazer só isso". Por isso, criamos uma agenda com ensaios diários. Talvez isso tenha sido uma coisa ruim, pensando agora. Mas, na época, isso nos manteve seguindo em frente, ensaiando. E [também tem o fato de que] éramos uma banda que tocava essas músicas longas, com muita variedade entre os discos. Era difícil pra gente, por exemplo, quando estávamos na época do *Wavering Radiant* (2009), pegar e tocar uma música do *Mosquito Control* (1998). Tínhamos de sentar e reaprender a música. Porque muita coisa tinha mudado nesse tempo.

Como foi para vocês fazer a última turnê do Isis, em 2010? Qual era o sentimento entre a banda? Teve algum show marcante nessa tour?
Harris: Na última turnê foi estranho... Acho que todo mundo sabia que era o fim. Quer dizer, nós obviamente sabíamos que era o fim do Isis. Mas meio que seguimos como sempre: fazendo de forma profissional e aproveitando ao máximo. Acho que todos os shows foram marcantes para mim. Talvez porque tenha tentado "retirar" tudo uma última vez, curtir esses últimos shows. Penso que estava mais consciente durante esses shows do que tinha estado antes, talvez porque soubesse que eram os últimos. E particularmente o último show, em Montreal, no Canadá, foi memorável, só porque foi tipo: "Uau, essa é a última vez". Então foi definitivamente um sentimento estranho.

Falando nisso, a situação financeira ruim da Hydra Head alguma vez despertou em vocês a ideia de fazer um ou mais shows de reunião para ajudar a gravadora?

Harris: Não, essa ideia não surgiu. Não falamos sobre isso. Acho que seria uma boa maneira [de ajudar a gravadora]... Nós [Hydra Head e Isis] dividíamos determinadas coisas. Obviamente, era a gravadora do Aaron (Turner), mas também eram duas entidades diferentes. Acho que seria uma boa solução para a Hydra Head, mas não sei se isso seria possível.

O disco *Oceanic* (2002) é definitivamente um ponto de virada na sonoridade da banda. O que influenciou vocês na época a adicionar esses novos elementos?
Harris: Bom, o *Celestial* (2000) foi o primeiro disco que fizemos com a formação que nos trouxe até aqui. E você pode realmente notar a diferença entre o *Red Sea* (1999) e o *Celestial*. Há um salto muito grande. E então, com o *Oceanic*, essa formação havia evoluído ainda mais, já que foi o segundo disco que fizemos juntos. Foi um grande momento para todos nós, acho que todos estavam sendo influenciados a partir de muitos lugares, e em muitas direções. E foi uma época importante para a banda. A banda era muito importante para todos, porque tínhamos visto potencial nela, era nosso segundo disco. Foram muitos fatores que fizeram o disco sair dessa maneira.

E como você vê todas essas bandas que surgiram depois desse disco, fazendo um som, digamos, muito parecido com o de vocês? Enxerga como um tipo de elogio ou como um fato de que as pessoas já não são mais tão criativas?
Harris: (Risos) Não, eu vejo como um elogio. Com certeza algumas pessoas ficariam com ciúmes, ou irritadas. Mas não sei... Para mim, é o maior elogio possível. Se você escreve algo que influencia outra pessoa, acho que é um dos maiores elogios que pode receber, na minha opinião.

Quais os três discos que mudaram a sua vida e a razão para terem feito isso?
Harris: Acho que o *Led Zeppelin I* (1969) foi um que mudou a minha vida. Apenas ouvir o John Bonham tocar, o som de bateria dele. Também posso citar o *Houdini* (1993), do Melvins. Sabe, ouvir a maneira como o Dale (Crover) toca bateria, nunca ouvi mais ninguém que toca daquele jeito. Com aquelas batidas fortes, e depois longas pausas, e outras batidas. Não é um modo típico de tocar bateria, era muito único para mim. E o terceiro seria o *Dark Side of the Moon* (1973), do Pink Floyd. Sempre amei esse disco. Foi a primeira fita K7 que comprei quan-

do era criança (risos). A primeira fita que comprei com o meu dinheiro, sabe? Então foi um disco marcante para mim.

Já que mencionou sua primeira fita K7, com que idade começou a tocar bateria?
Harris: Hmm, deixa eu ver...sempre esqueço isso. Foi na sexta série [é possível ouvi-lo fazendo contas, para lembrar a idade], acho que tinha 11 ou 12 anos.

E quais bateristas tiveram influência no seu estilo? Você é autodidata, certo?
Harris: Sim, sim. Putz, os bateristas que mais me influenciaram... Acho que é uma resposta clichê para um baterista, porque todo mundo parece ser influenciado por ele, mas tenho que dizer o John Bonham. Em função da maneira como ele criava, soava, e tudo mais. Ele é o maior baterista de rock de todos os tempos, a palavra final nisso (risos).

Você viu o último DVD do Led Zeppelin, do show de reunião de 2007, com Jason Bonham na bateria?
Harris: Vi sim, na casa de um amigo outro dia. Eu estava cético, dizendo: "Não sei não". Mas meu amigo disse que era muito bom. Aí assistimos e tenho que dizer: é muito bom (risos). A banda está soando muito bem no show. Acho que foi o Alan Moulder que mixou e ficou muito bom. Fiquei surpreso.

Mudando de assunto. Você tem um disco favorito com o Isis?
Harris: Acho que seria o *Wavering Radiant*. Não apenas porque foi nosso último disco. Mas tenho uma conexão pessoal com esse álbum, tenho muito orgulho dele. E é um disco que ainda consigo ouvir hoje e gostar. É provavelmente o meu favorito.

Ano passado eu entrevistei o Kenneth Thomas, que dirigiu o documentário *Blood, Sweat + Vinyl*, sobre as gravadoras Neurot, Hydra Head e Constellation. O que você achou do filme?
Harris: Achei ótimo. Sei que Kenneth vinha trabalhando no filme há muito tempo e ele se esforçou muito por esse documentário. Foi ótimo ver o filme lançado e as pessoas falando sobre ele. Por isso, fiquei muito feliz pelo Kenneth, porque

sei que ele trabalhou muito para isso. Ele tinha uma visão e investiu muito nisso: tempo, dinheiro do próprio bolso, recursos e tal. Então foi muito bom ver que o filme foi lançado e as pessoas gostaram.

Além disso, ele também dirigiu o último clipe do Isis, certo? O que achou do clipe?
Harris: Isso, ele fez o vídeo da "Pilable Foe". Gostei muito do vídeo. É um dos meus favoritos. Eu realmente gosto do "time lapse" [recurso que mostra o tempo passando rapidamente no vídeo] no clipe. E acho que ele realmente mandou muito bem. É um vídeo bonito, que combina com a música. E meio que relembra todos os nossos discos. Se você assistir atentamente, pode ver pedaços de temas dos nossos álbuns. Foi definitivamente um vídeo final muito bom.

O Isis era uma banda originalmente de Boston, mas vocês mudaram para Los Angeles há alguns bons anos, por volta de 2003. Essa mudança de ambiente, para a Califórnia, influenciou vocês de alguma forma?
Harris: Sim, acho que sim. É difícil dizer como isso nos influenciou diretamente. Mas acho que se você pensar na mudança de ambiente e em estar aqui, longe de Boston, onde passamos muitos anos, foi rejuvenescedor, sabe? (Risos) Acho que todo mundo ficou com medo de que fôssemos começar a escrever músicas hippie românticas.

Já que falamos de Boston, onde vocês começaram, as comparações com o Neurosis no início da carreira do Isis incomodavam vocês?
Harris: Ah, era um pouco irritante. Mas, por outro lado, faz sentido. Nós "emprestamos" muito deles no começo. Quero dizer, todo mundo, toda banda, soa como outro artista no começo. Não é possível soar realmente único, diferente, no início. Você tem influências, e vai soar como elas. Mas é uma comparação honrosa, sabe? (Risos)

Mas depois de um tempo isso acabou, principalmente depois do *Oceanic*...
Harris: É, isso é normal numa banda nova, você só precisa passar por esse período de ser comparado com outras bandas. É um bom teste: quando você começa a desenvolver seu próprio som e começa a se afastar dessas influências. É tipo "Ok, essa banda vai para algum lugar".

Do que você tem mais orgulho na sua carreira?
Harris: Provavelmente, como disse antes, apenas do fato de existirem bandas aí fora que foram influenciadas pelo Isis. É legal quando você recebe mensagens de pessoas dizendo que o Isis foi importante em momentos difíceis, ou que o Isis as influenciou a fazer isso ou aquilo. Apenas o fato de ter influenciado as pessoas, ter tido um impacto, e as pessoas gostarem da nossa música. E sermos vistos agora como uma banda influente. Isso, para mim, é algo realmente sensacional, e algo de que tenho muito orgulho. Como um músico, esse é provavelmente o maior elogio que você pode receber.

PELICAN

Trevor Shelley de Brauw (guitarrista do Pelican) – entrevista feita em dezembro de 2013

Formado em 2000 em Chicago, cidade com tradição em todos os tipos de boa música, inclusive a barulhenta, o Pelican é hoje provavelmente o maior nome do metal instrumental dos EUA, que tem nos conterrâneos do Russian Circles a principal "ameaça" ao título.

Com o ótimo então novo disco – *Forever Becoming* (2013) – nas prateleiras virtuais e físicas, resolvi que era mais do que hora de falar com os caras. Nesta entrevista, feita por e-mail entre outubro e dezembro de 2013, você confere uma conversa com o guitarrista e fundador da banda, Trevor Shelley de Brauw, em meio as turnês do quarteto que perdeu seu outro guitarrista fundador, Laurent Schroeder, no início daquele ano.

No papo virtual, falamos sobre os discos que mudaram a vida do Trevor e sua opinião sobre downloads ilegais e tudo que vem no pacote, além de outros assuntos mais específicos do Pelican, como a nova formação e seu renascimento, a "cena" da qual fazem parte (ou não), o impacto do já clássico álbum *Australasia* (2003) na breve carreira dos rapazes, e como eles se tornaram uma banda instrumental por causa do High on Fire.

Qual seu sentimento sobre o último disco de vocês, *Forever Becoming*, agora que ele finalmente foi lançado? Afinal, é o primeiro disco do Pelican desde 2009.
Trevor: Esse disco representou um desafio para nós, já que perdemos nosso guitarrista Laurent pouco antes de começarmos a escrever as novas músicas, e também porque temos encarado a banda como algo que ocupa um tempo parcial em nossas vidas agora que temos empregos e não podemos fazer turnês ou tocar o tempo todo. Estou muito feliz com a maneira como o disco acabou ficando; quando começamos a compor essas músicas não sabia o que esperar, mas Bryan e eu encontramos uma linha forte de inspiração logo no começo, e isso nos guiou. O disco é facilmente um dos meus favoritos.

E como foi escrever esse disco sem o Laurent (guitarrista)? O novo guitarrista, Dallas Thomas, ajudou na composição desse material?
Trevor: Foi um pouco como começar a banda de novo – era uma nova parceria criativa. Como estávamos tocando em nossos tempos livres do trabalho foi um pouco mais parecido com o começo da banda, quando não havia pressão ou expectativas. Encarar a banda como algo divertido e criativo, ao invés de uma carreira, deu um sentimento bastante positivo a todo o processo. Quando começamos a compor o disco, estávamos apenas eu, Bryan e Larry. Bryan e eu escrevíamos algo juntos e então enviávamos essas gravações para o Larry, que mora em Los Angeles, para trabalhar na casa dele. Nos encontramos como um trio algumas vezes e editamos as músicas juntos. Dallas entrou como um membro *full-time* alguns meses antes de entrarmos em estúdio – as músicas já estavam prontas na sua maioria, mas ele ajudou a finalizar algumas faixas em que estávamos meio "travados" e, de forma geral, nos ajudou a ter uma visão mais firme sobre o material.

Você prefere tocar em shows menores ou em festivais?
Trevor: São experiências completamente diferentes, com coisas diferentes para valorizarmos em cada uma. Obviamente é mais fácil se "aproveitar" da intimidade de uma casa de show pequena e poucas coisas na vida são tão divertidas quanto a comunhão entre banda e público nesse ambiente. Os festivais representam um desafio maior no sentido de tentar criar o mesmo elo com um público muito maior, normalmente separados por uma barricada. Não há nada tão recompensador quanto um show em festival que funciona, mas é sempre uma aposta e é raro acontecer da maneira que a pessoa espera.

Falando nisso, como foi tocar no Maryland Deathfest de 2013? O lineup estava incrível e vocês certamente destoavam da maioria das atrações.
Trevor: Essa foi uma das raras exceções que citei antes. Tocamos em um palco menor no festival, mas a capacidade de público ainda era grande e a energia das pessoas era imensa. Acho que ajudou o fato de sermos muito diferentes de todas as outras bandas do lineup – ajudou a nos destacarmos e penso que a resposta das pessoas foi mais entusiasmada como resultado disso. Só pudemos ficar no festival por um dia, quando tocamos, mas poder ver bandas como Car-

cass e Pig Destroyer foi incrível. Espero que possamos tocar novamente nesse festival em algum momento.

Você tem algum show ou turnê favorita com o Pelican?
Trevor: Sempre olho com um carinho especial para a turnê europeia que fizemos com o Cave In, em 2006. Nós ainda éramos relativamente novos nesse lance de turnês e sinto que aprendemos muito vendo como eles lidavam com as coisas; especialmente o fato de que eles nunca deixavam nada tirar a alegria de tocar.

Vamos falar um pouco sobre Chicago, a cidade natal da banda. Qual o lance da cidade em ter bandas instrumentais tão boas, como vocês e o Russian Circles, por exemplo? Acha que isso acontece pela tradição da cidade em música alternativa, com a Touch & Go e tudo mais?
Trevor: Realmente não sei. Obviamente existem muitas bandas incríveis em Chicago, e acontece que algumas ótimas bandas daqui também são instrumentais. Penso que uma coisa que deve ter contribuído para a aceitação da música instrumental em Chicago é o cruzamento entre as cenas locais de jazz experimental e de rock independente, que começou a rolar nos anos 1990 no Empty Bottle [famosa casa de shows de Chicago]. Esse é certamente o ambiente onde o Tortoise começou a dar seus primeiros passos e acho que tudo meio que seguiu a partir daí. Independentemente de as bandas instrumentais atuais assumirem essa influência ou não, penso que foi aí que a semente foi plantada.

Você disse certa vez que não pensa no Pelican como uma banda de metal, mas que via vocês como parte de uma comunidade de bandas. Quais artistas você vê como "espíritos irmãos" da banda?
Trevor: É um grupo diverso de bandas, mas penso que estamos ligados com muitas pessoas diferentes de cenas diferentes, todas com conexões vagas – especialmente pensando em nomes como Mono, Life & Times, Helms Alee, Torche, Young Windows, Jesu, Keelhaul, Kayo Dot. Por um tempo, pareceu que havia uma cena organizada em torno da Hydra Head e da qual fazíamos parte, mesmo que não em um sentido geográfico. E muitas dessas conexões foram aumentadas com turnês constantes e viagens pelo mesmo caminho; agora que fazemos menos shows, parece cada vez mais que existimos em uma espécie de bolha.

É possível considerar o *Australasia* como um ponto de virada na carreira da banda, em que vocês descobriram de forma mais clara um som próprio?
Trevor: Sim, para mim esse foi o momento em que a minha maneira de composição e o estilo do Laurent realmente "se ligaram". Estava ouvindo muito Red House Painters nessa época, e a maioria das coisas que eu estava criando eram linhas melódicas maiores que não pareciam ter lugar em nenhuma das bandas em que tocava na época. Então Laurent começou a trazer *riffs* que tinham essa mesma pegada e tudo pareceu encaixar. Laurent e eu fomos colegas de apartamento durante a época em que escrevemos esse disco e o *Fire In Our Throats* (2005), por isso passamos muitas noites tocando violão de madrugada, sempre focando nas harmonias de guitarra e linhas melódicas. Foi uma época muito criativa.

E você tem um disco favorito com a banda?
Trevor: Além do álbum mais recente, que para mim é a representação mais coerente e bem articulada da nossa visão musical, sempre gostei do *City of Echoes* (2007). Esse disco foi gravado quando estávamos tocando e fazendo shows constantemente e, de muitas maneiras, nossa técnica musical estava num nível super alto por tocarmos tanto. Existem linhas de guitarra nesse disco que sinto dificuldades para tocar agora. Penso que meu modo de tocar agora é mais articulado e expressivo, uma vez que foi aí que foquei minha prática, mas havia algo de frenético e "ostentação" no meu modo de tocar que não tenho mais. Valorizo bastante esse recorte.

Quando você começou a banda, imaginava que ficariam juntos por tanto tempo?
Trevor: Não, não tínhamos planos a longo prazo. Nossos planos eram curtir, escrever músicas, fazer shows, e quem sabe conseguir fazer um disco em algum momento. Temos muita sorte de esse caminho ter aparecido para nós.

E sempre tiveram a intenção que o Pelican fosse uma banda instrumental?
Trevor: Ensaiamos juntos por um ano, escrevendo músicas e estabelecendo um elo musical antes de fazer shows. Nesse primeiro ano, consideramos ter um vocalista na banda, mas nenhum de nós queria cantar e não conseguíamos achar ninguém que se encaixasse. Recebemos uma oferta para abrir um show do High on Fire na primeira vez que eles foram para Chicago, e decidimos aceitar, mes-

mo sem ter achado um vocalista. O público pareceu realmente ter gostado do nosso set e tomamos a decisão de continuar como uma banda instrumental. No fim das contas, isso acabou contando como algo a nosso favor: a cena metal de Chicago era realmente pequena na época, mas pessoas das diferentes cenas curtiram o que estávamos fazendo, já que a ausência de um vocalista deixava menos óbvio que éramos uma banda de metal.

Agora sobre o Brasil. Conhece alguma banda daqui?
Trevor: Não muitas, honestamente. O Sepultura, claro. E também Krisiun e Bonde do Rolê.

Você era fã do Sepultura nos anos 1990?
Trevor: Sou fã deles desde o *Arise* (1991). Vi o Sepultura abrindo para o Helmet e o Ministry na turnê desse disco. Eles tocaram primeiro e, pelo resto da noite, algumas pessoas ficavam gritando "Sepultura" durante os sets das outras bandas, como se o Helmet ou o Ministry pudessem encerrar a noite e chamar o Sepultura de volta ao palco. Isso deixou uma grande impressão em mim.

Agora quero que você me diga três discos que mudaram a sua vida e por que eles fizeram isso.
Trevor: O primeiro disco que mudou a minha vida foi o *Bizarre Love Triangle* (1986), do New Order. Meu irmão mais velho tinha o vinil em 12 polegadas e eu costumava ficar ouvindo-o de forma obsessiva. É minha memória mais antiga de ouvir música que desencadeou algumas emoções; minha primeira experiência de como a música pode ser algo poderoso. O segundo é o *24 Hour Revenge Therapy* (1994), do Jawbreaker. Nessa época, eu era um adolescente punk e um guitarrista iniciante, mas minhas aspirações não eram maiores do que conseguir tocar dois ou três *riffs*. O Jawbreaker tirou a estética do punk, mas as melodias de voz e cordas deles eram bem mais amplas em comparação à caixa estreita que eu estava vivendo. Esse disco me abriu para todo um novo vocabulário musical. E o terceiro da lista é o *We Are the Romans* (1999), do Botch. Nesse ponto, eu estava na faculdade e com 20 e poucos anos. Tocava em bandas de hardcore e levava isso meio a sério, mas ainda levando um pouco como um hobby. Quando ouvi o disco do Botch, ele foi uma destilação de muitas ideias que eu estava tendo

sobre colocar o hardcore um passo à frente, mas executado com uma técnica musical profissional. Esse disco me fez querer levar a música muito mais a sério e encontrar uma maneira de organizar minha vida após a faculdade para que fazer música e estar em bandas fosse o princípio da organização de tudo.

Quando exatamente começou a tocar a guitarra? E quais eram suas influências na época?
Trevor: Comecei a tocar guitarra por volta dos 13 anos. Estava ouvindo REM e U2 na época. Não sabia que eles eram influências no meu estilo de tocar porque demorou uns seis meses até eu descobrir que você podia colocar seu dedo em um traste e conseguir uma nota diferente que não fosse apenas o acorde aberto. Não considerava a influências das coisas porque não achava que era capaz de reproduzir nenhum dos sons que ouvia nos discos – estava apenas me divertindo e fazendo barulho. Foi uma batalha complicada "aprender" a tocar guitarra, e devo muita gratidão aos meus pais pela paciência com a amolação intolerável que eu criei.

Além da música de outras pessoas, o que mais te influencia na hora de compor? Talvez livros, filmes?
Trevor: Costumava olhar para livros e filmes buscando inspiração, mas ultimamente tenho sido mais inspirado pela própria vida – por aqueles momentos nos quais a lógica vai embora e a emoção intensa toma conta. A vida é curta e a importância desses momentos não pode ser subestimada; eu quero que a música toque essa parte em mim.

Qual a sua opinião sobre pessoas que baixam música sem pagar? Pensa que essa é a principal razão para gravadoras (como a Hydra Head) estarem fechando suas portas?
Trevor: O muito difundido roubo de música não é a raiz do problema, mas algo sintomático do problema maior de que a música (e outras formas de artes produzidas para massas) tornaram-se desvalorizadas pelas percepções das pessoas. É definitivamente a razão pela qual as gravadoras estão fechando e para que menos e menos bandas possam encarar a música como algo além de um hobby – não há dinheiro o bastante para fazer funcionar. O senso de direito de

posse e desvalorização da música vem do fato de que a indústria musical ficou contra a revolução digital por tanto tempo, ao invés de abraçá-la e ajudar em sua evolução. Gravadoras processaram sua base de clientes e aumentaram os preços em vez de se adaptarem, e perderam a confiança de seus consumidores (que pensavam que estavam indo contra os caras do mal ao baixarem música de forma ilegal). Isso deixou a porta aberta para a nova era de *streaming* com quase nenhuma compensação para o artista ou a gravadora. Agora que a música foi separada da mídia física há menos razões do que nunca para as pessoas comprarem um disco de verdade (tirando o fato de que a arte de um disco pode ser bonita e a música soa muito, muito, muito melhor quando é tocada em vinil). Penso que as coisas vão piorar antes de melhorar, mas acho que ainda há um futuro para a música.

E você vê a solução para esse problema a curto ou longo prazo?
Trevor: Não considero minha responsabilidade descobrir isso. Penso que vai ser preciso que muitas pessoas – muito mais espertas do que eu e com interesses velados – pensem em uma solução. Me considero uma pessoa que tem muita sorte de ter o suporte financeiro para o meu hobby. Se o dinheiro acabar, as coisas não vão ficar tão fáceis, mas isso não vai afetar meu desejo de continuar fazendo música. Enquanto isso, vou continuar comprando discos de vinil e apoiando os artistas e gravadoras que gosto.

Eu entrevistei o Kenneth Thomas, que dirigiu o documentário *Blood, Sweat + Vinyl*. Como foi participar do filme e o que achou do resultado final?
Trevor: Foi uma experiência estranha, para ser honesto. Ken era um estranho incrivelmente entusiasmado e simpático. Ele nos abordou quando o Pelican ainda estava no começo e quando falou sobre seu filme pareceu algo confuso, porque ele queria falar com a gente para um documentário sobre bandas gigantes como Neurosis e Godspeed You! Black Emperor. Mas podíamos sentir que esse seria um projeto bem legal e imenso, e acabou sendo ótimo. Ainda é uma grande honra fazer parte do filme e adoro especialmente o fato de existir essa documentação sobre a Hydra Head naquele momento muito importante na história da gravadora. Ken acabou virando um bom amigo da banda: já gravou coisas ao vivo e entrevistas nossas, além de ter dirigido o clipe da música "Lost In the Headlights".

Agora as duas últimas perguntas. Do que você tem mais orgulho na sua carreira?
Trevor: É difícil dizer. Não sou uma pessoa orgulhosa, por assim dizer. Agora, acho que estou orgulhoso, ou talvez apenas agradecido. Porque sentimos as coisas caírem um pouco após o último disco, mas conseguimos esperar nosso tempo e voltar nos sentindo mais fortes do que antes. Penso que essa "correnteza" poderia ter levado a gente embora, mas estou muito feliz porque ficamos juntos e fizemos esse disco.

E como você quer ser lembrado?
Trevor: Tipo [lembrado por] pessoas que não conheço pessoalmente? Não acho que seja importante que outras pessoas além dos meus familiares e amigos lembrem-se de mim. Prefiro que qualquer outra pessoa lembre de mim por meio da música que deixei para trás.

MINSK

Sanford Parker (baixista do Minsk, responsável pelos "barulhos" do Corrections House e produtor musical) – entrevista feita em janeiro de 2014

Um dos verdadeiros nomes-chave dessa cena de metal alternativo dos EUA, o senhor Sanford Parker divide as horas aparentemente intermináveis dos seus dias entre as muitas bandas em que toca, como o Minsk e o Corrections House, e os cada vez mais numerosos projetos em que atua (ou já atuou) como produtor, incluindo Pelican, Unearthly Trance e Rwake, apenas para citar alguns.

Já acostumado com a vida na fria Chicago após ter "fugido" da Flórida nos anos 1990, Parker é daqueles que não gosta de ficar sem fazer nada. O que nesse caso significa praticamente morar no estúdio e passar metade de um dia normal gravando e produzindo música da melhor qualidade.

Além de tocar (e produzir) no Minsk e no Corrections House, o cara ainda encontrou tempo nos últimos anos para tocar em projetos com dois ex-membros do Sonic Youth e fundar seu próprio selo independente. Nada mal.

Feita por telefone após ele voltar de uma extensa tour com o Corrections House, a conversa a seguir fala de tudo isso e ainda sobre a história musical e a cena de Chicago, a sua boa relação com outros produtores, como Steve Albini e Billy Anderson, e como sua carreira mudou após o Pelican lançar a demo que produziu como o primeiro EP da banda e estourar para o mundo, digamos assim.

Você acaba de voltar de duas turnês seguidas com o Corrections House na Europa e nos EUA, certo? Quando começou a banda, imaginava que as pessoas ficariam tão interessadas no trabalho de vocês, mesmo sendo mais experimental e bem diferente das suas outras bandas?
Sanford: Ah, eu realmente não sabia o que esperar. As coisas aconteceram tão rapidamente e nem tivemos muito tempo de pensar e analisar o que estivemos fazendo. Diria que não ficamos pensando muito antes de fazer as músicas. A banda foi formada e então apenas seguimos o caminho para onde fomos levados. Nenhum de nós nunca falou "Devemos fazer isso ou aquilo" ou "Devemos fazer uma banda nesse estilo". Apenas queríamos começar uma

banda e ver o que acontecia. E começamos a colaborar uns com os outros e as coisas foram saindo. Nós montamos a banda e dois meses depois já estávamos em turnê – que foi uma série de shows pelos EUA no começo do ano passado [2013]. E montamos a banda uns dois ou três meses antes disso. Por isso, nem tivemos tempo para pensar no que estávamos fazendo, apenas fizemos. Acho que também não sabíamos o que esperar. E a resposta tem sido muito positiva. Fiquei um pouco chocado pela resposta que estamos recebendo. Mas, ao mesmo tempo, isso faz sentido, já que estamos fazendo algo tão diferente e [acho] que as pessoas já estão prontas para isso. Para mim, a música, principalmente a música extrema, virou algo tão estéril e sem inspiração. Para nós, também estava parecendo isso. Até chegar uma banda como a nossa e ferrar com tudo. É meio que o que as pessoas queriam.

E como foi a logística para fazer o disco que você produziu? Pergunto isso porque você e o Bruce (Lamont) moram em Chicago, enquanto que o Scott (Kelly) vive no Oregon e o Mike (IX Williams) em Nova Orleans.
Sanford: Pois é, o Mike vive em Nova Orleans e o Scott no Oregon. Com isso, usamos a Internet para trocar arquivos entre a gente. Além disso, o Bruce e eu obviamente podemos trabalhar aqui (em Chicago). E o Mike veio para Chicago e gravou suas linhas de voz com a gente no estúdio. O Scott gravou um pouco das guitarras e dos vocais no Oregon. Mas, naquela tour que fizemos no começo do ano passado, tivemos cerca de três dias de folga e estávamos em Nova Orleans. E o Mike mora com o Phil Anselmo, do Down e Pantera, obviamente. Por isso, ficamos na casa do Phil e ele tem um estúdio lá. Então, acabamos gravando um monte de coisa, praticamente a maior parte do disco, por lá – como a maioria das linhas de guitarra, as minhas partes, alguns vocais. Mas [o processo de gravação acontece] sempre que podemos, cara. Sempre que tivermos uma chance de gravar.

E já estão planejando lançar um disco novo?
Sanford: Sim. Já estamos fazendo várias músicas. Quero dizer, provavelmente poderíamos ter outro disco sendo lançado no final do ano (risos). Só precisamos fazer tudo numa boa. Se der tempo, legal; se não, tudo bem também. Podemos lançar um disco novo no começo do ano que vem [2015].

Você já sentiu alguma pressão pelo fato de o Corrections House ser o que as pessoas gostam de chamar de um "supergrupo"?
Sanford: Acho que esse termo é a coisa mais idiota que já foi criada. Só porque nós temos outras bandas viramos "super"? Isso não faz nenhum sentido. Somos apenas quatro caras que gostam de tocar. Não há nada de "super" sobre a gente, de nenhuma maneira. Então não, não sinto nenhum tipo de pressão. Não olho para o Mike e o Scott e penso isso...mesmo amando Neurosis e Eyehategod, que são algumas das minhas bandas favoritas. Mas, ainda assim, o Scott é só um *cara*, entende? Ele é talentoso pra cacete, mas não é um "super humano". Para mim, esse termo não significa nada, merda nenhuma. Somos apenas quatro caras que são amigos e se dão bem.

Além de tocar no Corrections House e Minsk e trabalhar como produtor, o que mais você tem feito?
Sanford: Estou com uma banda chamada Twilight, que tem eu e alguns caras tocando black metal. Temos um disco que vai ser lançado em algum momento deste ano [2014]. Tem um cara do Krieg, um do Leviathan e outro do Sonic Youth [nota: trata-se do guitarrista Thurston Moore]. E tem também outra banda chamada The High Confessions, com o Steve Shelley (baterista do Sonic Youth) e o Chris Connelly (do Ministry). Estamos com outro disco, que espero que saia ainda neste ano. E também estou relançando o catálogo do Buried at Sea pela minha nova gravadora.

Qual o nome da sua gravadora?
Sanford: War Crime. Nossos únicos lançamentos até o momento são o vinil do Corrections House e o CD de uma banda de Nova York chamada Kings Destroy. É basicamente uma gravadora para lançar as minhas coisas e as coisas dos meus amigos.

Quantas horas você trabalha por dia? (risos)
Sanford: Ah, umas 20 (risos).

Você fica o dia todo no estúdio?
Sanford: Basicamente. Um dia normal para mim no estúdio começa por volta do meio-dia e termina às 22h. Às vezes fico até mais tarde, ou saio mais cedo.

Eu basicamente tenho coisas rolando todos os dias. Uma vez ou outra tenho a chance de dar uma relaxada, mas não com muita frequência. Mas está tudo bem, ficar sentado sem fazer nada me deixa louco. E a maior parte de uma turnê é ficar sentado, sem fazer nada, o que me deixa insano. Por isso, gosto de ficar ocupado, é bom.

Você se mudou da Flórida para Chicago em 1998, certo? Como foi a mudança, digo por causa do clima e tudo mais? E a ida para Chicago aconteceu por motivos musicais?
Sanford: Sim, eu fiz faculdade de gravação e tudo mais na Flórida e assim que me formei recebi uma oferta para assistente de estúdio em Chicago, de um cara que estava na minha sala. Então, apenas fez sentido vir pra cá. Eu já conhecia algumas pessoas aqui também. Eu só queria sair do Sul, já que cresci lá. Quanto ao clima, não me incomodou nada. Estava mais cansado do calor do que com medo do frio. Pelo menos por aqui, quando faz frio você pode ficar adicionando mais camadas de roupa. Quando está quente, apenas está quente e é isso (risos).

É, vou te dizer que isso é muito comum aqui no Brasil (risos).
Sanford: É, posso imaginar (risos). Mas é isso, já estava cansado de ficar no Sul. Não tem nada acontecendo por lá, cara. Meu coração ainda é do Sul, mas é apenas uma terra de desperdício de pessoas criativas e lugares. Quando crescia na Flórida, as pessoas reclamavam que nenhuma banda ia tocar lá. E quando uma banda tocava, ninguém ia no show. E então eles começavam a reclamar de novo. Estava virando algo frustrante. E Chicago tem sido uma ótima cidade, não tenho do que reclamar e nem arrependimentos.

Na sua opinião, o que faz com que Chicago tenha uma cena tão boa de música pesada e alternativa?
Sanford: Hmm, acho que... A cidade é meio estranha, cara. Geograficamente é meio como se fosse uma cidade pequena, no sentido que todo mundo que conheço que está envolvido com a cena musical meio que vive na mesma área. Sei lá, você sai para jantar e encontra alguém de alguma banda, vocês acabam conversando, uma coisa leva à outra, e quando você vê está num projeto com essa pessoa ou está tocando no disco daquele cara. É meio que uma pequena

comunidade, nesse sentido. Especialmente por ser uma cidade tão grande. E sempre houve uma história musical por aqui, desde o jazz e o blues, que tiveram suas raízes por aqui. Sempre teve essa cena competitiva por aqui, quanto aos lugares para tocar. Em que todo mundo está sempre tentando desbancar o outro. Ninguém nunca está satisfeito com nada, eles estão constantemente melhorando o sistema de som ou pensando em maneiras para trazer a próxima grande banda para tocar. E acho que isso cria uma cena muito boa de música ao vivo aqui, com muitos e muitos lugares para tocar. Alguns dos melhores lugares que já toquei na vida estão aqui em Chicago. E acho que isso tem muito a ver com tudo que acabei de falar. Acho que tem vários fatores envolvidos que "forçam" as pessoas a serem criativas, sabe? A querer fazer algo diferente. Não há apenas uma grande cena musical por aqui. O death metal é muito grande, por exemplo. O mesmo com o grindcore e o punk. Há muitas bandas diferentes e todas são amigas e se "alimentam" umas das outras. Então é bem legal. Sempre foi assim, desde que cheguei aqui. E, pelo que falei com pessoas que estão aqui há mais tempo, parece que sempre foi assim mesmo.

Você produziu o primeiro EP do Pelican. Qual sua relação com a banda?
Sanford: Bom, conheci os caras quando eles tinham uma banda meio crust/hardcore chamada Blood Tusk, que depois virou Tusk. Eles costumavam tocar nesses shows independentes, que foi onde nos conhecemos. Foi meio na época que eles estavam formando o Pelican, e ficamos amigos. Então, foi uma daquelas coisas. O EP, na verdade, deveria ser uma demo. Eles iam gravar umas músicas ao vivo, dar uma procurada em algum selo possivelmente e, quem sabe, regravar esses sons depois. Mas acho que eles tocaram com o Isis e deram a porra da demo ao Aaron [Turner, vocal do Isis e dono da Hydra Head]. E eles falaram que queriam lançar daquele jeito e foi o que aconteceu, eles lançaram o que era pra ser uma demo (risos). O que foi legal. Eu falo bastante com eles, sempre nos encontramos pela cidade.

Você chegou a ter contato com o Steve Albini? Pelo que li, você gravou umas partes de um disco do Yakuza no estúdio dele.
Sanford: Sim, o Steve é ótimo. Ele não costuma mais sair tanto para shows e tudo mais. Mas é sempre legal encontrá-lo, ele é um cara super tranquilo.

Não existe realmente muita concorrência sobre gravação entre os engenheiros/produtores. Talvez tenha um pouco, mas somos todos adultos e percebemos que existem milhões de bandas por aí e um cara só não consegue gravar todas (risos). Sou bem amigo do Billy Anderson e estava com ele na semana passada em Portland. E as pessoas sempre ficam surpresas de sermos amigos e isso é estúpido. Billy é ótimo e somos muito amigos. Por que não seríamos? Sim, ele fez alguns discos que eu adoraria ter feito e eu fiz alguns discos que ele também gostaria de ter feito, mas é assim que as coisas são, você não pode ter tudo.

E você tem alguns favoritos entre os discos que produziu?
Sanford: Favoritos? Hmm, fiz muitas coisas já. Gosto muito do que fiz com o Rwake. Também gosto do Coffin Worm. Não sei, gosto de vários.

É possível considerar o EP do Pelican um ponto de virada na sua carreira como produtor?
Sanford: É, acho que sim. Naquele ponto, era a maior coisa que eu tinha feito e definitivamente trouxe mais atenção para o meu trabalho. E meio que fui seguindo a partir daí. Naquele momento foi certamente um ponto de virada.

Você toca baixo no Minsk, mas sei que também toca guitarra. Qual foi o primeiro instrumento que tocou?
Sanford: Eu comecei tocando bateria, mas eu era péssimo e meio que desisti. Também toquei guitarra em algumas bandas. Mas o baixo foi o primeiro instrumento que eu realmente fiquei, foi o primeiro instrumento *de verdade*. Eu tenho dois kits de bateria na minha casa que eu vivo dizendo que vou pegar para tocar um dia, mas fico adiando. Seria legal poder aprender todos os instrumentos um pouco. Tipo, eu sei o básico de cada instrumento para me guiar, mas não diria que sou bom em nenhum.

Como sou do Brasil, preciso perguntar essa. Você conhece alguma banda brasileira?
Sanford: Nunca parei para pensar, mas tenho certeza que conheço. O Sepultura é daí, né? Pronto, aí tem uma (risos). Não sei, cara, tenho certeza que conheço [outras bandas brasileiras]. Mas provavelmente não conheço ninguém pessoalmente.

E já foi procurado por alguma banda brasileira para trabalhar com você?
Sanford: Não, nunca fui. Mas adoraria, seria ótimo. E adoraria conhecer o Brasil.

Mudando totalmente de assunto, você acha que é possível dizer que essas bandas, como o Minsk, Neurosis, Eyehategod, Pelican, Baroness, Mastodon e Melvins, todas fazem parte da mesma comunidade?
Sanford: Ah, claro. Somos todos amigos. É apenas assim que as coisas são. Quanto mais tempo você passa fazendo isso, mais você percebe que são os mesmos caras fazendo as mesmas coisas. Quase que diariamente eu conheço alguém que eu respeito ou sou fã, sabe? Tempos atrás eu estava em Seattle e acabei ficando com os caras do Tad. Sempre fui um grande fã deles. E um dia lá estava eu sentado, tomando café na casa deles. Foi algo completamente surreal. Para mim, são coisas como essa que fazem tudo valer a pena. Todo mundo está no mesmo barco, cara. Uma vez ou outra você encontra alguém egocêntrico e tal, mas na maior parte das vezes você percebe que eles são como você. Eles têm empregos, esposas, aluguel para pagar, a mesma merda.

Agora me diga três discos que mudaram a sua vida e por que fizeram isso.
Sanford: Quando ouvi o *Enemy of the Sun* (1993), do Neurosis, pela primeira vez, esse disco fez minha cabeça rodar completamente. E realmente me fez repensar tudo que eu já tinha feito até aquele momento. Foi um disco muito inspirador, sabe? Me fez querer criar algo. Esse disco foi definitivamente um grande ponto de virada para mim. O primeiro disco do Skinny Puppy (*Bites*, de 1985) também mudou completamente a minha vida. Tem também o *The Land of Rape and Honey* (1988), do Ministry. Mas aquele disco do Neurosis...até aquele momento ninguém tinha criado algo tão devastador e brutal. Esse disco é tão dark. É uma das coisas mais pesadas que você pode ouvir. Especialmente naquela época que ninguém estava fazendo isso. Todo mundo estava tocando rápido e eles disseram "Ei, vão se ferrar! Nós vamos destruir tudo que vocês achavam que sabiam" (risos).

Voltando ao Minsk. Vocês têm previsão de lançar um disco novo? O último de vocês saiu em 2009.
Sanford: Sim, eles já começaram a escrever o material. Mas é algo que ainda está no ar.

Qual sua opinião sobre quem costuma baixar música de graça? Você acha que é a principal causa para as gravadoras independentes estarem fechando?
Sanford: Sim. Muitas gravadoras começaram como fãs de música ou membros de bandas que não conseguiam achar alguém para lançar suas coisas e então disseram "Foda-se. Eu mesmo vou fazer isso". E acho que hoje em dia, mesmo com as vendas de CDs estando mais baixas do que nunca, é mais fácil você lançar sua própria música. Com a Internet, você não precisa mais depender tanto de um distribuidor para entrar numa loja de discos. Você pode vender diretamente para as pessoas, o que é muito mais fácil. Por isso, acho que vamos ver muito mais disso. Como o Isis e o Neurosis fizeram, pegando tudo, para poder ter controle criativo total sobre seus trabalhos e achar sua própria casa. Ou seja, ter a sua própria gravadora. Eu não pensaria em começar uma gravadora nem em um milhão de anos, é a última coisa que eu iria fazer, mas, ao mesmo tempo, é algo que faz sentido para o que eu faço. Como te disse, estamos lançando o vinil do Corrections House e já chegamos em mil cópias. E estamos prestes a fazer um novo lote. Quero dizer, para uma gravadora que só tem um lançamento, alcançar mil cópias em poucos meses é um ótimo resultado. Então, eu definitivamente penso que os artistas vão começar a fazer mais isso, ao invés de depender tanto das gravadoras para ter sua música divulgada.

E você acha que o cenário é positivo? Ou a situação ainda continua prejudicando as bandas e as gravadoras como acontecia há alguns anos?
Sanford: Bem, os orçamentos de gravação praticamente não existem mais e as pessoas precisam ficar mais criativas quanto a isso. Sim, você não precisa de um milhão de dólares para fazer um disco, mas precisa de mais do que 500 dólares (risos). É isso que você recebe. Ou pega 10 mil dólares e fica em débito com a gravadora pelo resto da sua carreira, ou encontra uma gravadora que tem um cara legal no comando que chega pra você e diz "Aqui tem 500 dólares, vá fazer um disco". Por isso, as pessoas estão fazendo todo esse lance do Kickstarter, que eu acho ótimo. Muita gente fala merda disso porque acha que não é punk. Para mim, ter os seus fãs pagando por um disco que eles vão eventualmente comprar é a coisa mais punk que você pode fazer. É muito mais punk do que chegar e pedir 10 mil dólares para a gravadora, deixando em troca seus discos e ganhando 20% ou menos de cada disco vendido, apenas centavos. Sem nunca

ver nenhum dinheiro. E as pessoas ficam falando que isso é punk. Mas ter seus fãs comprando o disco em uma pré-venda, [um disco] que eles acabariam comprando, e lançar por conta própria não é algo punk por alguma razão. Não sei, nunca entendi isso. O lance é que a música continuará sendo feita, as pessoas terão bandas, e farão turnês, ponto. Nada que ninguém faça vai acabar com isso. Então, as pessoas sempre acham uma maneira de fazer o que querem, sabe? Sim, a indústria fonográfica está ferrada, de qualquer maneira, mas as pessoas não vão parar de fazer música porque uma gravadora está reclamando na Internet que as pessoas não querem comprar seus CDs. Espero ter respondido sua pergunta (risos).

Sim, da maneira mais completa possível, talvez (risos). Agora é a última. Do que você tem mais orgulho na sua carreira?
Sanford: Sou feliz por simplesmente poder fazer isso. Trabalho pra cacete, pago minhas contas, e não posso creditar o que tenho a não ser para muito trabalho, mas o fato de eu estar aqui é motivo de muito orgulho para mim. Quero dizer, faço isso como um meio de vida, tenho minha casa, minha esposa, um cachorro e não preciso dar satisfações para ninguém. Sou meu próprio chefe, faço o que quero e quando quero, e para mim esse é o objetivo final de todo mundo. Por isso, esse é o meu maior motivo de orgulho: poder fazer o que eu faço.

KYLESA
+ DARK CASTLE

12 ABRIL 2010 - BECOOL - BARCELONA

CAPÍTULO 4

SLUDGE PROGRESSIVO

MASTODON | KYLESA | BARONESS

Com um som único, ainda que bandas como Mastodon, Baroness e Kylesa apresentem identidades diferentes, esse estilo surgiu principalmente no sul dos EUA, na Geórgia, misturando influências como Melvins e Neurosis ao rock progressivo. Outros nomes do gênero incluem Black Tusk e Torche.

MASTODON

Bill Kelliher (guitarrista do Mastodon e Primate, e ex-Lethargy e Today is The Day) – entrevista feita em janeiro de 2013

Uma das bandas mais aclamadas dessa nova "safra" do metal dos EUA, o Mastodon consegue ser popular tanto entre o público mais geral de metal, que gosta de Slayer e Metallica, por exemplo, quanto entre os fãs de coisas mais alternativas, como Neurosis e Melvins, outras duas influências importantíssimas para o quarteto de Atlanta.

Criado há cerca de 15 anos em um show do High On Fire, o Mastodon é o casamento perfeito de duas duplas de músicos que já tinham dado certo em outros projetos, como Lethargy e Four Hour Fogger, mas que ainda precisavam se encontrar para ter então a banda das suas vidas.

Com uma sonoridade que mistura a rapidez e a complexidade dos *riffs* do thrash metal com uma pegada mais "torta" e até progressiva, o Mastodon é provavelmente uma das bandas mais promissoras das últimas décadas.

Após lançar três discos mais agressivos logo de cara, a banda encontrou seu ápice com o épico e mais progressivo *Crack the Skye* (2010), que levou o nome do quarteto para quase todo o mundo, e depois manteve o status com os competentes, mas menos inspirados *The Hunter* (2011) e *Once More 'Round the Sun* (2014), acusados por muitos de serem discos "pop", se é que isso é possível com o Mastodon.

No começo de 2013, após o cancelamento de um show no Brasil, tive a oportunidade de falar com o guitarrista Bill Kelliher, que explicou essa confusão dos shows na América do Sul, rebateu quem diz que a banda deixou de ser pesada e falou sobre sua relação próxima com o Scott Kelly, do Neurosis, que cantou em quase todos os discos do Mastodon.

Vamos começar pelas coisas mais recentes. Em dezembro de 2012, você tocou com o Primate abrindo para o Neurosis aí em Atlanta. Como foi o show?
Bill: Foi mais do que eu poderia pedir. Foi ótimo. Sabe, eu pedi alguns favores, porque conheço os caras do Neurosis e os donos do lugar onde foi o show. Então disse: "Ei, alguma chance do Primate tocar nesse show?". O Mastodon não

estava disponível para tocar. E, de qualquer maneira, não queria tirar a "atenção" do Neurosis, era o show deles. O Primate é meio que o oposto do Neurosis: muito mais rápido, músicas curtas. Por isso, achei que seria uma boa variação no show. E os caras do Neurosis falaram: "Claro, vocês podem vir". Foram quatro bandas no total, fomos a segunda banda a tocar. Público ótimo, muita gente e tudo mais. O Neurosis foi incrível, como sempre, muito pesado. Como você deve saber, eles não fazem mais projeções ao vivo. Foi interessante, muito bom ver os caras, conversar e tudo mais.

Alguma chance de o Mastodon fazer outros shows apenas com o Neurosis, como vocês fizeram há alguns anos em Nova York?
Bill: Posso ver isso acontecendo, com certeza. No futuro, claro. Não sei quando, mas seria ótimo fazer isso na Europa ou na América do Sul.

Aliás, falando sobre a América do Sul, o que aconteceu para os shows de vocês terem sido cancelados no final de 2012? (O Mastodon tocou no Chile e Argentina pelo Maquinaria Fest; algumas datas foram anunciadas no Brasil, mas nunca se concretizaram.)
Bill: Tudo se resume ao produtor do show. O cara que faz os shows por aí. Eu não sei, ele "largou a bola", por assim dizer. Sabe, eu não sei muito mais além de que ele ficou meio longe, superficial. Nós não sabemos porque os shows foram cancelados... Nós já tínhamos comprado as passagens para ir até aí. Você sabe disso porque o Brann (baterista) esteve aí [inclusive participou do show do Cavalera Conspiracy em São Paulo, que deveria ter contado com Slayer e Mastodon, segundo o anúncio original]. Ele já tinha suas férias agendadas para depois que tocássemos no Brasil. Todos nós estávamos muito animados para ir para o Brasil, fizemos entrevistas como essa logo antes da turnê. Nós nunca anunciamos os shows no site oficial porque sabíamos que o produtor estava ficando evasivo, começando a agir de maneira inesperada. E no último minuto ele disse: "Não vou mais fazer os shows". Talvez ele não tenha vendido ingressos suficientes e quis cancelar. Eu realmente não sei.

Na verdade nem chegaram a vender ingressos para os shows aqui. O que houve foram muitos e muitos rumores e quando estávamos perto da data,

um grande jornal anunciou a data em Porto Alegre, mas foi isso. Não se falou mais no assunto. O que deixou todo mundo meio puto por aqui.
Bill: Mas não foi por causa da banda, espero que as pessoas não pensem isso. Porque todas as bandas estavam aí, na América do Sul. Devíamos tocar no Paraguai também.

Esse show também foi cancelado um pouco antes da data, né?
Bill: Sim, o mesmo produtor. E ele ainda não pagou as bandas por esses shows. E para nós custa muito dinheiro ir até a América do Sul, levar nossa equipe, todo o nosso equipamento, emitir as passagens, reservar hotéis e tudo mais. Isso não é barato, e nós esperamos ser pagos quando chegamos no lugar. Pagamos tudo isso adiantado. E isso nos faz não querer voltar, porque perdemos dinheiro, sabe?

Vocês também tiveram um outro show (junto com o Slayer) cancelado em Santiago, certo? Teve algo a ver com esse produtor?
Bill: Sim, o mesmo produtor (dá um riso nervoso)... Nós tocamos no festival, Mari... Mariquinaria (tenta falar diversas vezes até que o corrijo, mas não tenta repetir da forma correta) e então tivemos um dia de folga. E no dia seguinte nós deveríamos tocar com o Slayer em um show separado no Chile. Lembro que acordamos, minha mulher estava lá, demos uma volta na cidade, almoçamos, e dissemos: "Vamos para o lugar do show às 14h, fazemos a passagem de som e as portas serão abertas às 19h". E então eles (produção) disseram: "Não, não venham. Porque eles não têm nenhum equipamento por lá". Então perguntamos: "Tá, mas por que não?" (risos). Todo o equipamento estava sendo usado no Mariquina (tenta falar outra vez, sem sucesso), no festival. E eles iriam usar o mesmo pessoal para trazê-lo para o local do nosso show. E estavam a uma hora de distância. Então, quanto chegaram com os PA's e tudo já eram 18h. Então o produtor perguntou: "Que tal fazer o show amanhã?". Dissemos que não porque já tínhamos mudado nossas passagens porque os shows do Brasil tinham sido cancelados. Tipo, temos 13 pessoas viajando apenas com o Mastodon, mais a equipe do Slayer. E todos tinham mudado suas passagens uma semana antes por causa dos shows cancelados aí no Brasil. E ele disse que pagaria pelas passagens. Dissemos: "Vai mesmo, sério?". E ele nunca nos pagou pelos shows. Acho que ele pegou mais coisas do que poderia lidar.

Putz, espero que na próxima tour vocês consigam voltar com um produtor bem, bem, bem melhor.
Bill: É, mas ele é um produtor muito grande, um dos maiores aí. Ele fica dizendo que vai nos pagar, então não sei. Vamos ver. Infelizmente aconteceu isso. Ele já fez outros shows aí e tudo correu bem, como o Faith No More, por exemplo.

Bom, mudando totalmente de assunto: vi uma reportagem recente da Decibel em que você mostrava sua coleção de brinquedos e bonecos do Star Wars. Por isso, queria saber o que achou da notícia de que os novos filmes da franquia vão ser produzidos pela Disney?
Bill: Ah, estou animado com isso. Acho que terá de ficar melhor do que a maneira como estava ultimamente. Você lembra daquele filme chamado The Black Hole?

Não me lembro, acho que nunca vi. Por que?
Bill: Bom, a Disney fez um filme de ficção-científica chamado The Black Hole, acho que no início dos anos 1980, não lembro, era uma criança quando vi [Nota: na verdade, o filme conhecido por aqui como O Buraco Negro foi lançado em 1979]. Mas, de qualquer maneira, é um puta filme sensacional! É sobre uma nave que está em busca do buraco negro e fica presa ou é sugada para dentro desse buraco negro. E uma outra nave tenta salvá-la, ou algo do tipo. E há todos esses robôs...incluindo um robô do mal que tem uma mão de garra que gira e corta as pessoas e tudo mais. É legal pra caralho. E, por isso, penso que se a Disney conseguiu fazer esse filme, The Black Hole, eles podem fazer os filmes do Star Wars melhores do que os últimos.

Falando nisso, há algum outro filme que também tenha marcado sua vida?
Bill: Os filmes do Indiana Jones marcaram a minha infância. ET também... Ah, os filmes do Senhor dos Anéis também são muito bons. Blade Runner é outro. Ah, Tubarão...e Marte Ataca.

Agora mudando totalmente de assunto. Em uma entrevista feita com o Troy (baixista do Mastodon), no final de 2011, ele disse que vocês provavelmente começariam a trabalhar em um disco novo do Mastodon em dezembro de 2012. Vocês já escreveram algo para o álbum?
Bill: Algumas coisas. Não muito, na verdade. Quero dizer, provavelmente em algumas

horas o Brann vai vir na minha casa e vamos trabalhar em algumas coisas juntos. Agora é a hora em que todos voltamos a compor, sabe? Eu tenho feito muitas coisas na estrada. Mas escrevo tantas coisas diferentes e nem sempre usamos todas elas, mais alguns *riffs* aqui e ali. Mas diria que estamos na "pré-pré-produção". Ideias... temos muitas ideias. Só precisamos pegar essas ideias e fazê-las se encaixarem.

O que você pensa quando ouve pessoas criticando a banda por ter deixado as coisas mais "leves", digamos, nos últimos dois discos?
Bill: Ah, eu não sei... Tento não ouvir coisas desse tipo. Apenas escrevo músicas que gosto de tocar, sabe? Não podemos continuar sendo sempre a mesma banda que éramos quando começamos. Porque as pessoas crescem, envelhecem, tem famílias, e influências diferentes aparecem. Você começa a ouvir músicas diferentes e começa a escrever de forma um pouco diferente. Nós meio que crescemos um pouco. Você ainda pode ser pesado sem usar uma afinação bem baixa na sua guitarra e tocar muito alto. Você ainda pode ser pesado espiritualmente, ou... Não precisa literalmente ser algo do tipo: (faz uma voz engraçada) "Ah, eles são tão pesados porque usam tanta distorção". Entende? O peso está realmente no *riff*. Acho que ainda somos tão pesados quanto éramos antes.

Acho que o *The Hunter* tem algumas das guitarras mais pesadas que vocês já gravaram, o timbre e tudo mais.
Bill: É, acho que as coisas antigas eram mais sujas, cruas... Acho que porque a banda fica maior e você começa a poder pagar gravações em estúdios maiores, que soam um pouco melhores, talvez tire essa "pegada". Mas não há como você conseguir agradar a todo mundo. Opinião é que nem cu, todo mundo tem (risos).

(Risos) Ah sim, nós temos uma expressão igual em português.
Bill: Ah é? (risos) E como vocês falam aí?

[Eu explico como falamos, em português. E que "asshole" é "cu" em português.]
Bill: Ah, sim, quase como em espanhol, "culo", né?

Voltando ao papo "maduro", sobre a banda, é verdade que vocês gravaram o *Remission* em algo como 10 dias?

Bill: (Risos) É, é verdade. Nós tivemos algo como um mês de descanso da turnê, viemos pra casa e disseram: "Ok, é hora de gravar". Então o Matt Bayles (produtor que já trabalhou com bandas como Botch e Isis) veio de Seattle para Atlanta. E tivemos umas duas semanas para gravar com ele. E nos primeiros quatro dias não fizemos nada porque a máquina da fita estava quebrada e estávamos tentando gravar. Acho que gravamos a bateria por um ou dois dias e Matt percebeu que a máquina não estava funcionando da maneira correta. Então tivemos de encontrar um estúdio diferente com uma máquina de fita de duas polegadas, o que não era algo muito fácil de se fazer em Atlanta. Mas conseguimos achar alguns dias depois e continuamos a gravação, e fizemos a mixagem muito rapidamente. Acho que ele (Matt) voltou alguns meses depois e fizemos a mixagem em uma semana ou algo do tipo. Nós remixamos o disco agora com Matt, há um mês mais ou menos. Então será um relançamento, tipo uma versão especial de 10 anos.

Vocês pensam em trabalhar novamente com o Matt (o produtor trabalhou nos três primeiros discos da banda)?
Bill: Eu não sei, provavelmente não.

Três é o bastante?
Bill: (Risos) Eu gosto muito do Matt, sabe? Foi bom na época, o que estávamos tentando fazer, mas realmente gosto de trabalhar com Mike Elizondo [que trabalhou no mais recente disco deles, *The Hunter*]. Ele é ótimo, traz muitas coisas positivas. E acho que o *The Hunter* soa muito, muito bem. Soa grande pra cacete.

Vocês pensam em trabalhar com outros produtores mais ligados ao tipo de som que vocês fazem, como Steve Albini e Billy Anderson, por exemplo?
Bill: Eu não sei, acho que talvez Nick Raskulinecs [nota: que acabou produzindo o disco seguinte da banda, *Once More 'Round the Sun*]. Ele já produziu algumas coisas do Deftones, sei que também fez o último do Alice in Chains. Acho que ele também já fez coisas com o Clutch e o Melvins. Ele já trabalhou com muitas bandas boas. E nós falamos com ele. Mas é tudo sobre timing, na verdade. Não é nem quem você quer para produzir. Algumas vezes você quer usar aquele cara,

você está pronto para gravar o disco, mas ele tem dois outros discos para fazer, e então você tem que ir com outra pessoa. Porque você quer gravar o seu disco, e quer fazer isso quando você quiser. Não dá para esperar até ele terminar os seus trabalhos. E você também não quer ele fazendo o seu disco e o de outra pessoa ao mesmo tempo, sabe?

Você citou o Deftones: o que achou do último disco deles?
Bill: Eu ainda não o ouvi realmente. Quero dizer, ouvi algumas vezes, tipo no carro da minha mulher, porque ela realmente gosta deles (risos). Eu adoro Deftones, de verdade. As coisas antigas deles eram um pouco mais definidas, na minha opinião. Eu realmente podia ouvir uma simplicidade. Acho que eles estão ficando um pouco complexos, com os ritmos e essas coisas, o que é algo bom e ruim. Há algumas músicas do disco novo que eu realmente gosto. Quero dizer, é um bom disco, não tenho nenhum problema com ele. É que sou mais fã das coisas antigas deles, como o *Around the Fur* (1997).

Sim, também acho um ótimo disco, com muita energia.
Bill: Não é? Para mim, o ápice deles é o *White Pony* (2000). Aquele disco é sensacional pra caralho.

Voltando à época do *White Pony*, começo dos anos 2000. Quando você acha que as coisas realmente começaram a acontecer para o Mastodon? Qual foi o ponto de virada, se é que houve algum?
Bill: Acho que foi quando nós finalmente arrumamos um manager. Alguém para realmente cuidar da gente. Foi aí que realmente começamos a trabalhar forte. Quero dizer, nós sempre trabalhamos duro, mas quando você tem um manager, ele começa a te ligar todo dia dizendo: "Ei, eu tenho isso e aquilo e mais outra coisa". Se você não tem um manager, não tem muito realmente. Você está fazendo tudo sozinho e não tem o tempo e o esforço para isso, que é ficar no telefone com as pessoas. É para isso que os managers estão aí. Você pode ter alguém fazendo todo esse trabalho "braçal". [O ponto de virada] provavelmente foi em 2005, quando fizemos o Mayhem Festival... Ou melhor, foi o Ozzfest: aí as coisas realmente começaram a acelerar.

Qual a importância de bandas como Neurosis, Melvins e as coisas antigas do Metallica, que influenciaram principalmente os seus primeiros discos mais diretamente?
Bill: Não sei. Para mim, essas bandas são ótimas compositoras e todas têm músicas incríveis. Especialmente do ponto de vista da guitarra. Sempre fui um fã do jeito de tocar do James Hetfield, do estilo dele, do visual. Ele apenas tinha essa imagem muito boa, realmente parecia o líder de uma banda, conectando-se com o público e tudo mais. E uma banda como o Melvins é muito obscura, mas sinto que eles podem escrever um milhão de músicas. Como se fossem máquinas de escrever sem freio, criando tantas músicas diferentes. E eles são sempre diferentes. Eles sempre fazem o que querem, e realmente gosto disso. O Metallica meio que fica mais preso a uma fórmula, no estilo do Iron Maiden... Não sei, acho que ainda são assim. Mas sempre fui um fã do "ataque" e do peso deles (do Metallica).

Falei com o Scott Kelly há alguns meses e ele me disse que conheceu você e Brann durante uma tour do Today is the Day (banda em que tocavam) com o Neurosis na Europa. E o Today is the Day terminou no meio da turnê e vocês ficaram com os caras do Neurosis pelo restante do tempo. Quais suas memórias disso?
Bill: Foi muito legal. A turnê estava indo muito bem, mas a banda em que estávamos tocando não estava indo tão bem. Nós estávamos nessa turnê incrível com duas bandas do caralho, Neurosis e Voivod, e a nossa banda... Para começar, eu não estava tão feliz porque estava tocando baixo. E acho que o terceiro cara da banda (Steve Austin, líder do Today is the Day) meio que apenas queria que fôssemos sua banda de apoio. Ele dava as ordens e falava: "Você isso e você aquilo, e eu quero escrever tudo". E eu não estava feliz nem confortável com isso. Gosto de estar um pouco mais no comando do meu próprio destino, especialmente no que diz respeito a escrever música. Mas a turnê foi fantástica e os caras do Neurosis foram muito legais com a gente, de verdade. Nos deixaram ficar após o fim (temporário) do Today is the Day, enquanto que o outro cara da banda foi pra casa. E nós continuamos pelas semanas seguintes. Eu nunca pensei que fosse voltar para a Europa. E agora eu já fui pra lá mais de 30 vezes com o Mastodon, eu acho.

Qual é a relação de vocês com o Scott Kelly? Ele cantou em todos os discos do Mastodon desde o *Leviathan* (2004).
Bill: Ele é um bom amigo. E muitas vezes quando estamos compondo e temos

um *riff* que soa muito como Neurosis, nós falamos: "É, é isso aí. Isso soa muito Neurosis". E então falamos: "Por que não ligamos para o Scott e deixamos ele cantar isso?". Porque nós sabemos que se nós cantarmos, vamos tentar cantar igual ao Scott. Então é melhor chamá-lo para cantar. Ele é nosso amigo, sabe? É quase como um membro da banda.

Falei com o Jean Paul, do Clutch, e ele disse que eles quase nunca ensaiam. Por isso, e pensando em como as músicas do Mastodon são complicadas, queria saber como funciona para vocês.
Bill: (Risos) Nós nunca ensaiamos. Pelo menos não como uma banda, na verdade. Geralmente [ensaiamos] quando estamos para sair em turnê. Brann e eu somos os que mais ensaiamos. Apenas vamos para a sala de ensaio e tocamos todas as músicas algumas vezes. E os outros caras aparecem algumas vezes. Quero dizer, normalmente quando estamos trabalhando em um disco tentamos ir lá e ensaiar. Mas cada um meio que está no seu próprio mundo. Eu tenho minha família e meus filhos. Eu adoro. Mas, sempre que alguém me chama para tocar, eu digo: "Sim, claro". Mas tem que ser durante o dia, antes das três da tarde, porque preciso buscar meus filhos, fazer o jantar e tudo mais. E Brent é mais uma pessoa da noite, ele acorda tarde. É difícil para todos estarmos na mesma casa para ensaiar. Não há muita razão para ensaiar músicas que já sabemos. Quando ensaiamos é sempre para as novas músicas do próximo disco. Ou antes de uma turnê: aí nos juntamos todos os dias. Sei lá, cinco dias antes da tour começar apenas ensaiamos todas as músicas que vamos tocar nos shows.

Tirando essa parte dos ensaios e das tours, você tem uma vida mais tranquila aí em Atlanta?
Bill: Ah sim, muito tranquila. E gosto assim (risos).

Três discos que mudaram sua vida e por que eles fizeram isso.
Bill: O *White Album* (1968), dos Beatles, realmente mudou a minha vida. Eu era apenas um garoto quando o escutei, mas ele definitivamente me fez começar a escutar rock and roll de uma maneira diferente. O fato de realmente ver que havia uns caras tocando aqueles instrumentos, e músicos de verdade e composições. E comecei a prestar atenção nas letras e entender mais o que estava acontecendo.

Quando eu estava no colegial, ouvi o *Frankenchrist* (1985), dos Dead Kennedys. E nunca tinha ouvido nada como aquilo na minha vida até então. Meus amigos acharam a fita (do disco) e pensaram que era uma banda de piada. Eles diziam: "Escuta como essa merda é estúpida". Eu ouvi e adorei, secretamente. Fiquei pensando: "Isso é incrível, puta que pariu". Foi aí que mudei de caminho na escola. Parei de andar com os garotos que estavam ouvindo Boston, Led Zeppelin e Scorpions. Adoro essas bandas, elas são ótimas. Mas tudo que meus amigos queriam fazer era tocar covers disso. E eu estava ali com eles até ouvir essa fita do Dead Kennedys. Quando escutei o disco pela primeira vez, pensei: "Cara, tem música diferente aí fora, alguma coisa underground que não anunciam em nenhum lugar. Não acho isso nas lojas de disco. Onde eu encontro isso?". Aí fiz minha "lição de casa", procurei por aí e acabei indo a algumas lojas de discos por conta própria em Massachusetts. Eu cresci em Nova York, mas ia para Massachusetts durante as férias. Lembro que fui a essa loja meio underground, procurei por Dead Kennedys, e então vi todas essas bandas loucas de hardcore, ou pelo menos o que chamávamos de hardcore/punk na época, que é diferente do hardcore de hoje em dia. Quando comecei a ouvir bandas como Dead Kennedys, Sex Pistols e Black Flag, isso mudou totalmente...eu era um adolescente rebelde, como todo mundo. Esses discos eram como o meu mantra, sabe? Eu ficava: "Sim, isso é tudo sobre mim, o que eles estão cantando. A minha luta contra a humanidade" (risos).

E o terceiro disco teria que ser...eu não sei...existem muitos discos. Mas quando ouvi *Master of Puppets* (1986), do Metallica, pela primeira vez, realmente sentei e ouvi aquilo. Porque eu era um cara do punk/hardcore e não queria ouvir Iron Maiden e essas bandas com vocais estridentes. Eu não gostava de voz com falsete no metal. Eu não gostava do Judas Priest e todas essas coisas, achava que as guitarras eram pesadas, e a bateria era legal, mas quando o vocal entrava, era um timbre muito alto para eu me identificar. Então vi a capa do disco do Metallica, acho que ouvi algumas músicas e disse: "Isso soa meio como música clássica tocada de forma melódica e com guitarras metal". E quando vi a foto dos caras do Metallica no disco, eles não eram como... O Bruce Dickinson, por exemplo, tinha um *mullet* e usava calça de lycra; o Judas Priest tinha o lance do visual meio sadomasoquista/*bondage* e tudo mais, e isso não tinha apelo comigo. E quando vi o Metallica, eles pareciam com os caras que fumavam no banheiro da escola, pareciam uns maconheiros, com jaqueta de couro e camiseta do Misfits, patches do Dead Kennedys e jeans rasgado. Eles obviamente não tentavam parecer com garotas ou coisa assim. Porque nessa época havia toda essa cena de hair metal e, por isso, fui para o punk/hardcore, que era totalmente o oposto disso. Então quando vi o Metallica, as fotos deles, pensei: "Esses caras parecem pessoas normais, que vejo na rua todos os dias". Por isso, aquele disco mudou a minha vida. Deixei meu cabelo crescer, comprei uma Gibson, comecei a levar mais a sério o lance de tocar guitarra, comprei amplificadores maiores e cabeçotes e caixas Marshall.

Falando nisso, você chegou a fazer aulas de guitarra?
Bill: Não, nunca fiz aulas de guitarra. Apenas ouvi muito os discos do Metallica e tocava junto (risos). Também fiz isso com os discos do Slayer. Foi assim que aprendi.

Já que falamos do Metallica, vou perguntar essa agora. O que você acha das pessoas baixarem suas músicas, e de outros artistas, de graça na Internet?
Bill: É uma pergunta meio difícil. Vejo os dois lados da situação. Quando eu era jovem, nós costumávamos fazer fitas dos discos. Não vendíamos essas fitas, mas fazíamos para os nossos amigos, mixtapes, essas coisas, para basicamente "espalhar a palavra" sobre aquela música. Agora tudo é muito mais rápido. Uma pessoa pega o seu disco e logo todo mundo já tem acesso a ele. Como disse, vejo os dois lados. É uma boa publicidade, mas não sei se essa é palavra...mas uma boa propaganda. Alguém ouve falar sobre a sua banda e não quer comprar o disco. Então ela procura, encontra e faz o download. E talvez compre o álbum. Não que a banda veja muito dinheiro dessa venda de discos, mas se todo mundo baixar tudo de graça, o que você acha que vai acontecer? Todos esses artistas vão ficar sem trabalho. Porque você tem que ser pago para fazer isso como uma profissão (risos). Acho que todo mundo pensa: "sou só eu, não vai fazer tanta diferença". É a mesma coisa com os e-books em alguns casos. Se as pessoas pudessem ser um pouco mais honestas... Mas é impossível, é como lutar uma batalha perdida, sabe? É como lutar contra o terrorismo (risos).

E você vê alguma solução, a curto ou longo prazo?
Bill: Acho que a solução deve vir das gravadoras. Porque é o negócio delas que

está em jogo. É por isso que o Mastodon lança tantas versões diferentes dos discos, como um vinil em picture disc, um CD com DVD, ou uma arte especial. Quero dizer, não é como se estivéssemos tentando pegar todo o dinheiro dos nossos fãs. Porque, em primeiro lugar, é algo legal: um item de colecionador. E você não pode baixar isso de graça, esse conteúdo. Fizemos um livro especial para o *Crack the Skye*. E essas coisas custam bastante para fazer, não é como se estivéssemos ficando ricos com isso. As pessoas muitas vezes reclamam na Internet: "Porra, custa 30 dólares para comprar isso". Mas você olha agora no eBay e está sendo vendido por 100 dólares. Se você não quer, apenas não compre, mas não reclame. Eu vejo os dois lados, de verdade, mas isso está realmente afetando a indústria musical, temos visto gravadoras fecharem. Muita gente está fazendo isso por conta própria agora, mas mesmo essas pessoas precisam vender sua música de alguma forma. Quero dizer, o iTunes é algo meio difícil de lidar. Tipo, US$0,99 por música... Quem pode por esse preço pela sua arte? É difícil dizer. Com certeza não acho que a resposta seja prender garotinhas de 12 anos. Mas acho que deveria existir algum tipo de limitação. Talvez sobre a quantidade de coisas que você possa baixar gratuitamente de uma banda. Não sei, acho que ainda estamos no meio disso agora. Não acho que eles pensaram em uma maneira para resolver isso. Se você não pode acabar com alguma coisa, precisa pensar em uma maneira, uma ideia para "burlar", evitar isso.

Agora para terminar, qual o seu disco favorito do Mastodon?
Bill: Acho que seria o *The Hunter* (risos). O melhor e mais atual, acho que é isso.

KYLESA

Laura Pleasants (vocalista e guitarrista do Kylesa) – entrevista feita em março de 2013

O Kylesa despontou para o mundo com o ótimo Static Tensions (2009), discaço que foi provavelmente o ponto alto da banda em termos musicais. Além da óbvia (e mais do que bem-vinda) influência do Melvins no som – até pelas duas bandas contarem com dois bateristas cada –, o clima mais "viajante" fez muita gente prestar mais atenção no grupo liderado por Laura Pleasants e Phillip Cope.

Surgido no início dos anos 2000 em Savannah, pequena cidade no estado americano da Geórgia, o Kylesa faz parte de uma cena local que também conta com outras bandas irmãs como Mastodon (de Atlanta), Baroness e Black Tusk. No começo de 2013, tive a oportunidade de falar com a vocalista e guitarrista Laura Pleasants algumas semanas antes da chegada do disco Ultraviolet (2013), que traz um som menos pesado, mas com um clima mais dark e novos estilos vocais.

Nas dezenas de perguntas abaixo, falamos, entre outras coisas, sobre machismo no metal, o que ela acha de quem diz que a banda toca "hipster metal", se o Melvins fica melhor com um ou dois bateristas, e sobre a tão falada "cena" da Geórgia.

Vocês lançaram há pouco tempo a primeira música do disco novo, chamada "Unspoken", que me lembrou um pouco a "Don't Look Back", do Spiral Shadow, mas com uma vibe mais dark, meio Killing Joke em algumas partes. Concorda com isso ou viajei (risos)?
Laura: Não, posso ouvir um pouco dessas coisas na música sim, acho que você tem razão (risos).

E podemos esperar que o novo disco seja nesse estilo, com uma pegada mais "dark"?
Laura: As músicas soam meio diferentes, não se parecem todas com a "Unspoken". Mas todas têm uma vibe parecida, eu diria. E acho que essa vibe é mais "dark" do que no Spiral Shadow. Com assuntos mais obscuros para as letras, e a mesma coisa para a composição das faixas. Mas não foi tipo uma "direção planejada". [Foi um reflexo] do que estava acontecendo na minha vida e na vida do Phil (Cope, guitarrista e vocalista da banda), e por isso escrevemos músicas

mais obscuras. E conforme as músicas progrediam, a produção também tomou esse caminho. Phillip produziu o disco: a produção é muito limpa, mas tem um tom mais escuro, eu acho.

Podemos esperar que o Kylesa siga um caminho de talvez ficar menos pesado no som, mas talvez transferir esse "peso" para a vibração e tudo mais, como o Neurosis tem feito desde o disco A *Sun That Never Sets*, por exemplo?
Laura: Não, não acho que posso responder isso, dizer que vamos inteiramente nessa direção. Quero dizer, todo disco que fazemos é diferente e nosso próximo álbum pode ser uma virada em outra direção. Eu adoro tocar *riffs* de rock, não acho que isso vá parar. Sei que incorporamos os mais variados sons e influências ao processo de composição com o passar do tempo, mas não acho que o *riff* vá desaparecer algum dia (risos).

Como é o processo de composição da banda? Você e o Phillip escrevem os *riffs* principais?
Laura: É, Phillip e eu escrevemos tudo, na maior parte. Foi um pouco diferente para esse disco porque ele (Phillip) mudou para outra cidade. Por isso, ele acabou escrevendo algumas coisas sozinho e eu também, e então nos encontramos. Mostramos um ao outro o que tínhamos feito e trabalhamos em cima disso. E Carl (McGinley, baterista) também é uma parte importante do processo de criação. Ele não aparece com nada, mas ajuda nos arranjos das músicas e é mais fácil compor com um baterista do que no meu quarto.

Você tem cantado mais ultimamente. Essa foi uma decisão pensada? E há alguma cantora que te inspira nesse sentido?
Laura: É engraçado porque não foi uma decisão consciente. Foi estranho. Quando tínhamos terminado o disco, falamos para o Phillip: "Ok, você não está cantando tanto. O que houve? Cadê sua voz?". E meio que aconteceu dessa maneira. Quero dizer, ele está no disco e definitivamente ainda está cantando. Mas ele assumiu mais um papel de "multi-instrumentista" neste disco do que em todos os anteriores. Ele foi responsável por quase todos os teclados, tocou um pouco de baixo e produziu o disco. Então ele estava bem ocupado, podemos dizer. E eu apenas apareci com as linhas de voz e as coisas acabaram saindo desse jeito. Tudo soou bem

do jeito que estava e nos sentimos bem com o material, algo do tipo: "Todas essas músicas estão boas desse jeito, não precisam de mais nada". Então isso apenas aconteceu. Mas não quer dizer que vamos continuar por esse caminho necessariamente. E quanto a vocalistas que me influenciaram, é meio difícil falar. Nunca pensei de forma consciente sobre isso. Especialmente a partir da perspectiva de uma vocalista mulher, não consigo pensar em nenhuma em especial que tenha me influenciado diretamente. O que me ajudou foi cantar junto muitas músicas, como canções favoritas e coisas do tipo. E acho que talvez ter escutado muito rock sulista, aprendi muitos fraseados assim. Mas não consigo resumir à apenas algumas influências de vocalistas. Acho que a minha cantora favorita de rock teria que ser a Debbie Harry, do Blondie. Ela é provavelmente a minha favorita.

Por que escolheram o título de Ultraviolet para o novo disco?
Laura: Estávamos pensando na "cor" do disco, com a "cor" sendo algo metafórico, como algo mais escuro, com uma *vibe* mais obscura. Muitos dos temas sobre os quais estamos cantando são sobre perda e coisas intangíveis, que não podemos necessariamente tocar ou ver, mas que você sabe que estão lá. E os raios ultravioleta chegam de maneira que nós, humanos, não conseguimos vê-los, mas sabemos que eles estão lá. E pensei que essa era uma comparação interessante com o que estávamos sentindo, se tivesse que colocar uma cor nisso. Essa onda é consistente, sempre está ali, mas não podemos necessariamente ver ou tocar. E é uma parte importante de tudo nesse universo.

E quem fez a capa e a arte do disco?
Laura: Foi um amigo nosso, chamado Sean Beaudry, que é um artista aqui da cidade. Eu o conheci por meio de um amigo que é tatuador. E ele fez a capa do *From the Vaults – Vol 1* [disco de sobras, covers e lados B lançado pelo Kylesa em 2012] e também da reedição do *Time Will Fuse Its Worth* (2006), que saiu em vinil. Gosto muito do trabalho dele. Ele é muito, muito bom e felizmente vive aqui em Savannah. E nós queríamos usar o trabalho dele para o disco novo, então aconteceu.

Vocês têm muitos artistas talentosos aí, né?
Laura: Sim, sim, por causa da faculdade de artes. Há uma grande universidade de artes aqui e isso traz muitos artistas para a cidade.

Agora queria falar um pouco do *From the Vaults*, que você mencionou na última resposta. O disco traz a distinção Volume 1 no título. Vocês ainda têm bastante material para lançar em possíveis outros volumes?
Laura: Sim, tem mais material por aí. Com certeza vamos fazer um Volume 2, mas não sei se vai sair ainda em 2013, provavelmente não. Mas devemos começar a trabalhar nele no ano que vem [2014]. Começar a compilar algumas coisas. De qualquer forma, tem coisas que são do nosso primeiro EP 7" que podemos incluir. Há também coisas que não estão finalizadas, que podem ser usadas. Então, vamos ter um segundo volume, só não sei quando (risos).

Falando nisso, vocês já pensaram em fazer um disco de covers? O Melvins acabou de lançar um muito bom e vocês já fizeram alguns covers legais do Eyehategod e Buzzov•en, por exemplo.
Laura: Sim. Seria muito divertido fazer. Claro, se tivermos tempo e uma gravadora para bancar, já que não poderíamos pagar por isso. Seria legal. Achei o disco de covers do Melvins muito bom.

Aliás, falei recentemente com o Jimmy Bower, do Eyehategod, sobre você ter cantado a música "Left to Starve" com eles em alguns shows. E ele disse que você é "uma garota muito nervosa" e "uma ótima cantora".
Laura: (Risos) Isso é engraçado. Eu conheço o Jimmy há algum tempo, ele é super legal. Conheci os caras do Eyehategod ao longo dos anos. Já fizemos alguns shows com eles também, e foram ótimos.

Por que essa região de Savannah e Atlanta teve tantas bandas boas nos últimos anos, como vocês, Mastodon, Baroness, Black Tusk, entre outras?
Laura: Ah, não sei dizer. Acho que tem algo na água daqui (risos).

Acha que talvez Savannah tenha algo especial que influencie o nascimento de bandas nesse estilo nos últimos anos? Talvez como Nova Orleans ou Seattle nos anos 1990?
Laura: Savannah é muito menor do que as pessoas imaginam. É uma cidade pequena, de verdade. A população aqui é de cerca de 160 mil pessoas. Mas a faculdade de artes e design trouxe muita gente pra cá. Foi por isso que vim morar aqui, aliás. E conheci muitos músicos na faculdade de artes, gente que veio pra cá. E

alguns deles ficaram. Isso certamente tem muito a ver com o surgimento das bandas. Nova Orleans tem isso há muito tempo, é uma cidade que tem uma história musical. E os caras do Eyehategod já estão aí há muito, muito tempo. Então eles meio que começaram toda aquela cena, com muitas bandas seguindo os passos deles. Muitas pessoas não sabem disso, mas a banda antiga do Phillip (do Kylesa), o Damad, era uma banda conhecida em Savannah nos anos 1990 e eles estavam indo muito bem quando vim pra cá no final daquela década. Muitos jovens daqui viram eles (Damad) tocando e começaram por causa deles. Eles começaram toda a cena aqui de Savannah. E quando você está nesse pequeno circuito underground, acaba falando com outras bandas de cidades próximas, marcam shows, e todos meio que se conhecem. Definitivamente começou a partir daí (do Damad).

Vocês por acaso foram afetados musicalmente pelo Mastodon, que surgiu em Atlanta (uma cidade próxima de Savannah)?
Laura: Não. Muita gente parece pensar isso, provavelmente porque o Mastodon teve muito sucesso comercial, mas não. Conheço o Brent (Hinds, guitarrista e vocalista) e o Troy (Sanders, baixista e vocalista) há anos, antes de eles formarem o Mastodon; o Phillip também conhece eles faz tempo. Eles tocavam numa banda chamada Four Hour Fogger. E o Damad e o Four Hour Fogger costumavam fazer shows juntos. E sei que o Brent era um grande fã do Damad. Quando essas bandas acabaram, o Mastodon e o Kylesa apareceram meio que na mesma época. Acho que o Mastodon provavelmente começou um ano antes do Kylesa. Assim, acho que tem mais a ver com as raízes que as duas bandas possuem.

Você se sente incomodada com essa comparação com o Mastodon?
Laura: Não. Porque gosto daqueles caras, acho eles legais. São amigos. Mas eles não são uma influência musical. E não me incomoda realmente que as pessoas fiquem dizendo isso. É apenas uma questão de que elas geralmente não conhecem a história inteira, digamos, das duas bandas; talvez tenha mais a ver com isso. Mas não, não me incomoda (risos).

Quais são os seus outros interesses e influências, além da música de outros artistas?
Laura: Gosto muito de fotografia. E arte. Acho que fotografia e pintura então. Tiro muitas fotos e estou trabalhando em várias fotos que tirei na Noruega para

colocá-las no meu Tumblr. Comecei esse site agora que só quero usar para as minhas fotos. Então a minha outra grande paixão é a fotografia.

O Kylesa tem uma identidade visual muito forte, que faz até com que muitas pessoas se interessem primeiramente pela banda por causa da capa de um disco ou desenho de uma camiseta. Essa parte da banda fica mais com você por ter essa formação artística ou é uma decisão coletiva?
Laura: Phillip e eu somos meio que a equipe criativa, pois temos muito interesse em arte. A nossa música é muito visual, acho que ela invoca muitas imagens. Por isso, penso que é importante ter um visual que acompanhe a música, que se "encaixe" na música. Além disso, nós adoramos arte. Então é uma boa desculpa para ter coisas legais (risos).

Agora eu quero que você me fale três discos que mudaram a sua vida e por que eles fizeram isso.
Laura: Ok! Um importante seria o *First Four Years* (1983), do Black Flag. Acho que tinha uns 15 anos quando ouvi esse disco, e com essa idade eu era muito mais brava e nervosa com o mundo do que atualmente. Era apenas uma energia crua e muito nervosa. Adoro o som da guitarra e a maneira como o Greg Ginn toca. E também gosto muito da estética visual que a banda tinha, da arte do Raymond Pettibon. O Black Flag foi muito importante para mim.

E o que você achou dessa volta da banda com duas formações diferentes, com o Greg Ginn praticamente "sozinho" em uma delas? Gostaria de vê-los ao vivo?
Laura: (Risos) É estranho. Eu não sei como me sinto sobre isso. Sobre os shows, veria sim, se fosse perto. Já vi o Keith Morris com o OFF! e realmente gostei deles, eles são bons ao vivo. Mas como sou uma guitarrista, e adoro o jeito do Greg Ginn tocar, gostaria de vê-lo tocar também, junto com o resto dos caras originais. Isso seria muito legal. Outro disco que mudou a minha vida teria de ser um do Black Sabbath. É difícil dizer qual deles. Talvez o primeiro disco, autointitulado. Esse disco com certeza foi um divisor de águas para mim. Tem uma pegada blues que eu gosto. Definitivamente tentei criar meu estilo de tocar em torno disso: pentatônicas básicas, mais blues, *riffs* mais obscuros. Foi algo que teve um grande impacto em mim. A composição das músicas naquele disco é incrível. Um grande disco, muito importante.

O que achou da volta do Black Sabbath sem o Bill Ward na bateria?
Laura: Isso me deixa muito triste. Muito triste mesmo. Ele deveria estar lá. Tenho certeza que o cara do Rage Against the Machine está feliz por ter a chance de gravar o disco, mas acho que é triste. O jeito do Bill tocar sempre foi uma grande parte do Black Sabbath. Tive a chance de ver uma turnê com a formação original em 1999 e foi incrível. Ver o Bill na bateria foi realmente muito especial. Quero dizer, é o mesmo com o Black Flag, assim como qualquer outra banda que se reúne, mas fica dividida. Da mesma maneira, acho que os fãs também ficam divididos. Algumas pessoas não vão ligar, enquanto que outras vão.

Aliás, o Tony Iommi foi um dos seus heróis na guitarra?
Laura: O Tony Iommi definitivamente é um dos meus heróis da guitarra. Por isso, tenho que conhecê-lo pessoalmente um dia, antes que ele fique muito velho ou morra. Mas acho que ele ainda tem alguns bons anos pela frente. Só preciso conhecê-lo (risos).

E qual o terceiro disco que mudou a sua vida?
Laura: Acho que foi o *Meddle* (1971), do Pink Floyd. Ou o *The Piper at the Gates of Dawn* (1967). Dois discos muito diferentes. Mas adoro a época do início até o meio da carreira do Pink Floyd. Especialmente o *Meddle*. Naquele período, o Pink Floyd tinha um tipo de catarse que eu acho que o Kylesa tem buscado. Um som meio em transe, bem pesado, dark, que invoca muitas imagens, sons mais etéreos. Gostava de deitar e ouvir esse disco bem alto. Bem alto, apenas ouvindo, sabe? E esse é um disco muito, muito grande.

Quando começou a tocar guitarra? Chegou a fazer aulas?
Laura: Tinha 16 anos. Fiz algumas aulas, não muitas. Estava no colegial...

E era um professor hippie ou algo do tipo? (risos)
Laura: (Risos) Não, não. Meu professor era um cara mais do jazz. Mas não curtia muito isso na época. Apenas queria tocar os *riffs* do Black Sabbath (risos). Mas ele era um cara do jazz, e me apresentou ao John McLaughlin and The Mahavishnu Orchestra. Quer dizer, eu não conseguia tocar igual ao John McLaughlin, mas ele podia. Ele me ensinou algumas coisas básicas. Ele era realmente um

professor de guitarra, me ensinou algumas das coisas mais legais de jazz e fusion que eu ainda gosto e escuto.

E quais outros guitarristas lhe influenciaram?
Laura: Hmm, eu ouvia muito rock dos anos 1970. Gosto muito de bandas dessa época e de pós-punk. Sempre gostei do Ritchie Blackmore, do Deep Purple; realmente gosto dele. É claro que o Jimmy Page também. As coisas antigas do Scorpions são muito boas, as guitarras são bem insanas. E também gosto de bandas como Fugazi, sempre gostei das coisas de guitarra que eles criavam; sabiam usar muito bem microfonia e barulho de maneira estranha e torná-los musicais, digamos. Gosto muito disso. E também gosto muito de punk e música simples. Acho que isso me atrai mais do que qualquer música complexa. É algo um pouco mais despido, mais primitivo. Apenas me atrai um pouco mais.

Você comentou antes que gostaria de tocar no Brasil. Receberam convite de algum produtor daqui?
Laura: Não, ainda não falamos com ninguém. Mas gostaríamos de tentar. Quero dizer, não vamos simplesmente pegar um avião e ir para o Brasil, tipo "Ei, estamos aqui. Viemos tocar!" (risos).

Tenho uma ideia: vocês e o Melvins juntos no Brasil. Duas bandas com dois bateristas!
Laura: É! Quero fazer isso com o Melvins, seria incrível. Espero que eles topem (risos). Isso seria insano.

Falando nisso, você conhece alguma banda brasileira?
Laura: Ah, não realmente, além do Sepultura, obviamente. Gostava das coisas antigas deles.

Você saiu na capa da *Decibel* ao lado da Marissa Martinez, do Cretin e ex-Repulsion, e da Miny Parsonz, do Royal Thunder, em uma edição especial sobre mulheres no metal. Ainda existe muito preconceito contra mulheres no metal? E talvez o fato dessas edições especiais precisarem existir seja uma prova de que o preconceito ainda existe?

Laura: Sim, essa é uma visão interessante sobre isso. Se você precisa fazer uma capa como essa para celebrar as mulheres no metal, então isso é afirmar que esse preconceito ainda existe. Acho que esse caso da *Decibel*, especificamente, foi mais uma reação a uma edição da *Revolver* com as "mulheres mais gatas do metal" ou algo assim que eles fazem todos os anos. Isso foi parte dessa iniciativa: para mostrar que você não precisa ser uma mulher gostosa para estar na capa de uma revista. Porque isso é um insulto. Sabe, é claro que esse preconceito ainda existe. O metal é um gênero dominado pelos homens. Mas coloque 100 homens fãs de metal em uma sala e provavelmente todos terão opiniões diferentes sobre isso. Alguns serão idiotas completos, outros serão legais. É apenas como é. Mas é difícil dizer. Eu não estudei as estatísticas sobre isso. Apenas não me importo com isso e faço o que tenho de fazer.

E você encara da mesma forma o que falam sobre o Kylesa, por exemplo? Há algum tempo saiu um artigo polêmico, em que o *Metal Sucks* chamava o Kylesa de uma banda de "hipster metal".
Laura: Isso é simplesmente ridículo. Esse cara tem um site sobre metal e...foda-se esse cara. Eu não tenho um site de metal super legal, *hype* e não sei o que, como ele. Qualquer um pode se esconder atrás de um computador e falar merda. Mas eu não gasto meu tempo me preocupando com esse tipo de coisa. A vida é muito curta para se preocupar com isso.

Qual sua opinião sobre as pessoas baixarem a música do Kylesa e de outros artistas de forma ilegal, sem pagar nada?
Laura: Acho que é algo bom e ruim, sabe? É bom porque você pode conhecer bandas e discos a qualquer momento. Pode se ligar em muitas coisas novas de forma fácil, nesse sentido. É o que eu faço. E se realmente gostar, então vou tentar apoiar essa banda indo ver um show deles e/ou comprando um disco. Gosto muito de discos de vinil e quando gosto de uma banda vou procurar aquilo em disco. Felizmente, muitas pessoas também fazem isso. Mas também há quem não age dessa maneira e isso prejudica a "indústria" de forma geral. É uma relação de dar e receber. É preciso dar algo se você quer receber. Então, desde que você esteja devolvendo algo para a comunidade musical, acho que baixar músicas de graça é algo bom porque você consegue conhecer tanta mú-

sica sem pagar nada. Mas é claro que isso afeta a indústria. Várias gravadoras já fecharam. Tudo está mudando com a tecnologia, você precisar ficar um passo à frente e constantemente pensando algo como: "Ok, como podemos lidar com essas 'tendências' online?".

Você acha que essa "volta" do vinis e até das fitas K7 pode ser uma solução a curto prazo?
Laura: Não acho que isso jamais será algo em grande escala. O mercado de vinil é algo mais de nicho e vai continuar assim. Atualmente, nós conseguimos todo o nosso dinheiro através das turnês. E essa é a maneira pela qual a maioria das bandas consegue seus rendimentos. Apenas fazendo turnês, e vendendo merchandise depois dos shows. E esse é um modo para os fãs dizerem "obrigado", indo aos shows e tudo mais.

Falando em shows, qual era a ideia de vocês quando decidiram ter dois bateristas? Porque no Melvins, por exemplo, o Dale Crover e o Coady Willis tocam coisas diferentes algumas vezes, mas no Kylesa são quase sempre linhas iguais. Vi vocês ao vivo uma vez e é realmente pesado, bem diferente do Melvins, por exemplo, que achava mais pesado com uma bateria.
Laura: Acho que depende do disco. Mas acho que adiciona uma outra textura e, na hora do show, definitivamente deixa tudo mais pesado. Deixa o som mais barulhento e pesado (risos).

Você prefere o Melvins com um ou dois bateristas?
Laura: Só vi o Melvins com uma bateria apenas uma vez; assisti mais vezes com dois bateristas. Bom, gostaria de vê-los de qualquer jeito, mas acho que teria de dizer duas baterias porque Dale e Coady são dois bateristas incríveis. Então minha resposta é: com dois bateristas.

Do que você tem mais orgulho na sua carreira com o Kylesa?
Laura: Tenho orgulho de poder fazer o que fazemos sem muito apoio financeiro ao longo dos anos. Conseguir fazer isso (na maioria das vezes) por conta própria, com mais ajuda dos outros à medida que o tempo passou. E conseguir sobreviver, em um mercado que está sempre mudando. Com pessoas que se

importam conosco e são leais à banda, que nos trouxeram até aqui. Acho que ter os fãs que nós temos, poder viajar pelo mundo, lançar vários discos, esses seriam os meus maiores feitos.

Há algum lugar (ou lugares) no mundo que você mais gostou de tocar, que se tornaram especiais?
Laura: Há alguns lugares especiais, com certeza. A Europa Oriental é realmente muito especial. Não sei o que acontece, mas os shows lá são algo fora do controle. Eles são ótimos. Ir para a Grécia foi muito, muito especial. O Japão também foi muito legal, tocamos lá uma vez e foi bem legal. Ninguém realmente sabia quem a gente era, o que foi incrível. Mas eu adoro tocar em todos os lugares, gosto mais de alguns, mas como qualquer coisa, é algo que pode mudar ao longo do tempo. Por exemplo, um lugar que era ótimo há cinco anos pode estar diferente amanhã.

E há alguma coisa de que não goste em fazer turnês?
Laura: Acho que ficar muito tempo sentada, esperando. Não gosto quando ficamos em uma parte de uma cidade que não é perto de nada, porque aí ficamos meio que "presos" lá por horas, sem poder andar pelo lugar. Pode ser entediante. Não sei... Coisas simples, como falta de comida boa e lugar para fazer exercícios, pode ser um pouco desafiador. E falta de dormir também (risos).

Bom, agora é a última. Como você quer ser lembrada depois de morrer?
Laura: Putz, isso é meio intenso (risos). Mas Ok... Como alguém que sempre foi atrás dos seus sonhos, e que fez isso de uma forma honesta. E que amou os que me amaram.

BARONESS

John Baizley (guitarrista e vocalista do Baroness e artista visual) – entrevista feita em abril de 2013

Formado em 2003, o Baroness só viu seu som – com influências setentistas e um tanto psicodélicas – experimentar algum sucesso cerca de seis anos depois, com o ótimo *Blue Record* (2009), e teve o seu "auge comercial" interrompido em agosto de 2012 por um grave acidente no início da turnê do polêmico e bem-sucedido álbum duplo *Yellow & Green* (2012), que trazia um som bem mais acessível em relação aos trabalhos anteriores.

Após cair de um viaduto de cerca de 10 metros de altura no Reino Unido, dentro de um ônibus com seus companheiros de banda e equipe da tour, o vocalista, guitarrista e líder do Baroness, John Baizley, sofreu algumas lesões sérias e só voltou a tocar alguns bons meses depois, em meio a dores constantes e danos permanentes.

Além de sua carreira com o Baroness, Baizley também mostra o mesmo talento acima da média como artista visual, já tendo feito capas de discos e desenhos para camisetas de bandas como Kylesa, Coliseum, Converge e Metallica, além do próprio Baroness.

Na entrevista abaixo, feita um pouco antes da volta do Baroness aos palcos, o cara topou falar sobre tudo isso, mais a polêmica sobre o *Yellow & Green* que rendeu até comparações com o Nickelback, os discos que mudaram a sua vida, e como o Converge e o Neurosis ajudaram na sua recuperação, entre outras coisas.

Em 2013, você gravou o tributo ao Townes Van Zandt junto com o Nate Hall (USX) e o Mike Scheidt (YOB), além de ter usado elementos mais "tranquilos" no disco *Yellow & Green*. Pensa em gravar um disco totalmente acústico, seja solo ou com o Baroness?
John: Sim, com certeza. Acho que é apenas uma questão de tempo antes que eu possa lançar algo nesse sentido. Eu basicamente tenho juntado algumas coisas nos últimos anos. Músicas que não são realmente apropriadas para o Baroness, coisas que não acho que sejam rock ou algo nessa linha. Venho tentando fazer um disco assim já há algum tempo, mas é uma questão de gravar e organizá-lo.

E pensa em gravar e/ou ter projetos com outros músicos? Pergunto isso porque questionei a mesma coisa para o Scott Kelly e o Nate Newton (Converge) e ambos responderam a mesma pessoa: você.
John: (Risos) Adoraria tocar com esses caras! É, acho que após 10 anos tocando exclusivamente com o Baroness, seria uma boa e justificável mudança de ares. E não há razão para não colaborar com outros músicos. Há tantos músicos que eu respeito, com os quais pude estabelecer uma amizade recíproca. Penso que só faz sentido tocar e colaborar com eles. Talvez com alguns convidados, ou em vários projetos diferentes. Estou sempre aberto a tudo, apenas amo fazer música.

Vocês anunciaram recentemente a saída do Matt (Maggioni, baixista) e do Allen (Bickle, baterista) do Baroness e também que dois músicos vão ficar no lugar deles. Essas duas novas pessoas (o baterista Sebastian Thomson e o baixista Nick Jost) serão membros fixos da banda ou ainda não sabem isso?
John: Ainda não estamos prontos para dizer nada sobre isso. Literalmente tudo que nós sabemos, e podemos realmente confirmar, é que temos dois caras que estão muito interessados em fazer essa turnê de verão com a gente. E vamos meio que partir daí.

Vi alguns fãs reclamando na página de vocês do Facebook sobre a saída de Matt e Alan, o que é normal nessas situações. O que você acha de versões "alternativas" de bandas clássicas em vez da formação original? Tipo o Black Sabbath com o Dio e coisas do tipo.
John: É claro que gosto do Black Sabbath com o Dio, mas é óbvio que prefiro com o Ozzy. Gosto dos discos com o Dio, são bons álbuns. Mas, para mim, o Sabbath é a formação com o Ozzy. Mas talvez eu prefira o Iron Maiden com o Bruce Dickinson do que a formação original com o Paul Di'Anno. Esse é o meu gosto.

Falando nisso, o que achou do Black Sabbath ter voltado à ativa sem o Bill Ward na bateria?
John: Eu entendo o por quê disso. Se eu fosse o Geezer Butler, o Tony Iommi ou o Ozzy, eu voltaria com o Black Sabbath. Mas é óbvio que tem muitas coisas pessoais envolvidas, muitos negócios acontecendo, e isso pode tornar as coisas um pouco confusas, especialmente numa reunião desse tipo. Eu não sei (risos). Honestamente, não espero que o Black Sabbath de 2013 seja de perto tão bom

quanto era nos anos 1970. Mas não ligo para isso, é uma escolha deles. Mas é claro que as pessoas vão reclamar (risos).

Vocês anunciaram uma turnê nos Estados Unidos há alguns dias. O acidente aconteceu há pouco menos de um ano. Vocês estão preparando algo especial para essa volta oficial aos palcos?
John: Nós só estamos tentando pensar as coisas. Porque eu não estou completamente curado. Então, o nosso objetivo é apenas ver aonde estamos, apenas tocar. E, além disso, acho que o primeiro show que fizermos será uma surpresa para nós, porque iremos aprender nessa noite exatamente o que somos capazes de fazer. E basicamente terá de ser assim. É difícil planejar qualquer coisa além disso. Ainda estou longe de estar totalmente recuperado. Minha perna e meu braço ainda estão bastante machucados. Não tenho habilidade total com o meu braço nem com a perna. Por isso, decidimos parar de fazer turnês por tanto tempo. Assim, agendamos uma tour que tenha sempre alguns dias de folga no meio, caso fique difícil para mim, aí haverá um tempo de descanso. Mas tirando isso, é tipo "foda-se", não estou ficando mais jovem. Não sei se algo vai mudar no meu braço, a dor ou a força, então vamos apenas fazer isso e continuar tocando e tocando enquanto podemos. Mas, respondendo à sua pergunta, nós não temos nada especial planejado para a turnê. Acho que o simples fato de podermos tocar neste momento já será realmente fantástico.

Você ainda está fazendo fisioterapia?
John: Recentemente parei de fazer. Porque não há mais nada que possa fazer com um fisioterapeuta que não possa ser feito em casa. Então, agora, aos poucos, estou conseguindo voltar a correr, o que é bom para a minha perna. Apenas preciso "reaprender" alguns movimentos com o braço, o que é difícil porque há muitos "mecanismos", muitos movimentos são bem difíceis. E provavelmente tenho um dano muito grave no nervo para o resto da minha vida. E não há nada a se fazer sobre isso, do ponto de vista da fisioterapia, a não ser me acostumar com isso. E é o que estou fazendo, me acostumando com isso.

E isso fez com que você mudasse o jeito de tocar guitarra?
John: Hmm, na verdade não. Porque foi o meu braço esquerdo que machuquei

no acidente, e eu toco como destro, então ele fica basicamente no mesmo ângulo na maior parte do tempo que estou tocando. Não mexo muito esse braço, e não preciso ter tanta força com ele para tocar as cordas como no braço direito, então não é muito difícil nesse sentido. O problema é que quando paro de tocar depois de mais de uma hora (após um ensaio de cinco horas, por exemplo), não consigo mexer direito o meu braço. Mas imagino que isso vai melhorar com o tempo. Após fazer shows, essa turnê e tudo mais. Mas o mais importante é que posso tocar, e queremos fazer turnês, isso é o principal. Não tenho nenhum interesse em transformar o Baroness numa banda de estúdio ou coisa do tipo. Nós precisamos voltar para a estrada, tocar todos os shows que pudermos. E também precisamos tocar em lugares onde nunca estivemos. E o Brasil e a América do Sul definitivamente fazem parte desses lugares.

E você conhece alguma banda brasileira? Sepultura?
John: Sim, sim, claro! Acho que qualquer pessoa com a minha idade nos EUA conhece o Sepultura. Mas não tenho certeza se eles ainda são grandes aqui atualmente. Quando eu tinha uns 13, 14 anos, e o *Chaos AD* (1993) foi lançado, aquele disco mudou as coisas, foi um álbum enorme, marcante. Então sim, posso dizer que conheço o Sepultura (risos). E o Sarcófago é do Brasil também, certo?

Sim, sim. Aliás, são da mesma cidade do Sepultura.
John: Gosto muito, muito, muito do Sarcófago, de verdade. Então, conheço um pouco das bandas do Brasil.

Em janeiro de 2013, você tocou com o Converge durante a festa de 100 edições da *Decibel*, e fez um discurso bonito sobre como o último disco deles, *All We Love We Leave Behind* (2012), lhe ajudou depois do acidente. Como foi tocar com eles e houve algum motivo em especial para cantar a "Coral Blue", desse mesmo álbum?
John: Primeiro de tudo: você sabe que foi foda, já que me disse que viu o vídeo. E essa foi a primeira vez que subi ao palco desde o acidente, por isso foi muito importante para mim. Eu não tinha andado antes daquele show. Por isso, fisicamente foi algo incrível para mim. E mentalmente, foi como se estivesse de volta, por estar no palco aquele dia. E ainda fazer isso com uma banda de quem sou tão amigo e que é tão importante para mim. É difícil explicar como aquela noite foi importante e

bonita para mim. Sobre a música, acho que eles me deixaram cantar a "Coral Blue" porque era uma música em que todos podíamos cantar juntos e eu podia fazer alguma coisa além de ficar mexendo minha guitarra. Foi realmente sensacional.

Também falei com o Nate Newton (Converge) sobre esse show e ele me disse que teve de segurar para não chorar nessa hora do seu discurso e que, logo após você falar, eles tiveram de voltar e tocar as músicas mais rápidas e pesadas e ele achou um pouco estranho, algo do tipo "Ok, agora você precisa ser agressivo de novo".
John: (Risos) Quando saí do palco, eu estava tão "alto", que para mim foi "Tá, agora eles PRECISAM tocar as coisas rápidas". Porque é onde minha energia estava. Aquela noite foi especial e uma grande noite para o Converge. Eu não quis roubar a atenção de ninguém lá. O Kurt (Ballou, do Converge) tinha me visitado por uns dias aqui em casa. E essa é apenas a comunidade de bandas das quais somos amigos. Eu acho que é muito importante mostrar respeito constantemente para as outras bandas. E foi isso que fiz com o Converge. Eles já estão aí há muito mais tempo do que a gente e foram, de muitas maneiras, uma grande inspiração para nós, em função do seu modo de trabalhar e da criatividade que possuem. A qualidade que você pode ver na música deles. E é difícil para mim, nesse ponto da nossa carreira, realmente me sentir inspirado porque atingimos muitas coisas até agora, mas o Converge consegue me inspirar. É dureza, porque o Converge sempre lança discos nos mesmos anos que a gente. Aí eu sempre fico animado com o nosso material, mas aí escuto o disco do Converge e fico pensando: "Ah, nós soamos tão fracos perto deles" (risos). O som deles é muito forte e poderoso. E a mesma coisa com o Neurosis. São duas das melhores bandas da história e duas das minhas favoritas. Sinto-me feliz e sortudo de, nesse momento, poder considerar essas duas bandas como amigas. Porque quando eu era jovem e ninguém queria tirar uma foto comigo e coisas do tipo, essas eram as minhas bandas favoritas. E continuam sendo, na verdade.

Já que estamos falando sobre discos que te marcaram e ajudaram na tua recuperação, queria que me falasse três discos que mudaram a tua vida e por que eles fizeram isso.
John: Esta não é uma resposta muito original, veja bem. Mas acho que o primeiro disco que realmente me marcou, de uma maneira verdadeira, foi o *Led*

Zeppelin IV (1971). Esse é apenas um dos melhores discos já lançados. E isso aconteceu quando eu era bem jovem, e tinha começado a colecionar discos como Def Leppard, MC Hammer, eu não tinha nenhuma base musical. Estava apenas comprando esses discos que eram lançados e eram famosos. E sentia que tinha que existir algo a mais por aí, algo que me tocasse mais profundamente. E foi um amigo que era muito ligado em rock que me emprestou esse disco do Led Zeppelin. Esse foi um daqueles momentos na minha vida. Lembro as horas intermináveis que passei ouvindo esse disco, passando por todas as músicas e tendo uma experiência diferente a cada vez que as ouvia. E esse disco acabou sendo uma luz, que me mostrou uma pequena amostra do poder da música. E não era algo tão "fácil" de se ouvir, como INXS ou algo do tipo. Então acho que esse provavelmente foi o primeiro.

Acho que a segunda vez que isso aconteceu foi com o Minor Threat. Eu descobri o punk e então tudo fez sentido para mim. Porque era música para jovens e eu era jovem, e estava puto e nervoso. Era uma música inteligente, cativante, rápida, barulhenta, agressiva, era tudo que eu queria aos 12, 13 anos de idade. E, você sabe, meus pais achavam que era apenas uma fase "ser punk", mas aqui estou eu cerca de 20 anos depois, então foda-se.

Ok, então isso cobre rock e punk... E você tem que ter em mente que quando eu era mais jovem era muito mais ligado em punk do que qualquer outra coisa. Eu tinha amigos que ouviam Slayer e Megadeth. Nessa época não fazia tanto sentido para mim. Mas, quando peguei o *Kill 'Em All* (1983), o *Ride the Lightning* (1984) e o *Master of Puppets* (1986), e descobri o Metallica, eu senti como se tivesse encontrado o ponto de encontro entre rock, metal e punk, como um ponto onde tudo fizesse sentido. Por exemplo, o *Master of Puppets* tem letras punk, um visual punk, mas tem aquela coisa mais técnica do metal. Mas também tem muitos "ganchos". Acho que todos podem concordar que os primeiros discos do Metallica eram muito cativantes. Não eram essencialmente thrash; eles têm melodia, refrão e tudo mais. Há uma razão para essas músicas continuarem sendo tocadas até hoje.

Então, essa é a versão curta de como descobri esse tipo de música. Uma vez que tive contato com essa música, ela tomou conta de mim para sempre. Sou um grande apoiador da música independente e DIY (Do it yourself/Faça você mesmo). Agora sou velho o bastante para gostar de todo tipo de música, como country, que eu gosto muito, algumas coisas pop, e rock antigo. Mas meus três primeiros amores são punk, metal e hardcore. Quando era jovem, só queria ouvir música alta, barulhenta e nervosa com letras inteligentes. E você podia fazer isso naquela época.

E quando começou a tocar guitarra? Quantos anos tinha na época?
John: Meus pais me deram um violão quando eu era muito, muito jovem. E o violão nunca teve mais de duas cordas, quase sempre tinha só uma. E era meio intrigante para mim porque ninguém me ensinou a tocar, era só uma coisa que fazia um pouco de barulho. Acho que eu tinha uns 9 anos, e entrei naquela idade de querer tocar. Costumava assistir na MTV, quando eles ainda tocavam música, clipes do Mötley Crüe, Van Halen, Aerosmith e todas essas bandas, e achava tudo isso legal pra caralho. Então meus pais me deram uma guitarra quando eu tinha 9 anos. Mas nunca fiz aulas, meio que aprendi sozinho.

Além da música, quais são suas outras influências?
John: Esta é uma pergunta difícil de se responder. Acho que o poder de ser uma pessoa criativa, o poder da música em si, de comunicar nossa parcela de experiências de uma maneira que não precisa de explicação. Em outras palavras, uma boa música, em qualquer língua, pode ultrapassar todas as barreiras, de país, gênero, raça, status social, econômico. Uma boa música toca as pessoas. Uma coisa que sempre acreditei que une as pessoas é o nosso senso mútuo de sofrimento, ou ansiedade, ou dor, ou medo, ou perda, as coisas realmente difíceis, ruins, que têm um profundo efeito sobre nós, como pessoas. É isso que realmente cria as melhores músicas. Basta olhar a origem do blues, por exemplo. E o rock e o metal e seus subgêneros também, todos vêm de música que encontra a perda, o pesar, o sofrimento, coisas que todo mundo enfrenta na vida. Eu já tive que passar por isso, tenho certeza que você também. Quando conseguimos alcançar o nosso melhor, tudo que fazemos é nos conectar com as pessoas com a nossa música. Então, tudo que precisamos para nos inspirar a escrever música boa é viver, experimentar a vida, e tentar ser honesto sobre isso, por meio da nossa arte, que é a música. Porque se formos honestos, vamos traduzir isso para a música e para o público. A música que tocamos, e que gosto de ouvir, não renega ou esquece a dor. Pelo contrário, aceita essa dor e a utiliza como instrumento para aceitar, desafiar as nossas vidas.

Você tem alguma música favorita para tocar ao vivo com o Baroness?
John: Cara, eu nem sei mais (risos). Eu estava realmente gostando de tocar nossas músicas mais novas. Todas as coisas do Yellow & Green ainda estão frescas para a gente. Definitivamente ainda há músicas dos discos anteriores, Blue Record e Red Album, que ainda tocamos, mas já tocamos essas faixas milhares de vezes nos shows e dezenas de milhares de vezes nos ensaios. Acho que as músicas mais "rock" do disco novo, como "Take My Bones Away", "March to the Sea"... "Eula" também é muito boa para tocar ao vivo, e "Cocainium" é outra. Quero dizer, são músicas que escrevemos porque são divertidas de tocar ao vivo.

Quando estava gravando o Yellow & Green, você pensou na possível reação negativa do público? Algumas pessoas disseram que vocês tentaram ficar pop e até compararam vocês com o Nickelback...
John: Bem, eu discordo disso. Olha, as pessoas se apaixonam por discos, certo? Então, quem se apaixonou pelo nosso material antigo vai ficar um pouco cuidadoso com as nossas coisas novas. Eu não sou cauteloso nesse sentido. Meu objetivo (e meu trabalho) é escrever algo que seja real para mim. Não me importo se vou irritar quem gosta do nosso primeiro EP. Eu adoro o nosso primeiro EP. E me sinto muito confortável em ter uma grande variedade de músicas para escolher no nosso repertório. Desde as coisas mais obscuras e agressivas até um tipo de música mais simples e cativante. Tudo isso faz sentido para mim. Na verdade, eu esperava uma revolta maior do público do que recebemos. Para qualquer pessoa que nos acuse de ser uma banda comercial de rock ou uma banda pop, eu a desafiaria a vir até aqui para ver como são as coisas. Veja as nossas vendas e as vendas de uma banda pop. E nós lançamos um disco duplo: que banda pop lança um disco duplo? A diferença entre nós e o Nickelback e toda essa merda é que eles estão nisso pelo dinheiro, é apenas um trabalho para eles. Para mim, não é um trabalho. É uma necessidade. Não ganho dinheiro com isso. Quero dizer, não ganho bastante dinheiro fazendo isso. Na verdade, se eu quisesse que ganhássemos mais dinheiro, teria pegado as músicas do Blue Record que "funcionaram" e teria feito outras desse tipo. Esse é o jeito do AC/DC e nós não somos a porra do AC/DC. Nós gostaríamos de crescer nossa música e sei que isso vai ser doloroso para algumas pessoas, que não vão entender o que fazemos. Mas, novamente, não é nosso trabalho tocar "música segura" para as pessoas. Nós estamos tentando escrever músicas melhores, discos melhores.

Por que você acha que Savannah teve todas bandas boas surgindo na mesma época? A Laura, do Kylesa, me disse que a faculdade de artes era um ponto de unificação nesse sentido.
John: É, tem uma escola de artes lá. Ela estudou lá, aliás. Mas o que você precisa entender é que todo mundo que já tocou na banda até o momento é de Lexington, uma cidade muito pequena na Virginia, que fica a umas 10 horas de Savannah. Nós crescemos em uma cidade do interior, foi o que nos uniu. Apenas aconteceu de mudarmos para Savannah em um determinado ponto, e isso foi na mesma época em que o Kylesa estava ficando maior, um pouco antes do Black Tusk surgir. O Mastodon estava ficando realmente grande, mas eles estavam a algumas horas da gente. Estávamos apenas um pouco cheios do estado do metal na época, porque parecia que estava ficando sem graça, apenas com mais do mesmo, sem nada de interessante ou inovador nos EUA. Nos anos 2000, o que houve foi altamente influenciado pela Europa, com o disco do At the Gates [*Slaughter of the Soul*, pelo que fica subentendido] sendo copiado e refeito por algumas bandas americanas. E houve também um *revival* thrash naquela época. Mas isso não era muito o que queríamos. Queríamos ser únicos (risos). Tentávamos fazer o que ninguém mais estava fazendo naquela época. Éramos todos fãs de Pink Floyd, Neurosis, então havia uma *vibe* mais psicodélica no que estávamos fazendo. Tinha de ser algo interessante, criativo e artístico. E é algo ao qual tento ficar fiel desde então. Nossa música cresceu e mudou, mas sempre tentamos manter isso: que a nossa música seja uma forma de arte, que exija uma habilidade e talento para ser feita, mas que também seja apresentada de uma forma única e pessoal para a banda.

Qual o papel da sua arte para as bandas com quem já trabalhou? Porque quando nós vemos uma capa do Kylesa feita por você, é possível identificá-la logo de cara. Devo ter umas cinco camisetas com desenhos seus, de bandas variadas (risos).
John: (Risos) É, acho que comecei a fazer música e arte por volta de 2000, 2001. Começamos a tocar no verão, era apenas uma banda de colegial naquela época, mas acabei fazendo a arte de uma demo. Então, quando comecei o Baroness, já tinha um pouco mais de entendimento sobre quão importante era ter a estética sonora e a estética visual, o impacto disso. Além disso, nós estávamos tocando uma música que não era rentável. Por isso, não podíamos pagar um artista para cuidar da nossa parte visual. E essas são as duas paixões que eu tenho, por isso vamos dizer que o Baroness é meio que o meu projeto. Então começamos a fazer mais shows,

a conhecer pessoas, e elas viram a arte visual que eu estava fazendo. E então essas pessoas viraram meus amigos e comecei a fazer artes para eles, porque eles não podiam pagar mais ninguém também. Então, eu fazia de graça ou por uns trocados, 20 dólares digamos. E com o passar dos anos tinha feito um monte de trabalhos para várias bandas, que eram todas de pessoas amigas, que eu respeito e gosto. Novamente, me mantive fiel a isso. Não trabalho com uma banda que não conheça, ou que eu não respeite. Ou que faça algo com o qual não concorde.

Você vê uma diferença na maneira como se expressa pela música e pela arte visual?
John: É um pouco diferente. Porque a música é parcialmente entretenimento. E o que nós precisamos fazer na turnê é como uma coisa física, há um lado físico nisso. Então é um pouco diferente da arte, que faço sozinho. Mas a inspiração para criar vem do mesmo lugar. Então elas são, de algumas maneiras, iguais, mas definitivamente há diferenças. Por isso, quando estamos em tour é muito difícil para eu fazer arte visual e vice-versa.

E como você divide seu tempo entre as duas coisas? Aliás, após o acidente você consegue desenhar da mesma maneira que antes?
John: Bem, estou na parte em que estou trabalhando no sentido de conseguir fazer arte e música da mesma maneira que conseguia antes. Ainda há trabalho a ser feito e acho que vou levar um ou dois anos para conseguir. Na maior parte do tempo, é meio que uma divisão 50/50. Passo metade do ano tocando, gravando e fazendo shows, talvez um pouco mais do que a metade, talvez 60/40. E esses 40% do ano passo fazendo minha arte visual. Mas o ponto é que sempre estou fazendo um ou outro. Nunca faço arte quando estou fazendo música e vice-versa.

Qual sua opinião sobre as pessoas baixarem a sua música e a música de outros artistas de graça? Acha que essa é a principal razão para gravadoras de vários tamanhos, incluindo a Hydra Head, terem fechado as portas?
John: Sim, definitivamente essa é a razão pela qual as gravadoras estão tendo dificuldades. E também porque qualquer tipo de comércio de música está tendo dificuldades. A minha reação rápida é que ninguém deveria fazer isso nunca. Mas isso é estúpido, como cuspir no vento, você não pode interromper isso. Há muito pouco a fazer sobre os downloads, então tudo que temos a fazer é ajustar a maneira que

fazemos as coisas...e responder. Acho que é provavelmente criminoso. Porque nós passamos muito tempo fazendo a música e não fazemos para dar de graça, mas é o que acontece. É a triste realidade. Mas o efeito que teve no mundo da música é que nivelou as coisas. Tornou o Baroness tão grande, tão acessível quanto o U2. Possibilitou que qualquer pessoa com um computador e um microfone possa fazer um disco hoje. E ela tem o mesmo alcance ao público que nós temos. A música está sempre ao alcance dos seus dedos. Antes era preciso ir até uma loja para comprar um disco. E se fosse algo conhecido, que estivesse esgotado, então seria preciso ir até outra loja, e outra, e outra... E as pessoas conseguiam muitas coisas que queriam, mas dava muito trabalho para conseguir. Agora, mesmo que eu queira fazer isso legalmente, tudo que eu tenho a fazer é ligar o computador para comprar qualquer disco que quiser, exatamente naquele momento. E há algo de bonito nisso, porque tornou as coisas iguais. Pegou todas as estrelas do rock e as colocou no mesmo plano que todo mundo. Então, agora é fácil: quem está escrevendo a melhor música? Não quem é o maior, mas quem está escrevendo a melhor música, porque é isso que vai ser escutado. Se a sua música é boa, as pessoas vão ouvi-la. Se for ruim, não importa o quanto você seja grande e o tamanho da sua campanha publicitária. E há algo de ótimo nisso. Se precisamos olhar o lado positivo, a acessibilidade da música, e a velocidade com que pode ser baixada e pirateada, então é isso. Um bom disco, não importa quanto você gastou nele, pode se espalhar pelo mundo em segundos.

Do que você tem mais orgulho na sua carreira?
John: Ah, eu não sei, é uma pergunta difícil. Sabe quando você é criança e tem esses sonhos, tem heróis e quer tocar com eles e conhecê-los? E quer apenas apertar as mãos desses deuses? Eu meio que já fiz tudo isso. Mas não é o que me dá mais orgulho, na verdade. Isso que eu pensava quando era criança, essas coisas não são reais. São coisas que gosto de ter feito. Então, acho que o fato de que passamos por coisas muito difíceis, e mesmo assim conseguimos seguir nossa missão de continuar como uma banda, fazendo música. São coisas meio intangíveis. O negócio é que nós nunca ferramos ninguém, nunca pisamos e nem destratamos ou desrespeitamos ninguém no mundo da música e tenho orgulho disso. Os músicos são muito egocêntricos, somos mesmo. Não fazemos isso se não tivermos ego. Mas fizemos a nossa música, tocamos e tentamos fazer boas músicas e continuamos sendo as mesmas pessoas que éramos há 10 anos.

KRISTON FEST 2013

CLUTCH
ORANGE GOBLIN
TRUCKFIGHTERS

SÁBADO 15 JUNIO 2013 · BILBAO · SANTANA 27 - 19:30H

CAPÍTULO 5

STONER/DOOM

SAINT VITUS | DOWN | CLUTCH

Como o Sabbath é a base fundadora de tudo, inclusive dos chamados precursores do metal alternativo, não poderia deixar de influenciar mais diretamente algumas bandas do estilo, como o Down, formado pela nata de Nova Orleans, o Clutch, que cada vez mais parece uma banda dos anos 1970, e o Saint Vitus, o "rei do doom" norte-americano, que mantém sua aura cult e underground até hoje.

SAINT VITUS

Wino (vocalista e guitarrista do Saint Vitus, The Obsessed e Shrinebuilder) – entrevista feita em fevereiro de 2011

Tocando desde os anos 1970, Robert Scott Weinrich, mais conhecido no mundo da música pesada apenas como Wino (termo em inglês para designar alguém que bebe muito, vejam só), está mais ativo do que nunca nos anos 2000.

Além de ter lançado nos últimos anos um disco com os "reis do doom" Saint Vitus e participar do Shrinebuilder (espécie de supergrupo com membros do Neurosis, Melvins e Sleep), a lenda viva do underground norte-americano também mantém uma consistente carreira solo.

Na entrevista abaixo, feita em março de 2011, em meio a uma turnê com o Scott Kelly, do Neurosis, o extremamente simpático Wino falou sobre tudo isso, sua vontade de fazer shows no Brasil, como viu o Sepultura "acabar" com o Pantera em 1994, seu relacionamento com o Dave Grohl e muito mais.

Adrift (2011) é o seu primeiro disco acústico, certo? Por que resolveu gravá-lo agora? Alguma razão em especial?
Wino: Bem, há muitos fatores. A morte de Jon Blank, que tocou em *Punctuated Equilibrium* (primeiro disco solo de Wino, lançado em 2009), foi um fator. Comecei a pensar em fazer o disco depois da morte dele. Andreas, que é dono da gravadora alemã Exile on Main Street Records, me perguntou há alguns anos: "Você já pensou em fazer um disco acústico? Acho que seria ótimo". Mas naquela época eu simplesmente não queria. Com o passar dos anos, fiquei mais interessado nisso. Comecei a escrever algumas músicas porque eles iam fazer uma festa de lançamento para o *Punctuated Equilibrium*. E no cartaz da festa um amigo colocou que eu iria fazer um pequeno show acústico. Mas ele não me perguntou sobre isso, sabe? E como ele não me perguntou, eu fiquei realmente chocado. Mas decidi tocar mesmo assim. Só que eu realmente não estava pronto, e por isso foi bem ruim. Então assisti ao vídeo da apresentação e disse a mim mesmo: "Preciso sentar, trabalhar em algumas faixas, criar algumas músicas originais e fazer isso do jeito certo". Então fiz isso: escrevi algumas músicas e comecei a entrar muito mais no "lance" acústico. Quando o Jon Blank morreu, de forma bastante inesperada, nós estávamos

voltando de uma turnê bem legal pela Europa, tocamos no Roadburn (festival) e então iríamos sair numa tour de um mês com o Clutch. Então quando ele morreu, o Jean-Paul (baterista do Clutch, que também tocou em *Punctuated Equilibrium*) me disse: "Ei, você não devia deixar o momento do *Punctuated* passar. Você devia vir no ônibus com a gente e tocar violão para abrir os shows". Nunca tinha feito nada desse tipo antes. E lembrando de como costumavam ser os shows do Clutch, eu pensei "Não sei, não tenho certeza se quero fazer isso". Mas acabei fazendo. Resumindo: os tempos mudaram, assim como o público dos shows. Então tudo deu certo. E assim que fiz alguns shows, percebi que podia fazer isso.

E o que achou do "produto final"? Você pensa em talvez fazer outro disco acústico algum dia?
Wino: Com certeza vou fazer outro. E, talvez, ao invés de fazer todo acústico, farei mais um disco solo que talvez tenha algumas músicas acústicas. Na verdade, *Adrift* não é um disco totalmente acústico, porque coloquei algumas guitarras nele... Foi uma experiência de aprendizado. Você acha que gravar um disco acústico vai ser algo fácil, mas é bem difícil, na verdade. Era tudo novo para mim. Mas pensei que podia fazer tudo de maneira bem fácil, e acabou sendo um desafio e tanto. Ganhei alguns milhares dólares de orçamento, o que ajudou (risos). Mas o mais importante é que estou feliz com o produto final e é um disco nervoso. Eu estava passando por alguns problemas domésticos e tudo mais. Então foi meio que a minha maneira de lidar com isso.

Em uma entrevista recente você disse que Hank Williams, e não você, era o "padrinho do doom". Então talvez possamos olhar para o *Adrift* como uma espécie de viagem pelas raízes do doom?
Wino: Não, não estou me comparando a isso nem de longe. Na verdade, estava tentando não me comparar. As pessoas estão sempre dizendo que eu sou o "padrinho do doom". Mas a verdade é que, agora, poderia dizer facilmente que é o Townes Van Zandt. Na verdade, eu faço alguns covers de Townes no meu show agora. Ele é incrível. Realmente amo sua música. Eu simplesmente sou mais tocado pelo lado mais negro da música. Não sei o motivo. Quer dizer, sou um cara do Lennon, e não do McCartney, sabe o que eu quero dizer? (risos)
[Nota: cerca de um ano depois dessa entrevista, Wino lançou um tributo ao Townes Van Zandt junto com o Scott Kelly e o Steve Von Till.]

Por que você escolheu esse título (*Adrift* quer dizer "à deriva, desorientado")? Tem algo a ver com o fato de que, ao tocar acústico, você se afasta de sua zona de conforto, com as guitarras elétricas, *riffs* e grandes amplificadores?
Wino: Sim. Eu definitivamente me senti saindo da minha "área" ou coisa do tipo. Quando estou fazendo os shows ainda me sinto [fora da minha área]... Estou tão acostumado a ter uma parede de grandes amplificadores atrás de mim, sabe? Definitivamente é algo diferente. Mas, por outro lado, é realmente desafiador, pois não tenho uma parede de amplificadores atrás de mim para me cobrir. Sou apenas eu. É muito despido, eu normalmente toco limpo, mas às vezes uso um pedal de *fuzz* e as pessoas curtem isso (risos). Mas elas ficam realmente surpresas com isso, porque não viram um show acústico meu antes. E quando faço isso, elas ficam tipo "Cara, nunca vi ninguém usar um pedal de *fuzz* num violão antes". E eu penso: "Não parece tão estranho para mim". (Risos)

Você está fazendo uma tour com o Scott Kelly (Neurosis). Como estão sendo os shows?
Wino: Bons, muito bons. É muito legal. A música de Scott é realmente tocante, sabe? É muito profunda. E, quando você assiste a um show dele, você meio que é puxado para essa vibração. Normalmente faço o meu *set*, ele faz o dele e depois tocamos um *medley* juntos. Basicamente, vamos testar algumas ideias. Ele quer tocar uma de nossas músicas favoritas de todos os tempos, que é, acredite ou não, essa versão matadora de uma música do Grateful Dead chamada "Wharf Rat". Não somos "deadheads" (fãs do Grateful Dead) nem de longe, mas essa música é foda. Ela é obscura e muito pesada. Então vamos tentar isso em breve, assim que conseguirmos ensaiar mais. Fizemos uma *jam* muito legal em um dos primeiros shows dessa turnê. Gosto de fazer isso. Sabe, Scott gosta de dizer na imprensa que não é um guitarrista, mas ele é um puta músico, deixe-me dizer isso.

Você conhece alguma coisa sobre música brasileira?
Wino: Conheço sim. Eu vi o Sepultura acabar com o Pantera na noite em que a seleção brasileira venceu a Copa do Mundo (em 1994, disputada nos EUA), se não me engano. Aquilo foi divertido. Foi realmente legal. Achei eles ótimos. E que outra banda brasileira você me recomendaria?

Bom, se você gostou do Sepultura, provavelmente vai curtir o Ratos de Porão. Eles são uma das principais bandas de hardcore/punk daqui e são amigos dos caras do Sepultura. Você também não teria muitos problemas em encontrar coisas sobre eles porque eles estão na Alternative Tentacles (gravadora de Jello Biafra, ex-Dead Kennedys). Pode ser um bom começo...
Wino: OK. Obrigado. Preciso dar uma olhada nisso.

Você já foi convidado para tocar no Brasil com alguma de suas bandas?
Wino: Eu vivo dizendo para todo mundo que nós devíamos tentar tocar na América do Sul e na verdade nós estávamos falando sobre isso na última turnê. Eu sei que seria ótimo. E sei que a logística de tudo pode ser pensada e resolvida. Eu realmente adoraria fazer isso. Nunca estive no Brasil. E um amigo acaba de voltar do Rio de Janeiro e escutei todas essas coisas lindas. Acho que o Vitus se daria bem por aí, não?

Claro, cara. Vocês definitivamente deveriam vir. E também trazer o Shrinebuilder depois. Aliás, como está indo o disco novo da banda? Quando conversei com vocês no ano passado (2010), vocês me disseram que já tinham algumas músicas novas. Em que pé está isso agora? Você sabe quando o disco será lançado?
Wino: Sim. Nós temos o material. Na verdade, nós meio que trabalhamos bastante no material. Por causa daquele lance do vulcão na Europa, nós não conseguimos ir para o Roadburn (festival). Pegamos esse tempo e terminamos o disco, e estamos muito felizes com ele. É pesado pra cacete. Nesse momento estamos todos muito ocupados, mas acho que o plano é talvez começar a gravar em agosto ou em algum momento desse trimestre. Mas nós definitivamente vamos fazer outro disco e também mais uma turnê.

E o Saint Vitus? Alguma chance de vermos o álbum novo em breve?
Wino: Sim! Nós estamos fazendo um disco novo. Aliás, tocamos algumas músicas novas nessa última turnê que fizemos na Europa e elas parecem ter ido muito bem. Dave (Chandler, guitarrista da banda) está escrevendo algumas coisas muito boas. E ele está me deixando escrever letras para algumas coisas. Nós colaboramos em algumas músicas que ficaram boas. Ou seja, as coisas estão indo muito bem.

Como você recebeu a notícia sobre a morte de Armando Acosta (ex-baterista da banda) no final do ano passado (2010)? Vocês ainda se falavam depois de ele ter saído da banda?
Wino: Ah, cara, isso foi realmente muito triste. Muito triste. Nós ficamos sabendo por meio de algumas pessoas que conhecemos, sabe? Quero dizer, Armando estava um pouco amargo porque... Bom, resumindo: a razão pela qual Armando não estava mais na banda é porque ele estava com algumas limitações físicas e não podia tocar. Nós tocamos no Roadburn em 2010 e as pernas dele não estavam funcionando. Não sei o que aconteceu de verdade, mas sei que ele estava muito debilitado. Mas o mais importante é que nós amamos Armando. Nós realmente amamos Armando, mas ele não conseguia tocar. E, por mais que odiássemos fazer isso, Dave lidou muito bem com a situação, contou pessoalmente ao Armando que teríamos de arranjar outra pessoa para tocar. Então isso foi muito triste. Quando me falaram que ele tinha morrido, fiquei simplesmente devastado. Sabe, Armando era um ótimo cara, realmente era um ótimo cara. Tivemos ótimos momentos no passado.

Então vamos falar do passado. Você começou a tocar com uns oito anos, certo? Como você começou? Quais eram suas influências naquela época?
Wino: Minha primeira lembrança é que, de alguma maneira, eu queria tocar guitarra. Sempre quis tocar guitarra, desde que consigo me lembrar. Então quando aconteceu, não foi tão fácil quanto eu pensava que seria. Na verdade, eu tive problemas no começo e, por cerca de 6 meses, tive aulas com esse cara – ele era um tipo de um hippie. E metade do tempo da aula era dedicado a *jams*. Ele realmente me ensinou muito sobre improvisação e coisas desse tipo. E fiquei realmente frustrado com isso porque eu não conseguia aprender. Lembro muito bem que cheguei a me sentir tão frustrado que pensei até em desistir. Mas eu queria tanto e não sei o que aconteceu, mas eu meio que cruzei uma barreira e tudo se encaixou, [tudo] entrou no lugar. Quando eu era muito jovem, costumava ouvir uma estação de rádio, e foi lá que ouvi pela primeira vez Zappa e Roky Erickson. Eu tinha uns 14 anos na época. Mas estava muito ligado nos músicos mesmo. Eu amava Hendrix, mas logo percebi que ele era um tipo diferente...Ele era um pouco solto e um pouco mais cru. Em comparação a John McLaughlin e a Mahavishnu Orchestra, sabe? Então comecei a ir por esse caminho.

Esta é uma pergunta que sempre faço. Quanto entrevistei Brian Patton, do Eyehategod, há alguns meses, ele me disse que não ligava que as pessoas baixassem suas músicas de graça, pois isso era algo que ele provavelmente iria fazer como um fã. Você concorda com isso? Qual sua opinião sobre o assunto?
Wino: Sim. Eu acho que tudo bem também. Veja, nós deixamos as pessoas entrarem sempre nos nossos shows e gravarem/filmarem. Quero dizer, nunca vi nada lá fora que esteja tipo tirando comida da minha mesa, sabe o que quero dizer? Talvez quando chegar a esse ponto... Mas dinheiro nunca me interessou muito, então... Mas é claro que à medida que você fica mais velho é legal ter [dinheiro] e tudo mais (risos).

Como você acabou tocando no Probot? Você já conhecia o Dave Grohl?
Wino: Sim. O Dave Grohl tem uma ligação comigo desde a época em que o The Obsessed estava tocando. Na época, ele estava tocando em uma banda chamada Mission Impossible. Lembro que eles tocavam uma versão punk do tema do [filme] *Missão Impossível* [canta o tema]. E ele estava tocando pra caralho, sabe? Ele sempre foi um ótimo músico, desde muito jovem. E o Obsessed teve um grande impacto sobre ele, evidentemente. Mas fiquei meio que surpreso [com o convite]. Conheço o cara há alguns anos, mas nunca fomos muito amigos e tal. E então recebi uma ligação "do nada". Na verdade, minha esposa recebeu uma ligação do empresário dele perguntando se eu escutaria essa música que ele ia me mandar. E que, caso eu gostasse da música ("The Emerald Law"), ele gostaria que eu escrevesse a letra, cantasse e tocasse guitarra nela. Seria para esse disco, esse álbum do Probot. Recebi a música e tenho de dizer que realmente gostei dela. Acho que era simplesmente perfeita para mim. Levei-a na turnê comigo. Fizemos uma tour realmente longa com o Spirit Caravan naquela época. E depois tive a chance de fazê-la com Dave pessoalmente. Foi legal o jeito como tudo aconteceu porque ele é da Virginia e eu sou de Maryland, dois estados realmente próximos um do outro. Logo no início da música, eu achava que ela estava muito vazia, que precisava de algo. E de repente tive essa ideia em que o que eu digo no comecinho da música é na verdade um idioma sumério bem, bem antigo. Então foi perfeito. Adoro a música. Ele [Dave] é um ótimo compositor, deixe-me dizer isso. Sei que ele está no lado "pop" da coisa e tudo mais, mas ele realmente manda muito bem, de verdade.

Última pergunta. Quanto tempo você ainda pensa em continuar tocando?
Wino: Não sei. Provavelmente até sentir que não posso mais tocar, pois aí não saberia o que fazer. Quero dizer, já fiz várias coisas diferentes: trabalhei com construção, no sindicato, esse tipo de coisa. Poderia ter seguido carreiras com esses empregos, sabe? Mas eu realmente gosto de tocar. Às vezes pode ser difícil, mas o mais importante é que é isso o que eu faço, sabe? Você definitivamente precisa fazer sacrifícios, com certeza. Eu não recomendaria essa carreira para alguém que queira manter suas relações, com suas famílias, porque é muito difícil para elas [as famílias]. Infelizmente. Mas preciso olhar para o lado bom da coisa e tirar o melhor do que ela me dá.

DOWN

Jimmy Bower (baterista do Down e guitarrista do Eyehategod) – entrevista feita em março de 2013

Imagine um cara extremamente simpático e gente fina. Feito? Agora eleve isso ao quadrado e você tem o Jimmy Bower. Para quem não sabe (mas deveria), o cara toca bateria no Down e cuida das microfonias e guitarras imundas do Eyehategod, além de já ter passado por diversas outras bandas, como o Superjoint Ritual, com Phil Anselmo e Hank Williams III, e de ter tocado bateria por um tempo no Corrosion of Conformity e no Crowbar.

Na época desta entrevista, o Down estava prestes a desembarcar em São Paulo para sua segunda turnê sul-americana e o primeiro show na cidade, enquanto que o Eyehategod estava finalmente produzindo o seu primeiro disco em mais de 10 anos. Por isso tudo, não faltou assunto na conversa de quase uma hora que tive com o cara via Skype.

Além da turnê do Down e da produção do "Chinese Democracy do sludge", também falamos sobre as principais influências dele, os discos favoritos (óbvio que tem Sabbath na lista), o que veio antes (bateria ou guitarra), como foi participar de uma série da HBO com o EHG, o que ele achou das voltas do Black Sabbath e do Black Flag (as duas principais influências do EHG), entre outras coisas.

O Down vem tocar de novo no Brasil, e na América do Sul, agora em abril (de 2013). O que você espera desses shows e quais as suas lembranças da sua primeira tour por aqui, em 2011?
Jimmy: Na última vez em que fomos ao Brasil estávamos muito animados e fomos comer... O dono de um bar organizou algum tipo de churrasco. Então estávamos lá, e eu desloquei a merda do meu ombro (risos). Eu estava com duas bebidas nas mãos e andando quando isso aconteceu. Então acabei fazendo toda a turnê sul-americana com o ombro machucado. Por isso, estou pronto para voltar agora e fazer tudo com o ombro bom! (risos)

Vocês também vão tocar no Chile em um festival de metal, com várias ban-

das extremas, e o Twisted Sister no meio disso. O que tem a me dizer sobre isso? (risos)

Jimmy: A banda mais trabalhadora do metal (Twisted Sister). Eles não têm esse título ou algo do tipo? Acho que eles já fizeram não sei quantos milhares de shows.

Falando em shows e festivais, vocês vão tocar agora em maio no Maryland Deathfest, com bandas amigas e/ou que lhe influenciaram como Melvins, Sleep, Pentagram e Obsessed. Quais suas expectativas para o show e como rolou o convite? Você tocou no festival no ano passado com o Eyehategod, certo?

Jimmy: Sim, o MDF foi algo que só fizemos com o Eyehategod até agora. Após nós tocarmos no ano passado, o cara que organiza o festival, o Evan, perguntou se o Down não estaria interessado em tocar. Esse festival cresceu tanto, está ficando muito grande. E porra, qualquer tipo de festival nos EUA precisa de bandas. Por isso, ficamos mais do que felizes em poder tocar lá. E com os nossos amigos do Sleep, do Melvins, sabe? Há muitas bandas ótimas das quais somos amigos. Então estamos ansiosos, acho que vai ser muito legal.

Você prefere tocar em festivais maiores ou para públicos menores?

Jimmy: [Faz um gesto com as duas mãos, diminuindo até quase não sobrar espaço entre elas] Lugares pequenos. As pessoas ficam loucas quando é um lugar pequeno. Você sabe o que quero dizer, é mais intimista. Você não leva sua namorada para jantar num estádio, você leva num lugar pequeno. É muito legal quando você consegue ver as pessoas, e ver os seus olhos. E se conectar com elas. Porque isso é a base de tudo, sabe? No fim, é isso que importa. Mas alguns dos maiores festivais são realmente sensacionais e ótimos para tocar, não me entenda mal.

Voltando a falar da sua última passagem pelo país. Você comentou que foi num churrasco. Gostou da comida daqui? Porque aí em Nova Orleans vocês também têm arroz e feijão, como aqui no Brasil.

Jimmy: Gostei muito! Especialmente da carne, que é muito fresca. Isso é algo que todo mundo se gabava quando fomos para o país, sobre como a carne era fresca. E todas as diferentes formas de cozinhar e tudo mais. Foi muito bom. Estou ansioso para colocar um pouco de comida aqui [dá uns tapas na barriga enquanto fala]! (risos)

Em uma reportagem especial da *Decibel* sobre o NOLA (1995), vocês falaram que o primeiro disco do Melvins teve um grande impacto na banda e em toda a cena de Nova Orleans. Houve algum outro álbum na época que tenha sido importante na formação do Down, no final dos anos 1980?
Jimmy: Ah, sim. O primeiro disco do The Obsessed. E também de uma banda dos anos 1970, chamada Captain Beyond, o primeiro disco deles. É óbvio que Lynyrd Skynyrd e Allman Brothers também. E tentar ficar com a mente aberta... Quero dizer, você consegue ouvir peso em muitas músicas diferentes. Então, "praticar" isso é importante, sabe? Acho que é isso que deu tão certo no Down: conseguimos fazer uma mistura boa de todas essas bandas fodas que curtíamos, como Witchfinder General e muitas outras.

Acha que conseguiram atingir mais esse "espírito anos 1970" com o terceiro disco da banda, *Over the Under* (2007)?
Jimmy: Esse foi um disco estranho de fazer, porque foi logo após o [furacão] Katrina e tivemos de ir gravá-lo em Los Angeles. E, para uma banda de Nova Orleans, é impensável ir até LA para fazer um disco (risos). Não faz nenhum sentido. Mas enfim, fomos e fizemos, e acho que, em termos de produção, aquele disco é muito grande. E nós tínhamos feito demos das músicas na casa do Phil antes de ir pra lá, e as faixas tinham um sentimento diferente. Seria interessante lançar essas fitas algum dia. Porque acho que elas têm uma produção mais no estilo do NOLA. Não estou dizendo que o disco é ruim ou nada do tipo. Acho que é um dos maiores sons de bateria que já consegui na minha vida. Não sei, às vezes fico pensando se as músicas saíram do jeito certo, se é que isso faz sentido.

E você acha que isso aconteceu também com o Eyehategod no *Confederacy of Ruined Lives* (2000)?
Jimmy: Ah, sim. A mesma coisa. [Trabalhamos com] um produtor realmente muito bom [Dave Fortman, que também já trabalhou com bandas como Slipknot e Evanescence]. Nós fomos para o estúdio soando como a gente, mas na hora da mixagem...Há uma linha fina entre fazer uma banda soar "good shit" ou "bad shit", especialmente com uma banda como o Eyehategod. Se você cruzar essa linha... Aquele disco meio que soa bem demais, sabe? Nosso som é todo sobre microfonia, um lance mais cru, e tudo isso. Então, falei com o Brian

[Patton, guitarrista da banda] hoje mais cedo e vamos voltar para o estúdio em 1º de abril para finalizar o novo disco do EHG. Por isso, estou muito animado.

Há alguma previsão de lançamento do disco?
Jimmy: Bom, no momento só estamos tentando terminá-lo. Eu saí em turnê com o Down em janeiro e isso meio que segurou tudo um pouco. Mas agora vamos voltar a ver isso. E minha mulher está grávida, o bebê deve nascer no final de março, então estou esperando que no começo de abril tudo se acalme. O estúdio fica aqui no final da rua da minha casa, o que é algo bem conveniente. Durante o Katrina, todos os estúdios estavam debaixo d'água. Então tivemos que ir para Los Angeles. Isso foi estranho. Não vá para Los Angeles, cara (risos).

(Risos) Fui apenas uma vez, mas não gostei muito. Mas de San Francisco eu gostei.
Jimmy: San Francisco detona, cara! É um pouco mais aberta.

Aproveitando que estamos falando do disco tão esperado do EHG. Por que você acha que a banda se manteve tão popular mesmo sem lançar nenhum álbum cheio em quase 15 anos (o último álbum lançado pela banda foi o já citado *Confederacy of Ruined Lives*)?
Jimmy: Eu não tenho ideia, nem de longe... Isso também nos impressiona. Essa é outra razão para estarmos levando um tempo a mais para lançar esse disco. Acho que temos um pouco de pressão sobre nós, para que realmente possamos lançar um bom disco. Bom, mas ainda soando como Eyehategod. Cara, sou daquelas pessoas que pensa demais. Acredite em mim, já pensei muito sobre o disco novo. Então é só uma questão de colocar minha guitarra de quatro cordas e "uhhhhh" [faz um barulho imitando microfonia]. Apenas voltar e fazer isso! Porque já vieram tantos amigos falarem: "Não mude o som da banda". E isso significa muito. O negócio é "não pense demais" (risos).

Falando sobre retornos, o que achou da volta do Black Flag com duas bandas diferentes, uma com o Greg Ginn, e a outra basicamente com todos os outros caras importantes?
Jimmy: Acho que eles precisam se encontrar num beco, brigar e então voltar com a banda verdadeira. O Black Flag de verdade, sabe? Todo mundo quer isso.

Todo mundo! Se o Black Flag tocasse novamente eu teria 15 de anos de novo, e ficaria pensando "puta que pariu". Você sabe que seria foda.

Você tem um vocalista favorito no Black Flag?
Jimmy: Gosto do Chavo [que estava na formação com o Greg Ginn atualmente, que utiliza o nome oficial da banda, mas saiu da banda brigado com o guitarrista], ele é ótimo. Mas gosto de todas as fases da banda, acho que todas trouxeram coisas novas. Acho que é isso que está rolando com as duas bandas diferentes agora. Mas você definitivamente tem que ter o Dukowski aí [baixista]. E eles vão tocar no Tennessee, acredite ou não, que não é muito longe daqui.

Já que a conversa tomou esse caminho: o que achou do Black Sabbath voltar sem o Bill Ward?
Jimmy: Tenho sentimentos misturados. Acho que se você não vai ter o Bill Ward na banda, você precisa explicar a razão para isso. Porque todo mundo está se perguntando: por que? E isso meio que coloca todo mundo um pouco na defensiva. Pelo que entendi, eles estão com o baterista do Rage Against the Machine, certo? Ele é um baterista muito bom, vai fazer justiça ao som da banda. Então, acho que vai ser bom. Mas acho que todo mundo quer saber por que o Bill não está nessa. É meio estranho. Ele era uma parte muito importante na banda, com os grooves diferentes e tudo que fazia.

Quais são suas outras influências como baterista, além do Bill Ward?
Jimmy: Acredite ou não, muita música country. Coisas antigas do Hank Williams, Willie Nelson, o jeito que eles tocavam tem muito groove, o que eu gosto. E sendo de Nova Orleans, cresci com o Mardi Gras e tudo mais. É tudo sobre festa, cara!

Você conhece alguma banda do Brasil?
Jimmy: O Sepultura é do Brasil, certo?

Sim, sim, eles são daqui.
Jimmy: Essa é a banda que eu conheço (risos)! Eu sou a pessoa mais culpada por não conhecer novas bandas. Que tal me passar umas dicas depois? Talvez alguma banda com influências do Eyehategod (risos)?

Você tem algum disco favorito com o Down e o Eyehategod?
Jimmy: Eu gosto do *Down II* (2002). Para esse disco, nós tínhamos que entrar no estúdio de manhã e ter uma música feita, totalmente pronta, às 15h. E então o Phil (Anselmo) vinha umas 17h e cantava até às 21h ou 22h. E depois os caras colocavam os solos... Ficávamos acordados a noite inteira. E nós fizemos isso por 28 dias. Conseguimos fazer o disco inteiro assim. Acho que foi um desafio, sabe? Algo que eu gosto, do tipo: "Você TEM de tocar bem naquele dia". É divertido. Melhor do que ficar em Los Angeles, sentado em um quarto de hotel. Para bandas como Down e EHG, Los Angeles é meio que uma coisa velha. É apenas um lance de ter muita gente bonita lá. E nós não somos pessoas bonitas (risos). E com o Eyehategod [o meu disco favorito] é o *Take as Needed for Pain* (1993). Definitivamente. Porque foi bem na época em que fizemos nossa primeira tour na Europa, aí voltamos para casa e tínhamos metade do disco escrito. Quando voltamos, tivemos o estúdio a nossa disposição por cerca de um mês, e ele ficava em um antigo templo maçônico, chamado Studio 13. Foi louco, cara! Tudo se encaixou. Não lembro quanto a gente tinha [de dinheiro], mas sobrou algo como 300 dólares e compramos maconha e fizemos um disco de sludge como deve ser feito. Não ligando pra porra nenhuma, só indo lá e tocando, fazendo jams, muito barulho e microfonia. O Phil (Anselmo) e o Pepper (Keenan) foram ao estúdio enquanto estávamos gravando e foram eles que deram a ideia para colocarmos "Sisterfucker" como a segunda música do disco. Eles ficavam: "Caras, essa música é boa!". Era estranho ver os nossos ídolos falando isso. Foi nesse disco que encontramos o nosso som.

Ah, lembrei agora que tem um vídeo do Eyehategod tocando em um festival grande, talvez no Hellfest, em que o Phil toca guitarra na "Sisterfucker", e você fica meio de lado ensinando enquanto ele toca (risos).
Jimmy: Acho que é no Hellfest mesmo. É que ele [Phil] tocou um show com a gente [EHG] no CBGB quando eles estavam pra fechar. Porque o Eyehategod costumava tocar muito lá. Eles fizeram algo como 10 noites com bandas que costumavam tocar bastante por lá. E nosso outro guitarrista, o Brian [Patton], não pôde ir e nós ensinamos todas as músicas ao Phil e ele tocou com a gente. Por isso, toda vez que ele sobe para tocar "Sisterfucker" e não lembra, eu falo "Cara! É tipo a música mais fácil do mundo!" (risos). E nós apenas rimos disso. É engraçado.

Podemos esperar que esse disco novo seja algo como "uma volta às raízes", mais no estilo do *Take as Needed for Pain*?
Jimmy: Sim, está decididamente diferente [em relação ao último disco]. Escrevemos a maioria dessas músicas recentemente, mas algumas são bem antigas. Então acho que o novo disco terá elementos de tudo, de modo que todos ficarão felizes com ele. Nós definitivamente encontramos um novo "nicho" na composição, mas não é nada diferente do que é o Eyehategod. E isso se resume a quais *riffs* você toca. E é isso que quis dizer quando falei antes sobre "pensar demais", sabe? Tipo tentar encontrar tons diferentes e tudo…foda-se tudo isso! Monto minhas coisas, tudo no máximo, ligo meu pedal e pronto. É uma banda em que todos têm essa atitude. Uma coisa que ainda não ouvimos é o Mike IX Williams fazer os vocais do disco. E isso é sempre incrível (risos). Ele é um ótimo vocalista, um dos meus favoritos. E também um dos letristas de que mais gosto.

Mudando de assunto. Quais os três discos que mudaram a sua vida e por que eles fizeram isso?
Jimmy: Ah, o *Gluey Porch Treatments* (1987), do Melvins, facilmente. Sabe quando você está crescendo e escuta uma banda na sua cabeça e é tipo a banda perfeita? Então, quando escutei Melvins pela primeira vez foi assim. E, por muitos anos, foi como se eu tivesse encontrado Deus. Eu mostrava pra todo mundo! Porque o jeito como eles soam pesados é simplesmente insano.
E também teria que incluir aí o primeiro disco do Black Sabbath. Porque tem uma pegada muito jazz, eles eram muito diferentes nesse disco. Muito diferente de qualquer outro álbum. Todos os discos deles são ótimos, mas o primeiro… Eu adoro os primeiros discos das bandas. Eles sempre capturam as ideias frescas, um negócio mais cru. É só depois do primeiro disco que as bandas começam a pensar um pouco, sabe? Aliás, é hora de eu começar uma banda nova, cara (risos).
O terceiro seria o *Whiskey Bent and Hell Bound* (1979), do Hank Williams Jr. Apenas porque me lembra de bons momentos, de quando eu era criança. E o baterista da banda é incrível, tem um ótimo groove. Além disso, eu realmente me conecto com as músicas do disco. Elas são sobre como a gente realmente vive por aqui.

Falando nisso, como foi tocar com o Hank Williams III no Superjoint Ritual?
Jimmy: Eu adoro o cara! Conheci o Hank III quando ele tinha 14 anos. Na

época, fui na casa dele tocar com um cara que tinha conhecido em Atlanta – morei na cidade em 1991. Enfim, combinei de fazer uma *jam* com o cara e ele disse que estavam tocando na casa do filho do Hank Williams Jr. Cara, na hora que ele falou isso o meu queixo caiu até o chão. Eu conheci o Shelton [nome verdadeiro de Hank III] nesse dia, e somos amigos desde então. Ele tocou no Superjoint e é um cara que dá 150% dele no que faz. Por isso, ele é um cara muito admirável e muito legal para tocar. Porque ele dá tudo! Em vez de quem fica falando [faz uma voz engraçada]: "Ah, minha namorada está ligando...". Você sabe o que eu quero dizer! Ele é ponta firme, 100%. Isso é algo importante. Se você vai tocar, faça direito!

Voltando um pouco ao EHG, o que achou do tributo feito para a banda, chamado *For the Sick*?
Jimmy: Acho que ficou ótimo. Achei que foi muito legal que, em primeiro lugar, tantas bandas assim (são 20 no total) nos curtissem o bastante para fazer um cover. E outra coisa é que é muito foda que talvez tenhamos influenciado tantas bandas assim. O tributo fez com que ficássemos muito felizes, nos sentimos muito bem. Gostei muito do que o Hank III fez, ele fez a versão mais diferente do disco todo.

Vocês chegaram a tocar ao vivo com a Laura Pleasants, do Kylesa, a música "Left to Starve", que eles gravaram para o tributo. Como foi tocar com ela?
Jimmy: Foi bom, ela é cheia de energia. Ela é uma garota muito brava. Ela é irada! E ela também é muito talentosa. A cena de Savannah revelou algumas bandas muito boas ultimamente. Então eles definitivamente sabem o que estão fazendo.

Agora fiquei curioso, você gosta do Baroness?
Jimmy: Cara, eu preciso ouvir o Baroness. Muita gente me fala deles, grandes amigos só falam coisas boas da banda. Preciso pegar para ouvir.

Voltando bastante no tempo agora. O que veio primeiro pra você, a bateria ou a guitarra?
Jimmy: A galinha ou o ovo? (risos) Eu apenas pensei em tocar bateria primeiro, quando tinha uns 8 anos. Não dá pra explicar (risos).

E houve algum fato em especial que te fez querer tocar bateria com essa idade?
Jimmy: Eu entrei para a banda da escola. E eu sempre quis tocar música, desde sempre – ao menos desde as minhas primeiras memórias. Não há nenhum músico na minha família, então acho que sou o primeiro. A música é algo sensacional, é uma coisa bonita para ter na sua vida. Você tem que amar a música.

Concordo totalmente. Você acha que o fato de ter tocado bateria primeiro influenciou o seu jeito de tocar guitarra?
Jimmy: Sim, influenciou bastante. Certamente penso que tenho meu próprio estilo. E é muito rítmico. Quero dizer, eu só tenho quatro cordas na minha guitarra, então meio que abordo a guitarra como um baixo. Quando escrevo *riffs* e tudo mais.

Agora uma pergunta mais "nerd", já que sou guitarrista e fã da banda. Que corda você usa, 0.13? E qual afinação com o EHG?
Jimmy: Não, eu uso 0.11 e afino em Dó (C) com o Eyehategod. Eu tenho mãos pequenas! (risos) – [Então Bower mostra sua guitarra favorita, uma Gibson usada nas gravações do disco *Take as Needed for Pain*, do EHG, e destaca que só possui 4 cordas].

O Max Cavalera, ex-Sepultura, também só usa 4 cordas. Mas acho que ele começou a fazer isso depois de você, não sei ao certo.
Jimmy: Eu lembro disso. Lembro que quando o conheci, eu disse: "Quatro cordas caras!". E ele disse: "É!!!". Nós ficamos animados com isso. Para tocar metal, fazer *riffs* e tudo mais, você não precisa das duas cordas mais finas. Por isso, fui um pouco além e simplesmente tirei essas cordas da guitarra. E essa guitarra que eu te mostrei agora não vai funcionar se você colocar as duas cordas mais finas (risos). E é mais barato (risos).

O que você acha de as pessoas baixarem sua música e de outras bandas de graça? Acha que essa é a principal razão para muitas gravadoras estarem fechando as portas?
Jimmy: É claro que é. Mas o lance é que do jeito que a tecnologia se configurou, as pessoas podem baixar as coisas. E sem precisar responder por isso. Quero dizer, se eu falar para um fã do Eyehategod para não baixar os discos da banda, ele não vai dar ouvidos a isso. Eu tento olhar pelo lado positivo: mesmo que as pessoas

estejam baixando sua música de graça, pelo menos elas estão gostando ou estão interessadas na sua banda. E tento ficar positivo, pensar nisso. Não sei como é por aí, mas aqui nos EUA muitas empresas estão entrando nesse lance e impedindo as pessoas de baixarem músicas. Então obviamente ainda é lucrativo o bastante para você ter empresas chegando para impedir isso. Eu não quero soar como o Lars [do Metallica]. Concordo com o que ele fez, e claro que precisamos ter o nosso sustento. Mas eu não sei... Tem algo sobre trocar fitas antigamente ou gravar um CD para um amigo... Qual o limite? Quando é considerado roubo e quando não é?

Você vê alguma solução para isso?
Jimmy: Acho que a tecnologia vai "aparecer" com algo. Talvez algum tipo de pen drive, que você só possa fazer um download. Mas, enquanto você tiver gravadores, as pessoas podem sentar em frente do alto-falante e gravar aquilo.

O Down tem essa proposta de lançar vários EPs, além de quase sempre disponibilizar os discos em vinil. É possível ver isso como uma "saída"? Para fazer o fã querer ter aquele item em especial?
Jimmy: Sim. Vinil é uma coisa animal! A arte é maior e tudo mais. Para mim, é apenas um pacote mais legal. Então, claro, nós podemos voltar ao vinil. E parece que isso está meio que acontecendo. Tenho 44 anos, então eu tento pensar como um jovem. Os jovens é que sabem das coisas. Pelo que tenho visto, as fitas cassetes também estão voltando. As pessoas estão voltando a trocar K7s. Porque a cena metal é toda sobre as pessoas se juntarem e se divertirem. E com os CDs não parecia mais que as pessoas estavam trocando música como antes. E voltar ao vinil e K7, fico até nostálgico com isso. O metal tem uma comunidade própria, e é o que queremos fazer. Não sei se isso faz sentido (risos).

Como foi voltar a compor e tocar mais regularmente como guitarrista com o Eyehategod após tantos anos tocando bateria no Down e até no Corrosion of Conformity por um certo período? Digo, mudar para um ambiente extremamente barulhento, provocativo e mais confrontador, como o EHG.
Jimmy: Eu nunca vou sair do Eyehategod. A banda é como nosso "bebê". Eu, o Mike [Williams, vocalista] e o Joe [Lacaze, baterista] praticamente fundamos a banda. E o Brian [Patton, guitarrista] também. E nós somos apenas sortudos o

bastante por ainda poder fazer isso. Então acho que quando chegar no ponto em que não conseguirmos mais fazer isso, ou as pessoas não se importarem mais, aí vamos parar. Mas até lá... Black Flag, cara! Sabe? Tocar sempre.

Vocês participaram de um episódio da série *Treme*, da HBO. Como foi essa experiência?
Jimmy: Bom, é um programa sobre Nova Orleans, que se passa após o Katrina. E foi muito legal poder ter feito parte disso, para representar o lado metal da cidade. Minha parte favorita é quando as meninas da série dizem: "Ah, eu acho que vou ver o Eyehategod hoje à noite" (risos). Eu fiquei pensando: "Cara, isso é demais!". Foi muito foda! Foi algo que fez todos na banda se sentirem muito bem.

E foi um show de verdade ou vocês apenas tocaram alguns trechos para serem filmados?
Jimmy: Não, nós tocamos de verdade. Eles queriam que nós tocássemos "Jackass in the Will of God". Então nós tocamos a música umas cinco vezes. E convidamos nossos amigos, tinha umas 700 pessoas no lugar. Foi ótimo! Adoraríamos fazer algo assim de novo. Só não sei em qual série (risos).

Como você divide sua rotina com as duas bandas? O Down ocupa a maior parte do tempo? Como funciona?
Jimmy: Na verdade, venho trabalhando em muita coisa solo ultimamente. Como a minha mulher estar grávida, então eu tenho minha sala de ensaio de volta, que eu acabei de te mostrar. Nós pintamos a sala, demos uma arrumada, deixamos tudo novo mais uma vez. É um novo começo para mim. Montei um pequeno estúdio aqui, tenho um gravador de 8 canais. E vou fazer o meu disco com ele. É algo que sempre quis fazer e finalmente estou conseguindo trabalhar nisso.

E você vai tocar todos os instrumentos no disco?
Jimmy: Sim, tudo. Vou cantar também! Não sei como isso vai ficar, vamos ver (risos). É algo que sempre quis fazer.

Como o material está soando? Pode descrever?
Jimmy: Um pouco de rock antigo, umas coisas meio country, e outras mais pe-

sadas. Basicamente tenho que juntar tudo isso e lançar. Só que fico pensando muito sobre isso. Tipo: "O que as pessoas vão pensar?", essas coisas. Às vezes eu penso: "Cara, você toca numa banda chamada Eyehategod, o que tem na cabeça?" (risos). Mas é verdade, fico questionando isso algumas vezes.

Além da música de outras bandas e artistas, o que mais te influencia a tocar, compor e tudo mais?
Jimmy: Ah, fumar maconha. Eu tenho acordado bem cedo, tipo 6h30 da manhã. Então às 8h já estou tocando na minha sala de ensaio. É legal, nunca fiz isso na minha vida. Sempre fui de dormir tarde, ficar com um monte de amigos... E é bom ficar sozinho. É divertido. Não quero ficar muito acostumado com isso, mas é divertido (risos).

Há algum filme em especial que seja uma influência para você?
Jimmy: Você viu o *Django Livre*? Achei animal. Gosto de todos os tipos de filmes. Filmes são uma ótima maneira de "matar o tempo" e apenas relaxar. Gosto de filmes de terror, como qualquer outra pessoa. Na verdade, também gosto de filmes dramáticos. O Tarantino é um diretor que gosto também.

Agora a última pergunta. Como você quer ser lembrado após morrer?
Jimmy: Acho que o que eu fiz fala por si só. Apenas esperando o fim do mundo, como todas as outras pessoas (risos).

CLUTCH

Jean-Paul Gaster (baterista do Clutch) – entrevista feita em dezembro de 2012

Surgido no início dos anos 1990, o Clutch inicialmente ficou famoso por fazer um som que era uma espécie de stoner misturado com hardcore e que depois literalmente evoluiu para algo com mais influências de rock antigo e blues, sempre com aquela pegada setentista.

Com o passar do tempo, a banda se apoiou nas suas intermináveis turnês para conseguir uma legião cada vez maior de fãs extremamente leais que não apenas vão aos shows, mas também compram os discos e merchandise do quarteto, já há algum tempo lançados pelo selo próprio Wheatermaker.

No final de 2012, quando a banda de Maryland estava prestes a lançar *Earth Rocker* (2013), seu décimo disco de estúdio, tive a chance de falar com o baterista Jean-Paul, que tem uma ligação especial com a América do Sul, já que sua mãe nasceu no Uruguai.

Na conversa por telefone em meio a uma das suas aulas de bateria, Jean-Paul topou falar sobre os 20 anos do clássico *Transnational Speedway League* (1993), como a Igreja do John Coltrane influenciou seu jeito de tocar com a banda, a histórica turnê com o Sepultura na época do *Chaos AD* (1993), a relação da banda com o Corrosion of Conformity e o Wino, e muito mais.

Bom, o novo disco de vocês, *Earth Rocker***, vai ser lançado agora em março [de 2013]. Como estão as coisas para o lançamento?**
Jean-Paul: Ah, muito bem. Estamos na fase final, masterizando o disco nesta semana. Depois vamos sequenciá-lo e ele estará pronto. Estou muito animado.

E como foi trabalhar com o Machine como produtor novamente?
Jean-Paul: Foi demais! Ele é um tipo de produtor muito diferente do que costumamos trabalhar. Esses produtores (com quem trabalhamos) geralmente são uma combinação de engenheiro de som e músico. E alguns são mais engenheiros do que uns e outros são mais músicos. E o Machine é definitivamente um cara da música. Então ele fica muito envolvido nos arranjos das músicas e em

como as montamos. Por isso, é excitante ter alguém com quem podemos trocar ideias sobre isso.

O guitarrista do Clutch, Tim Sult, disse recentemente que esse novo disco será "o mais pesado" da sua carreira. Podemos esperar algo próximo do *Blast Tyrant* (disco de 2004, também produzido por Machine)?
Jean-Paul: Sim. Acho que uma das razões para a volta do Machine é que determinados elementos do *Blast Tyrant* funcionaram especialmente bem com o estilo de produção dele. De muitas maneiras, as músicas que eram as mais "rock", as que eram mais rápidas, que eram mais agitadas, o estilo de produção dele combina muito bem com essa maneira de pensar. E iniciamos esse disco pensando que queríamos algo mais "para cima", agitado, do que nossos discos anteriores, algo que fosse mais rápido e pesado do que esses trabalhos. E por isso fez sentido chamar o Machine.

Como funciona o processo de composição de vocês? Trabalham em cima de um *riff* específico ou mais a partir de *jams*?
Jean-Paul: Um pouco de tudo, na verdade. Nós fazemos *jams*, e definitivamente é assim que a maioria das músicas são feitas. Mas algumas vezes essas *jams* começam de maneiras diferentes. Pode ser um *riff* que um dos caras trouxe, aí tocamos a partir disso. Ou talvez eu estivesse tocando um pouco pela manhã, algo em que eu tenha trabalhado, e isso se torna o ponto central da nossa *jam*. Então pode ser uma ideia a partir de uma *jam* ou de um *riff*. Não há uma maneira específica para acontecer, é sempre muito orgânico.

Vocês gravaram o novo disco em formato digital?
Jean-Paul: Sim. O Machine é um produtor de estilo bem voltado ao digital. Nós fomos para o estúdio dele em Nova Jersey e é assim que ele grava, digitalmente. Já fizemos gravações em fitas e também com os dois formatos ao mesmo tempo, usando fita e digital. Dessa vez, gravamos tudo digitalmente e estamos muito felizes com o resultado.

Há algum outro produtor com quem vocês gostariam de trabalhar mas ainda não tiveram a chance?

Jean-Paul: O Rick Rubin [Slayer, Metallica, Trouble, Beastie Boys] certamente seria um cara legal de trabalhar. Ele fez discos incríveis ao longo dos anos. Um dos meus discos favoritos produzidos pelo Rick Rubin é de uma banda chamada Masters of Reality [formada pelo músico Chris Goss, famoso por produzir os discos clássicos do Kyuss]. Eles eram uma banda do início dos anos 1990 [nota: na verdade, o primeiro disco é de 1989] e ele [Rubin] produziu o primeiro disco deles. Para mim, aquele foi o melhor disco deles. Mas Rick Rubin produziu tantas coisas diferentes, [por isso] seria interessante trabalhar com ele.

Vocês todos ainda moram na mesma cidade? Com qual frequência se reúnem para ensaiar?
Jean-Paul: Nós não moramos na mesma cidade, mas bem perto uns dos outros. E quando estamos compondo e finalizando as músicas para gravar, normalmente nos encontramos três ou quatro vezes por semana, normalmente na parte da tarde. E então entre as turnês ainda nos encontramos para ensaiar. Mas nós não somos muito bons em ensaiar (risos). Não gostamos muito de ensaiar. Uma vez que a música está gravada, não a tocamos muito em ensaios. A beleza disso é que fazemos tantos shows que basicamente conhecemos bem a maioria das músicas.

É uma boa tática. Os ensaios deixam de ser necessários.
Jean-Paul: É o que dizemos para nós mesmos com bastante frequência (risos).

Em 2013, o clássico disco *Transnational Speedway League* completa 20 anos de lançamento. Pretendem fazer algo para comemorar? Talvez tocá-lo na íntegra como fizeram com o segundo disco no seu último DVD?
Jean-Paul: Na verdade não falamos sobre fazer isso. Há alguns anos tocamos o nosso segundo álbum, autointitulado, e gostamos. Foi interessante voltar e ouvir de novo essas músicas que tínhamos gravado há tantos anos [nota: o disco foi lançado em 1996]. Tentar nos colocar naquele tempo e espaço, e isso foi um desafio. Foi uma experiência divertida e ainda não falamos sobre fazer isso com o *Transnational*, mas acho que seria muito legal, e provavelmente muito divertido também. Talvez a gente tente fazer isso.

Falando ainda sobre o *Transnational*. Naquela época vocês fizeram uma turnê com o Sepultura, que tinha lançado o *Chaos AD* (1993). O que você lembra dessa tour?
Jean-Paul: Foi facilmente a turnê mais excitante em que estivemos até aquele momento – os shows aconteceram em 1994. E, analisando agora, foi provavelmente uma das turnês mais divertidas que já fizemos em toda a nossa careira. Foi realmente muito bom: Sepultura, Clutch, Fear Factory e Fudge Tunnel. Pessoalmente, acho que aquela formação do Sepultura foi facilmente a banda de metal mais brutal que já tive a chance de ver. Eu amo Slayer, mas havia algo muito, muito poderoso com o Sepultura naquela época e onde eles estavam musicalmente. O *Chaos AD* era um disco monstruoso e, quando eles entravam no palco, era como um trem de carga. Muito, muito poderoso. Ainda sinto arrepios só de pensar nisso. Foi muito divertido.

Há um vídeo (daquela tour) no YouTube que mostra vocês tocando "A Shogun Named Marcus" acompanhados pelo Max e pelo Andreas, do Sepultura. Como foi isso? A versão ficou muito boa e pesada, aliás.
Jean-Paul: Sim! Isso foi ótimo. Nós estávamos realmente muito animados de poder fazer isso na época. E ainda tenho um grande respeito pelo Sepultura e seu legado. Mas, naquela época, aqueles caras eram superestrelas para a gente, eles eram deuses musicais; e poder ficar tão perto de alguém daquele calibre foi muito inspirador.

O que mais você conhece de música brasileira além do Sepultura?
Jean-Paul: Eu realmente não conheço outras bandas do Brasil. Sei que há muita coisa underground acontecendo aí e gostaria que pudéssemos ouvir mais disso. Gostaria que tivéssemos a oportunidade de ir para o Brasil e também tocar com algumas dessas bandas.

Vocês já foram convidados para tocar por aqui?
Jean-Paul: Ah, não de uma forma séria. Temos muita vontade de ir para o Brasil, sempre estamos em busca disso. Aliás, se você souber de alguém, espalhe isso (risos). Queremos muito tocar na América do Sul. Nunca fomos para o Brasil [nota: a visita ao Brasil finalmente aconteceu em agosto de 2014], Argentina. Minha mãe é do Uruguai.

Você já foi para o Uruguai?
Jean-Paul: Sim! Eu adoro, já fui para o Uruguai. Já faz uns 10 anos desde a última vez que estive por lá, mas já fui ao país várias vezes. Cara, seria um sonho também poder tocar em Montevidéu.

Voltando um pouco ao papo sobre tours. Vocês já tocaram com bandas muito diferentes, como o próprio Sepultura, Motörhead, Corrosion of Conformity e Black Label Society. Houve alguma turnê que talvez tenha marcado mais vocês nos últimos anos?
Jean-Paul: A última turnê que fizemos no Reino Unido com o Thin Lizzy. Isso foi realmente sensacional. Porque a formação atual do Thin Lizzy é ótima. Eles tocam aqueles sons com tanta integridade e paixão... Quando nos ofereceram a turnê, eu estava um pouco cético. Nós certamente queríamos fazer a turnê, mas sou tão fã do Thin Lizzy que pensei comigo mesmo: "Com qual frequência esses caras fazem isso?". Mas assisti o show deles todas as noites e foi realmente fantástico. Poder ver o Brian Downey [baterista do Thin Lizzy] tocar todas aquelas músicas foi um aprendizado e tanto. Realmente muito, muito inspirador. Ele é facilmente um dos meus bateristas favoritos. Ele é um músico tão poderoso, com muita classe, e toca de uma maneira muito bonita.

Conversei com o Mike Dean, do COC, há cerca de um ano, e ele me disse que o público do Clutch era um dos melhores que ele já tinha visto e que eles provavelmente gostavam mais do COC que o próprio público deles. É isso mesmo?
Jean-Paul: (Risos) Bom, nós tocamos com muitos tipos diferentes de bandas, seja um show de abertura que estamos fazendo ou bandas que chamamos para fazer a tour com a gente. Sempre tentamos misturar as coisas, acho que isso é importante. Ninguém quer ir a um show e ver três ou quatro bandas que soam exatamente iguais, você tem que ter diversidade. As minhas turnês favoritas foram com bandas que tinham sons bem diferentes, como aquela com o Sepultura. Aquele era um *lineup* bem diverso. E, ao longo dos anos, pudemos fazer coisas como tocar com o Motörhead. Já tocamos com o Monster Magnet. Fizemos vários shows com o Marilyn Manson nos anos 1990. Então é uma boa experiência fazer isso porque você consegue levar sua música até pessoas que não necessariamente conhecem o Clutch ou já ouviram a banda antes. E talvez algumas delas vão curtir o seu som.

Mudando totalmente de assunto: você gravou o primeiro disco solo do Wino, certo? Como foi a experiência? Vocês já se conheciam há bastante tempo?
Jean-Paul: Sim. Conheço o Wino há uns 15 anos. Ele é da mesma área que a gente, de Maryland. Quando estávamos crescendo, fazendo música e shows, o Wino era muito conhecido aqui em Maryland e um músico lendário. E todos os músicos falavam sobre ele, o grande músico que era, e também o ótimo cara que ele é, além de um grande compositor. E então tivemos a oportunidade de tocar com uma das bandas dele, o Spirit Caravan, e ficamos bastante próximos. Fizemos muitos shows com eles, e o Wino e eu sempre falamos que um dia faríamos um disco juntos. E então ele me ligou um dia e fiquei muito animado, disse: "Claro, vamos fazer isso, cara". Ele veio e começamos a tocar. Foi realmente uma experiência fantástica e espero tocar com ele novamente no futuro.

Na última entrevista que fiz com o Wino, em 2011, ele me disse que você realmente o apoiou após a morte do Jon Blank (baixista da banda solo de Wino na época), e o chamou para tocar na abertura dos shows do Clutch naquela turnê.
Jean-Paul: Bom, foi triste. Nós [banda de apoio de Wino] tínhamos acabado de fazer uma turnê na Europa que tinha sido muito, muito bem recebida. Foram alguns dos shows mais emocionantes da minha vida. E uma das minhas coisas favoritas no Wino é que ele é muito receptivo ao que está acontecendo no palco. Ele é muito "afinado" com o que está acontecendo com os outros caras da banda. Então muitas vezes fazíamos *jams*, estávamos no meio dessas *jams* incríveis, enormes, e eu fazia alguma coisa pequena, e você via que ele ficava com aquela vibração, muito animado. E então ele voltava com um daqueles "*riffs* Wino". Ele é cósmico. E fui abençoado, realmente muito sortudo em poder estar nessas situações de tocar com ele.

No último DVD do Clutch (*Live at 9:30*) todo mundo da equipe comenta sobre o esforço que vocês fazem diariamente, mesmo em turnê, para continuarem tocando a todo momento, até depois dos shows. Vocês pararam um dia e resolveram fazer isso, de pensar em sempre continuar melhorando individualmente como músicos, além da banda obviamente?
Jean-Paul: Acho que essa sempre foi uma regra não escrita no Clutch. Nós nunca realmente sentamos e fizemos uma reunião de banda e falamos: "Vamos tentar melhorar". Acho que isso veio naturalmente porque tocamos uma quantidade enorme de

shows no início da banda, algo como seis ou sete noites por semana, em pequenos clubes. Algo em torno de 250 shows por ano. Isso realmente faz diferença quando você vai tocar. E, além disso, eu gosto de tocar, praticar. Faço isso o máximo que posso. Dou aulas de bateria; já foram duas só hoje. Para mim é algo excitante dar aulas porque sinto que aprendo tanto quanto ensino. Quando você está em uma situação em que alguém te pergunta coisas como "por que você faz isso?" ou "como faço isso?", ouvir isso te faz pensar de verdade em como você toca. E então você realmente se pergunta, "Como eu faço isso?", "De que maneira chego até isso?". Então, a aula acaba se tornando realmente um lance de troca, em que eu aprendo tanto quanto o aluno. Pelo menos eu espero que ele esteja aprendendo (risos).

Já que estamos falando sobre formação musical e tudo mais, me diga três discos que mudaram a sua vida e por que eles fizeram isso.
Jean-Paul: Facilmente o *Paranoid* (1970), do Black Sabbath. Bill Ward foi uma das minhas primeiras influências. Houve alguns anos na minha vida em que eu realmente ficava animado em tocar daquele jeito mais "relaxado" como o Bill Ward (risos). E dei muito duro para fazer isso. E o disco que realmente fez a diferença para mim foi *Paranoid*, mais especificamente o Lado B. Você tem aqueles sons como "Rat Salad" e "Fairies Wear Boots". Então esse disco foi muito especial para mim no lance da bateria. E em um nível musical também. A banda é tão poderosa e eles têm personalidades musicais tão profundas, sabe? Cada um deles realmente se destaca e possui seu próprio som e abordagem. Para mim, o Sabbath naquela época foi realmente o melhor que uma banda pode ser. Ou seja, quatro caras que se juntam, fazem música, e tornam-se maiores do que esses quatro músicos apenas. Então foi um disco que realmente abriu meu caminho na música.

Um outro disco seria *A Love Supreme* (1965), do John Coltrane. Um dos meus bateristas favoritos é o Elvin Jones (que participa desse álbum). O engraçado é que antes, quando comecei a ouvir jazz, fui "atraído" por Elvin Jones porque ele fazia coisas que os caras do rock só foram fazer depois daquilo. Então alguns elementos de bateria que ele tinha em 1962 ou 1963, eu ouvi caras como Mitch Mitchell e Ginger Baker, e até o Bill Ward, tocando coisas muito similares a isso. Então vi de onde esses caras estavam vindo, que estavam meio que gravitando em volta do Elvin Jones. Por isso, o jeito dele tocar tem um lugar muito especial no meu coração. Para mim, *A Love Supreme* é o ápice entre todos os discos do Coltrane. É tão profundo. E é um ótimo exemplo de como Elvin conseguia passar emoção nas músicas, ele é um músico muito poderoso. Tantas maneiras de subdividir a música e ele faz isso de forma tão bonita. Quando você o ouve tocar, ele nem parece um baterista, mas parte da música. Então, por tudo isso *A Love Supreme* continua sendo um dos meus discos favoritos de todos os tempos.

Aliás, você já visitou aquela Igreja do John Coltrane em San Francisco? Consegui ir em uma missa lá, em 2010, e achei sensacional.
Jean-Paul: Sim! Já fui! Na verdade, é engraçado você mencionar isso porque eu estava indo lá quando gravamos o *Transnational Speedway*. E, pensando agora, isso foi meio que uma introdução do John Coltrane para mim. Eu já tinha ouvido a música dele antes, gostava de jazz, especialmente de Miles Davis, mas nunca tinha me atingido especificamente. Uma manhã estava andando até o estúdio quando passei por um prédio com essa música sendo tocada e pensei: "Cara, isso soa tão poderoso. O que está acontecendo aí?". E então entrei e lá estava: a Igreja do John Coltrane. Nunca tinha visto nada como aquilo na minha vida. E nunca vi nada igual desde então. Teve um grande impacto em mim, de verdade. E foi uma das razões pelas quais comecei a realmente ir atrás dos discos do John Coltrane e tentar aprender como tocar aquilo. Adoraria voltar lá algum dia. E o último [disco] acho que seria o *Rock for Light* (1983), do Bad Brains.

O Mike Dean, do COC, também citou o *Paranoid* e um do Bad Brains, mas o primeiro em vez do segundo (risos).
Jean-Paul: Porra Mike (risos)! Mas tenho que dizer: ver o Bad Brains fazer o que eles faziam é algo que nunca esquecerei. Essa foi uma das razões pelas quais eu decidi estar em uma banda de rock. Eles tocaram no antigo clube 9:30, em Washington, e eu tinha acabado de me formar no colegial, tinha 17 anos. Alguns dos meus amigos realmente gostavam de Bad Brains, e eu conhecia a banda, mas não tinha ideia do que me esperava. Aquele show transformou o clube em uma igreja naquela noite, você podia sentir a eletricidade no lugar. E, sabe, alguma coisa acontece quando aqueles quatro caras sobem no palco juntos. Há tanta energia enquanto eles tocam. E aquilo realmente me impressionou. Depois do show eu pensei: "é exatamente isso que eu quero, quero fazer algo igual a isso".

Vocês têm a sua própria gravadora, a Wheatermaker. Queria saber se sentem

um efeito direto das pessoas que baixam músicas de graça, de maneira considerada ilegal?
Jean-Paul: Acho que nossos fãs são bem diferentes das outras pessoas no sentido de que eles realmente compram a nossa música. Há muitas pessoas por aí que são fãs mais casuais de música, digamos assim. E para eles é mais importante ter 50 mil músicas que eles nunca escutam no computador do que três ou quatro discos que eles realmente amem. E os nossos fãs são aqueles que realmente querem ouvir a música, não estão interessados em quantas músicas possuem em sua biblioteca. E provavelmente também há fãs que primeiro baixaram a música para conhecer a banda, o que também é legal. Mas acho que a maioria dos nossos fãs realmente compra os nossos discos. E não acho que todas as bandas têm fãs assim.

Bom, falando nisso, há alguns meses vocês relançaram o *Blast Tyrant* (2004) em vinil. Pretendem fazer o mesmo com outros discos?
Jean-Paul: Claro. O vinil é um bom negócio. As pessoas estão animadas em ter o disco nas mãos, e poder ver a arte de perto. E o som é tão melhor do que o CD. Por isso, sim, vamos continuar fazendo isso com certeza. É uma ótima maneira para os fãs poderem realmente ver a parte visual do álbum da maneira correta. É um disco, afinal de contas, não apenas um monte de números no computador.

Vocês fizeram um ótimo show acústico no Bonaroo Festival há alguns anos e já gravaram versões acústicas de algumas músicas. Por isso, gostaria de saber se já pensaram em talvez gravar um CD inteiramente acústico?
Jean-Paul: É uma ideia interessante. Nós ainda não fomos atrás disso, mas é algo que poderia muito bem acontecer. Sempre tentamos trocar os equipamentos, de um disco para o outro. E quando fizemos aquelas gravações acústicas, a ideia era lançar apenas aquelas versões. Apesar de não termos falado sobre a ideia de um disco todo acústico, fazer aquilo (versões acústicas) foi um bom exercício pra nós. E também aprendemos coisas novas com isso. Há uma música acústica no disco novo e acho que aprendemos um pouco com cada música acústica que fazemos. Para essa música acústica mais recente acho que tínhamos aprendido bastante com as coisas anteriores nessa linha. O modo de arranjar e realmente tocar a música, deixá-la "respirar". Isso é um bom exercício e gostamos de fazer, por isso definitivamente há uma possibilidade disso (disco inteiro acústico) acontecer.

Você tem um disco favorito com o Clutch?
Jean-Paul: É difícil ter um favorito. São todos registros de como éramos como uma banda, a nossa carreira, quem eu era pessoalmente, para onde estávamos indo, o que pensávamos, as turnês que tínhamos feito. Há um [disco] que é um pouco mais especial para mim. Acho que o nosso disco autointitulado foi muito importante para nós, porque realmente encontramos nosso som com ele. Nós "esbarramos" em algo que não tínhamos planejado no início da banda, sabe? Estávamos apenas fazendo música, e tentando encontrar nossa voz. Acho que todos os discos depois dele foram uma espécie de experiência de aprendizado, tentando manter aquele conceito que acertamos no disco autointitulado.

Vocês tocam juntos há mais de 20 anos. Qual o segredo, se é que há um, para continuarem juntos, evoluindo musicalmente de maneira coerente e aparentemente com uma convivência bem tranquila?
Jean-Paul: Primeiro de tudo, não se odeiem (risos). Tente deixar isso no menor nível possível. Quando começamos a banda, a intenção era apenas fazer shows, porque vimos o Bad Brains e queríamos ser como eles (risos). Queríamos fazer shows e discos legais. E era basicamente isso, na verdade. Tudo o que pretendíamos fazer. Nunca pensamos nisso como uma carreira de verdade, porque todas as bandas que crescemos vendo não eram como as nossas bandas. Nós não gostávamos dessas bandas, mas sim de bandas como Bad Brains e Fugazi. Gostávamos do Monster Magnet. Sabe, essas eram bandas que nunca seriam gigantes, apenas porque a música deles não era feita para isso. Nós nunca tivemos a intenção de que isso (a banda) se tornasse uma carreira. Temos muita sorte de poder tocar há tanto tempo. Ter um objetivo alinhado no começo da banda meio que tornou as coisas mais fáceis. Por que se não ficarmos ricos ou coisa do tipo, quem se importa? Não foi para isso que começamos a banda.

E o que você gosta de fazer quando não está tocando com a banda?
Jean-Paul: Praticar bateria (risos). Passo muito tempo pensando na bateria, pratico o máximo possível, dou aulas – só hoje já foram duas e tem mais depois da entrevista. E se não estiver fazendo nada disso, eu adoro cozinhar.

Como falamos antes, bandas mais antigas e com estilos muitas vezes diferen-

tes, como vocês, Sepultura, Neurosis, o próprio COC, que já teve várias fases diferentes, Isis, Saint Vitus, entre outras, estão todas conectadas de algum modo, seja com shows, turnês, parcerias, participações em discos uns dos outros, projetos, etc. Você acha que isso ainda existe entre as bandas mais novas, nessa época em que a Internet ocupa um papel muito maior?

Jean-Paul: Não sei. Essa é uma pergunta difícil de responder. Sei que definitivamente há mais bandas do que jamais tivemos. E isso é algo bom. Músicos mais jovens têm a oportunidade de tocar, sair em turnês e mostrar sua música para as pessoas. Mas normalmente isso também significa que qualquer "idiota" da cidade tem uma guitarra ou algo do tipo e pode montar uma banda (risos). Então, com certeza há mais música por aí. Mas, ao mesmo tempo, é mais difícil encontrar essas coisas que são realmente inspiradoras para você. As bandas que você mencionou, como COC, Neurosis, Saint Vitus, são todas bandas que, apesar de estarem "conectadas" de várias maneiras como você falou, possuem modos muito diferentes de fazer música e suas próprias identidades. E acho que isso está faltando um pouco no que está acontecendo agora no metal. No começo, nós queríamos soar como nós mesmos, não como outros caras. E acho que muitos desses caras do metal ainda tentam soar como um disco antigo do Slayer. E eles nem estão "voltando" para ouvir com cuidado e estudar sobre os instrumentos e seus sons para tentar fazer isso. Creio que todo guitarrista de metal aprenderia muito se ouvisse mais discos de blues e jazz, por exemplo. O mesmo para um baterista de metal extremo, com um disco do Billy Cobham talvez. Há tanto para se aprender com os discos que vieram antes da gente; e se você ficar escutando apenas a música feita nos últimos 10 anos estará perdendo um monte de coisa que é muito, muito importante. [Coisas] que podem te tornar um músico melhor e realmente mudar a forma como você encara seu instrumento.

Ok, última pergunta. Alguma chance de vocês criarem um projeto chamado Belt (que foi um dos nomes cogitados no início da banda, ao lado de Clutch)?

Jean-Paul: (Risos) É, fico tão feliz que não tenhamos escolhido esse nome. Numa determinada época eu não queria o nome Clutch, e pensava "Ah, é um nome estúpido". Mas ele cresceu em mim, estou tranquilo com ele hoje em dia (risos).

CONVERGE
TORCHE | KVELERTAK | NAILS | HEIRESS

WEDNESDAY OCTOBER 24TH, 2012 // EL CORAZON // SEATTLE, WA

CAPÍTULO 6

HARDCORE TORTO

CONVERGE | BOTCH | THE DILLINGER ESCAPE PLAN

No final dos anos 1990, o hardcore tinha chegado a um beco sem saída, vivendo basicamente do "mosh" e de bandas antigas que conseguiram continuar ou outras que tinham voltado. Foi quando nomes como Converge, The Dillinger Escape Plan e Botch mudaram isso com discos já clássicos que misturavam diversas influências "erradas" ao gênero.

CONVERGE

Nate Newton (baixista do Converge e vocalista/guitarrista do Old Man Gloom e Doomriders) – entrevista feita em março de 2013

Sempre tentando ir à frente do que os outros estão fazendo (e dos seus próprios trabalhos anteriores), seja no metal, no hardcore ou em tudo junto e misturado, o Converge é uma das bandas mais interessantes dos últimos 15 anos. Desde que lançou o já clássico *Jane Doe*, em 2001, os caras de Boston passaram a receber uma atenção cada vez maior e não decepcionaram ninguém nos discos seguintes.

Em março de 2013, tive a chance de falar por telefone com o Nate Newton, que divide seu tempo sendo baixista do Converge, guitarrista e vocalista do "supergrupo" de sludge Old Man Gloom, líder e vocalista do Doomriders e, mais recentemente, baixista do Cavalera Conspiracy, banda dos irmãos por trás da maior banda de metal do Brasil, além de obviamente ser pai e marido em tempo integral.

Na época, o Nate (que é daqueles caras que você conversa fácil e sobre praticamente qualquer assunto) estava para ser pai pela primeira vez, por isso parecia estar ainda mais animado do que o normal. Sorte a nossa.

Em quase uma hora de conversa, traduzida em dezenas e dezenas de perguntas e respostas que você pode ler a seguir, falamos sobre sua cada vez mais extensa carreira musical, as amizades com o Steve Von Till, do Neurosis, e com o John Baizley, do Baroness, e ainda sobre suas bandas favoritas do Brasil: Sepultura e Mutantes, veja só.

Você fez recentemente uma mini-tour na Austrália e Japão com o Converge e o Old Man Gloom. Como foram os shows? Foi muito pesado tocar com duas bandas toda noite?
Nate: A tour foi ótima. Nós nos divertimos muito. Foi muito legal porque todos no Converge e no Old Man Gloom são amigos há muito tempo. Então foram meio que umas férias. Todo mundo saindo junto. Foi divertido. No início, parecia que seria meio pesado fazer dois shows por noite. Mas acho que depois da segunda noite eu já estava bem. O primeiro dia foi difícil porque o primeiro show foi na Nova Zelândia e nós tínhamos voado umas 16, 18 horas... E não tínhamos realmente descansado. Mas depois do segundo show ficou numa boa.

E a sua voz ficou numa boa com esses dois shows por noite?
Nate: Sim, ficou Ok. Eu não canto o show inteiro do Old Man Gloom e faço apenas backing vocals no Converge, então não foi muito difícil. Se tivesse tocado com o Doomriders, acho que teria sido muito mais difícil para mim.

E você já fez isso? Como foi?
Nate: Eu já toquei com o Converge e o Doomriders na mesma noite algumas vezes, umas três ou quatro vezes. Foi desafiador, mas consegui fazer. Senti que, para as duas bandas, não consegui ser tão bom quanto normalmente. Mas foram shows separados, não era uma turnê. Em uma turnê é um pouco mais fácil, você se acostuma com a rotina das coisas. Acho que se o Doomriders e o Converge fizessem uma turnê, os primeiros dias seriam bem pesados, mas acho que depois ficaria numa boa.

Li um artigo seu para a Vice, sobre dicas de bons lugares para comer comida vegetariana que você descobriu nas turnês. Tem algo que você mais goste e mais odeie em relação a turnês?
Nate: Odeio ficar longe da minha família, da minha mulher e da minha filha que está para nascer. Ainda não fiquei longe da minha filha, mas isso obviamente vai acontecer no futuro, por isso odeio esse aspecto. Odeio ficar longe de todas as coisas da vida que te mantém no chão, te colocam na realidade. Então quando você está longe tem apenas coisas que você não faz. Por exemplo, você não faz coisas na sua casa ou conserta coisas. E quando você volta tem essa pilha de coisas e parece uma tarefa impossível [nota: Nate mora em uma casa bem antiga, em uma cidade próxima a Boston]. Mas tudo bem, todo mundo tem de fazer suas próprias coisas nesse sentido. Pode ter parecido algo grande agora, mas é realmente uma coisa menor. Eu adoro fazer turnês, tocar todas as noites, conhecer gente nova, ir para lugares que não conheço. No fim das contas, tenho muita sorte de poder fazer isso, por isso não tenho muito do que reclamar.

Nós falamos sobre o Doomriders. Você vê a banda mais como "seu bebê", por ter um papel mais presente, digamos, em relação ao Converge e o OMG?
Nate: Na verdade não. Eu abordo todas as minhas bandas da mesma maneira. Todas elas são apenas produtos das pessoas nas bandas. Elas se juntam e é

isso o que acontece. Acho que o Doomriders pode ter um pouco mais da minha personalidade, apenas porque sou o vocalista principal e escrevo a maioria das músicas, mas ainda assim é um esforço muito colaborativo. Não acho que nenhuma delas (das bandas) tenha mais prioridade ou coisa do tipo na minha vida. O que quer que eu esteja fazendo, é onde dou o meu máximo.

No ano passado (2012), saíram algumas notícias de que você faria parte de um projeto do Max Cavalera com o Greg Puciato, do Dillinger Escape Plan. Mas depois não falaram mais nada sobre isso e a última coisa que ouvi foi que o Troy Sanders, do Mastodon, ia participar do disco. E aí, você vai tocar ou não com o Max?
Nate: Ah, isso foi noticiado porque o Greg, do DEP, tinha me falado que ia fazer um projeto com o Max e me perguntou se eu gostaria de participar. Na época, nós já tínhamos o bebê a caminho e eu estava super ocupado com tudo. Então eu disse: "Claro, isso parece legal". Ele me disse que tinha escrito algumas músicas e eu disse que queria ouvir e tudo mais. Mas nunca foi além disso, para falar a verdade. Tipo, eu tocaria com praticamente qualquer pessoa, mas acho que no momento esses caras estão procurando por alguém que possa pegar um avião e ir encontrá-los para tocar e escrever. E simplesmente não posso fazer isso. Acho que o Troy, do Mastodon, está tocando com eles agora, o que é legal. Acho que o disco ficará ótimo. Essa é uma ótima mistura de músicos.

E toparia tocar com eles caso fosse convidado novamente?
Nate: Claro. No futuro, se eles me chamarem e eu puder tocar, ficaria muito feliz com isso. Mas, naquela época em especial, não podia me comprometer com outro projeto. [Nota: cerca de um ano depois da entrevista, Nate foi anunciado como baixista do Cavalera Conspiracy.]

Falando nisso, você gosta das coisas antigas do Sepultura?
Nate: Sim! Eu realmente amo o *Chaos AD* (1993). As coisas que vieram antes também são algumas das minhas favoritas. O *Roots* (1996) começou a virar algo que não era exatamente o meu lance. Sei que é um bom disco, mas não era necessariamente o meu lance. O Max é uma lenda.

E você conhece outras bandas brasileiras?
Nate: Não tantas quanto eu gostaria. Eu gosto muito dos Mutantes, sou fã deles.

Agora falando um pouco sobre o Converge. Você está na banda há mais de 15 anos. Quando entrou na banda, em 1997, pensava em ficar por tanto tempo?
Nate: Não. Eu não achava que a banda duraria tanto, acho que nenhum de nós achava isso. Todos ficamos impressionados em como a banda foi longe. Sabe o que quero dizer? É difícil colocar em palavras. Era apenas algo que todos estávamos fazendo porque gostávamos, era divertido e curtimos escrever músicas juntos. E o fato de conseguirmos nos sustentar, de forma simples, com isso, é algo que me deixa louco. Não consigo acreditar que podemos fazer isso, que é autossuficiente. Para mim, ter uma banda era algo que você fazia quando saía do trabalho e tudo mais. Por isso, é inimaginável que as pessoas se importem o bastante para que possamos nos manter com isso.

Você acha que o disco *Jane Doe* foi o ponto de virada para vocês?
Nate: Acho que sim, de muitas maneiras. Não posso dizer o que as outras pessoas pensam, em termos de popularidade, mas acho que em termos de composição e da química entre a banda, esse foi o ponto de virada. E algo ainda mais exato seria dizer que a entrada do Ben [Koller, baterista do Converge] foi o ponto de virada para a banda, na minha opinião. Quando ele entrou na banda, passamos a ter um baterista que era capaz de fazer o que nós realmente queríamos fazer. E ele é extremamente criativo e tem uma energia muito intensa, que alguns dos outros bateristas do Converge não tinham. Ben foi o ponto de virada.

E ele só parece ter ficado melhor desde então (risos).
Nate: Ele me impressiona, cara. Sempre que começamos a escrever novas músicas, ele diz: "Ei cara, inventei essa linha de bateria". E é tipo: "Que porra é essa que você está fazendo? Como você toca todas as peças da bateria ao mesmo tempo? Como você faz isso?" (risos). Mas ele faz isso.

Vocês já escreveram músicas a partir de uma linha de bateria dele? Porque às vezes tenho essa sensação...
Nate: Sim, algumas vezes isso acontece. Quero dizer, cada música é dife-

rente. Às vezes, um de nós pode trazer uma música praticamente pronta e só ensina as partes para cada um. E em outras alguém aparece com um *riff* de guitarra e criamos a partir daí. Ou o Ben tem uma linha de bateria que serve como base para a música. É um esforço razoavelmente colaborativo e é apenas algo do tipo "aconteça o que acontecer". Apenas depende do humor que estamos naquele dia.

E existe algum segredo para manter essa formação e continuar lançando discos bons até hoje?
Nate: Eu não sei (risos). Acho que é [importante] ser amigo dos caras da sua banda, deixar que todos tenham seu espaço pessoal, ser focado no que você quer, mas estar disposto a negociar e trabalhar uns com os outros de forma criativa. E, mais importante, fazer música que você queira ouvir. E curtir fazer isso. Se você curtir, se divertir com isso, vai continuar fazendo.

Você tem algum disco favorito com o Converge?
Nate: Cada disco tem sua própria personalidade e tem algo de que gosto. É difícil escolher um favorito. Eu realmente gosto do *You Fail Me* (2004) porque foi o disco que veio depois do *Jane Doe* (2001), que foi uma época em começamos a receber algum tipo de "hype" das revistas e essas merdas... Não sei, não presto atenção nessas coisas. Mas esse foi o disco em que senti que conseguimos mandar uma bola curva (como num jogo de beisebol), senti que as pessoas esperavam esse disco insanamente agressivo depois do *Jane Doe* e nós fizemos esse disco estranho, barulhento e mais punk. E as pessoas não esperavam isso. Foi divertido fazer esse disco. Acho que, ao fazer isso, nós estabelecemos um precedente. De sermos uma banda que você não sabe o que esperar a cada disco. Há muitas bandas que se fecham em cantos e tentam se superar nesse sentido. Nós não tentamos nos superar assim, mas sim fazendo algo diferente todas as vezes. Então, por essa razão, o *You Fail Me* é um dos meus favoritos. Mas acho que seria o *All...*nossa, comecei a pensar: "Qual o nome do nosso novo disco mesmo?" (risos). Mas o *All We Love We Leave Behind* (2012) também é outro favorito, porque sinto que as músicas são bem completas, como peças separadas, acho que provavelmente são as nossas músicas mais bem escritas.

Acho que em todos os discos de vocês desde o *Jane Doe* sempre há uma ou duas músicas épicas, que gosto de chamar de "baladas". É algo planejado ou elas simplesmente aparecem quando vocês estão escrevendo?
Nate: Isso apenas acontece. Mas é difícil de explicar... Você cria um *riff*, ou um verso, ou um refrão, e se você tentar cortá-los nessas músicas de dois minutos e meio, simplesmente não funciona. Você tem que deixar uma música ser o que ela é. A música vai se escrever sozinha se você deixar, se você apenas tocar. Então é isso que fazemos. Acho que nunca planejamos algo do tipo: "Ok, agora vamos escrever essa música lenta, enorme e épica". Mas acho que somos todos fãs de discos que têm esse elemento, sabe? Não apenas músicas agressivas e rápidas, mas também não é tudo mais lento e obscuro. Nós gostamos de ter um disco que te leva em uma jornada, pela falta de uma palavra melhor. Estou soando como um hippie por falar isso. Mas você me entende?

Sim, claro. Acho que é um dos grandes diferenciais da banda, não ter medo de soar dessa ou daquela forma.
Nate: Sim! Um bom exemplo, e não estou tentando nos comparar com essa banda, mas um bom exemplo é o *Houses of the Holy* (1973), do Led Zeppelin. Esse disco mostra tudo o que o Led Zeppelin fazia. Tem as músicas mais pesadas, tem as coisas mais lentas, estranhas e ambiente, e outras mais calmas, mas também tem faixas muito pesadas e obscuras. Por exemplo, escute "The Rain Song" e depois "No Quarter". Isso é algo que sempre me marcou enquanto eu estava crescendo. Tipo, você não pode comer um tipo de fruta o tempo todo, vai ficar algo tedioso, você tem que experimentar outras coisas. Essa é a nossa abordagem para fazer música.

No *Axe to Fall* (e outros discos anteriores) vocês tiveram alguns convidados, algo que não se repetiu no *All We Love We Leave Behind*. Isso foi algo intencional desde o começo ou sentiram que as músicas não "pediam" essa presença de alguém diferente?
Nate: Foi um pouco das duas coisas. Quase todos os nossos discos até então tinham convidados nas músicas e acho que chegamos no auge com isso no *Axe to Fall*. E foi realmente algo muito divertido e interessante de fazer. Mas acho

que com o *All We Love* foi algo do tipo: "Ok, vamos fazer um disco que seja apenas a gente". Tipo "aqui está, ame ou odeie. Não nos importamos, mas vamos fazer um bom disco". E acho que é isso que tentamos fazer, pelo menos.

Como o Steve Von Till, do Neurosis, acabou cantando em "Cruel Bloom"? Vocês já se conheciam?
Nate: Nós convidamos o Steve. Conhecemos os caras do Neurosis há bastante tempo. E então, no *Axe to Fall*, muitas das faixas foram escritas com as pessoas em mente. Tipo, a gente começava a escrever e pensava: "Isso parece algo em que Steve poderia cantar. Ou em que esse cara poderia tocar guitarra". E então nessa música em particular ["Cruel Bloom"] eu podia totalmente ouvir a voz do Steve. Quando pedimos para ele, ele ficou muito animado em fazer, o que foi algo sensacional. Porque sou um grande fã do Neurosis, todos somos na verdade. Por isso, quando ele disse "sim" todos ficaram muito felizes.

No começo de 2013, o Converge tocou na festa de 100 edições da *Decibel* e rolou uma participação do John Baizley, do Baroness, na música "Coral Blue". Ele também fez um discurso bem emocionado na ocasião, agradecendo a vocês e o seu último disco, que teriam sido a inspiração para ele voltar a tocar após o grave acidente que ele e a banda sofreram em 2012. Vocês já se conheciam há bastante tempo? E como foi ouvir isso dele?
Nate: Conheço o John há alguns bons anos. Já levamos o Baroness para fazer tours com a gente e somos amigos desde então, ele é um ótimo cara. Eu lembro quando o acidente aconteceu e fiquei sabendo antes mesmo de sair na imprensa, porque alguns amigos de amigos nossos estavam no ônibus com o Baroness. Então, eu descobri e fiquei louco, tipo ligando e mandando mensagens no dia do acidente. Acho que sempre houve uma conexão entre as nossas bandas. Quando ele fez aquela espécie de discurso no show, eu quase chorei, não vou mentir. Eu estava tentando não chorar (risos). E então vê-lo no palco, tocando com a gente, foi simplesmente incrível. Ele estava muito feliz e isso também me deixou feliz. Foi uma experiência realmente legal. Um ponto alto deste ano, com certeza. Na verdade, esse foi um dos meus momentos favoritos em todo o meu tempo com o Converge. Foi muito legal.

Você já pensou em ter o John participando de algo do Converge ou fazer um projeto com ele?
Nate: John e eu falamos sobre fazer um projeto juntos há um bom tempo. É apenas uma questão de fazer acontecer. Ele é um cara muito ocupado, e eu também estou assim ultimamente. Não duvido que vá acontecer um dia, mas não posso dizer exatamente quando.

Você tem músicas favoritas para tocar ao vivo com as suas bandas, Converge, Old Man Gloom e Doomriders?
Nate: Ah, cara. Essa é difícil, pois costuma mudar. Nós saímos em turnê e tocamos o mesmo *set* por meses e então eu não quero ouvir nunca mais nenhuma dessas músicas. Do disco mais novo do Converge, eu realmente gosto de tocar "Glacial Place". Hmm, o que mais eu gosto de tocar? Ah, adoro tocar "Aimless Arrow". Sempre que me perguntam essas coisas eu tenho um branco e fico "Eu não sei, eu não sei" (risos). Lembrei de outra: realmente gosto de tocar "You Fail Me". Sei que o Kurt não gosta de tocar porque ele não faz muita coisa na guitarra, mas tem algo em tocar o mesmo *riff* repetidamente... Eu não sei, você vai para um lugar diferente. Isso é algo que gosto muito. E é uma das coisas que gosto no Old Man Gloom também. Falando nisso, com o OMG acho que todas as músicas novas que estamos tocando (do disco *No*). Gosto muito delas. Coisas como "Common Species" e "To Carry the Flame". Adoro tocar "Zozobra", porque – como disse antes – você consegue ir pra outra dimensão, entrar na batida. E com o Doomriders...acho que gosto de tocar tudo. Gosto muito da "Come Alive". Acho que "Come Alive" e "Lions" provavelmente são as minhas duas favoritas para tocar ao vivo.

Como você divide o seu tempo entre as três bandas? Imagino que o Converge seja a prioridade.
Nate: O Converge meio que mapeia o nosso ano, de forma simples. Porque o Kurt fica muito ocupado gravando outras bandas. Então ele pode chegar e dizer: "Essas são as datas em que estarei gravando e nesses outros meses estarei livre". E então respondemos: "Ok, é nessa época que vamos fazer shows". Então isso é bem fácil de resolver. O Old Man Gloom é apenas uma questão de tempo e saber quando os caras estão livres. É apenas uma questão de dizer: "E aí, por que não fazemos uma tour de duas semanas neste ano?". E então pegamos um

tempo para trabalhar nisso. É bem tranquilo. E a mesma coisa com o Doomriders. Todos os outros caras da banda têm empregos normais, famílias e coisas do tipo. Então nós fazemos o que queremos e quando queremos. Se recebermos uma oferta para fazer algo legal e pudermos fazer, então vamos lá.

O Converge já está habituado a tocar em festivais maiores, mas vocês continuam tocando em locais menores, mais underground. Você tem alguma preferência?
Nate: Sempre prefiro tocar em lugares menores. Sempre. Em casas de show pequenas não há barreiras. Esse é o nosso lugar. O Converge já tocou em vários festivais grandes na Europa e é realmente algo legal de fazer. É uma dicotomia bastante interessante, em relação ao nosso background e de onde nós viemos, como uma banda. Mas, no fim das contas, não acho que o nosso som seja bem "traduzido" para palcos enormes, esses enormes sistemas de PA para locais abertos. Sinto que para você vivenciar de verdade a nossa banda, precisa estar lá, bem perto. Porque a energia que é criada entre a banda e o público, com o público devolvendo isso, é o que torna nossos shows tão divertidos e memoráveis. E você meio que perde isso nos festivais maiores. Sabe, é algo muito lisonjeiro quando você é convidado para tocar nesses eventos. Mas resumindo, não sinto que seja o lugar onde a nossa banda se sinta mais confortável.

Nós falamos um pouco sobre o Old Man Gloom. Queria saber como foi voltar a tocar com os caras cerca de oito anos após o último disco de vocês, o *Christmas* (2004)?
Nate: Foi ótimo poder finalmente tocar de novo com esses caras. Nós continuamos sendo amigos esse tempo todo, mas o Aaron [Turner] esteve muito ocupado com o Isis, eu com o Converge, o Caleb [Scofield] com o Cave In e tendo uma família. Apenas não conseguimos fazer funcionar nesse período. Mas agora podemos fazer isso e quando voltamos a tocar foi como se não tivesse passado nem um dia. Foi simplesmente divertido.

Como foi compor e gravar o *No* (2012)? É provavelmente o disco mais pesado de vocês.
Nate: Foi divertido fazer o disco. O lance com o Old Man Gloom é que musicalmente nós não temos nenhuma regra. E, nesse álbum em especial, não tínha-

mos escrito muito material antes da gravação. Então Aaron e Santos [Montano, baterista da banda] vieram para Boston uns três ou quatro dias antes de começarmos a gravar. Fomos para o lugar de ensaios e falamos uns para os outros: "Ok, mostre suas músicas". E todos responderam: "Não escrevi nenhuma música" (risos). Então falamos: "Está bem, temos quatro dias para escrever esse disco inteiro. Vamos fazer isso". E então nossa regra era: não jogar fora nenhuma ideia, não importa o quanto ela pareça idiota. E, se começarmos a escrever uma música que fique muito "cativante", temos que colocar algo no meio que ferre com tudo (risos).

Acho que vocês se saíram bem nisso, já que é um disco muito "feio" (risos).
Nate: (Risos) Obrigado, obrigado mesmo. Tenho orgulho do disco.

O Old Man Gloom é considerado uma espécie de "supergrupo". Já rolou algum tipo de pressão por causa disso?
Nate: Não, não. Nenhuma pressão. Nós não ligamos, só estamos fazendo isso porque é divertido. Se as pessoas gostarem, legal. Se não, está bem também, o que seja.

Falando nisso, o que você pensa desses outros chamados "supergrupos", como Down e Shrinebuilder?
Nate: Acho que são ótimos. E não acho que foram formados pensando nisso. Acho que eles apenas são amigos que gostam de fazer música juntos, assim como acontece no Old Man Gloom. As pessoas procuram pelas coisas erradas quando olham para essas bandas. Quando o Shrinebuilder lança um disco, as pessoas ficam: "Ah, é o cara do Neurosis, o Wino e o Dale Crover. Deve ser a coisa mais pesada da história". E eles querem que seja esse disco que "derreta seu cérebro". Ok, é um ótimo disco. Mas as pessoas ouvem pelos motivos errados. Não estou muito interessado que minha cabeça exploda quando escuto um disco deles, mas sim em como eles trabalham juntos. Ver o que o Wino traz para o Dale Crover. Sabe o que eu quero dizer? Estou interessado apenas em ouvir o processo, mais do que em ouvir o produto final, se isso faz sentido. É a mesma coisa com o Old Man Gloom. Acho que o processo é mais importante do que o produto final.

Agora quero saber três discos que mudaram a sua vida e por que eles fizeram isso.
Nate: Ah, cara. Você está realmente me fazendo algumas perguntas difíceis aqui. Mas vamos lá. Diria que o primeiro é o *Embrace* (1987). Até esse ponto, punk e hardcore eram pra mim essa coisa realmente agressiva, quase juvenil, muito nervosa. E o Embrace era muito diferente disso tudo em todos os níveis. Musicalmente era muito mais progressivo, mais avançado. E quanto às letras, era agressivo, mas inteligente ao mesmo tempo. Até hoje, as letras daquele disco continuam fortes. E a música é ótima, as músicas são sensacionais. Provavelmente está no meu Top 3 de discos favoritos.
Hmm, vamos ver. Outro disco que mudou a minha vida... Ah, esse é engraçado. Está preparado? O *Joshua Tree* (1987), do U2. Esse é o segundo disco na minha lista de favoritos de todos os tempos. Também acho que seja musicalmente e liricamente perfeito. Quando eu era criança, esse foi um dos primeiros discos que me fizeram perceber que a música não era apenas um barulho em segundo plano para você dançar ou que você coloca enquanto faz outra coisa. Essa foi a primeira vez que eu percebi que a música podia afetar as pessoas.

Não sei se você sabia, mas o Max Cavalera revelou recentemente que o disco *War* (1983), do U2, foi uma das principais influências dele para escrever as letras do *Beneath the Remains* (1989).
Nate: Uau, isso é muito legal. Não sabia disso. É isso aí! Eu e o Max (risos)! Interesses em comum. Bom para ele. Isso é ótimo.

E o terceiro disco?
Nate: Putz, deixa eu ver. Pronto, aqui vamos nós. Vou dizer o *Satiate* (1994), do Avail. Porque o Avail era uma banda meio que local, e foi a primeira banda que conheci que agendava os próprios shows, lançava os seus discos, e esse em especial me marcou. O Avail foi a banda que me influenciou a sair e tocar.

Falando no começo, o que veio primeiro, a guitarra ou o baixo? E quantos anos você tinha?
Nate: Comecei tocando guitarra. Acho que uns 13 anos, algo assim.

Você tinha algum "guitar hero" na época?
Nate: Acho que sim. Quer dizer, todo adolescente nos EUA adorava Metallica. Então, Kirk Hamett e James Hetfield. E eu já tinha descoberto o punk e o hardcore naquela época, por isso gostava muito do Greg Ginn. O que mais? O Brian Baker, do Minor Threat. Queria ser igual esses caras do punk/hardcore. E é por isso que não sei fazer solos (risos).

Acha que o fato de ter começado a tocar guitarra antes influenciou diretamente no modo como toca baixo hoje em dia?
Nate: Absolutamente. Acho que ter tocado guitarra primeiro realmente influenciou o meu jeito de tocar baixo, minha maneira de encarar isso. Nunca fui um baixista que queria aparecer, sempre estive mais interessado em destruir tudo junto com a bateria. E acho que o fato de ter tocado com muitas outras pessoas enquanto ainda estava na guitarra me fez ter consciência disso. Então, isso foi uma grande influência em mim. Mas também influenciou tecnicamente na maneira como toco baixo, o jeito como "ataco" o instrumento, já que tento ser muito mais agressivo do que outros baixistas. E isso é porque eu adorava Black Flag, Bad Brains, aquele som de baixo bem pesado que "cortava" tudo. Mas ainda era encaixado com a bateria. Fico feliz de ter tocado guitarra antes do baixo.

Aliás, o que você acha do Black Flag ter voltado com duas formações diferentes?
Nate: Cara, qualquer coisa. Quem se importa? Se as pessoas querem tocar umas com as outras, então devem fazer isso. E quem quiser vê-los ao vivo, também deve fazer isso. Não importa para mim. Você pode pensar demais no assunto e ficar muito nervoso ou feliz com isso, mas não importa. Não estamos em 1984 e o *My War* não acabou de ser lançado. É uma época diferente, esses caras estão mais velhos e querem tocar, então deixe-os tocar.

Ultimamente temos visto algumas gravadoras independentes fecharem, como é o caso da Hydra Head. Qual sua opinião sobre as pessoas baixarem a música das suas bandas e de outros artistas sem pagar nada?
Nate: Tenho sentimentos misturados quanto a isso. Você não pode evitar, vai acontecer, não importa o que seja feito. Você só tem de aceitar e descobrir uma nova maneira de divulgar sua música aí fora. Mas, por outro lado, como alguém

que sobrevive de música, pode ser um tapa na cara algumas vezes. As pessoas simplesmente fazem o download do seu disco ao invés de comprá-lo. Se você quer que os artistas que você gosta continuem criando é preciso apoiá-los. Esse é o resumo. E não fico necessariamente bravo com esse lance dos downloads, mas ao mesmo tempo eu ainda compro discos. Ainda apoio as bandas que gosto, mesmo que sejam meus amigos e eles provavelmente me dariam o disco.

E vê alguma solução no horizonte? Talvez o vinil voltando, com as versões digitais na web e embutidas em discos e vinis?
Nate: Definitivamente gosto da ideia do vinil com a versão digital. Acho que é uma das melhores coisas para se fazer no momento. Sei que algumas bandas estão fazendo coisas como comprar um ingresso para o show e ganhar um código para baixar o novo disco deles. Eu realmente não sei qual a solução. Sinto que já chegou tão longe que é tipo: "O que você pode fazer?". Não sei, tento não me preocupar com isso. Só vou continuar tocando e é isso aí. Deixe acabarem com tudo, quem se importa? (risos)

Entrevistei o Kenneth Thomas, que dirigiu o documentário Blood, Sweat + Vinyl. Como foi participar do filme? Chegou a ver, gostou?
Nate: Ele filmou recentemente alguns shows do Old Man Gloom nos EUA. Ainda não sei exatamente o que vamos fazer com esse material, mas sei que ele publicou um vídeo na página dele. Não me envolvo muito com essas coisas, apenas deixo o Aaron decidir, ele sempre tem ideias muito boas. Sobre o filme, confesso que não assisti até hoje. Não foi exibido em Boston. Mas foi muito divertido participar do documentário, conversar com o Kenneth e tudo mais, ele é um ótimo cara. Gostaria de te dar uma resposta melhor do que essa.

Além da música de outras pessoas, o que mais é um influência para você na hora de compor?
Nate: Ah, livros, filmes, tudo na verdade. Às vezes estou dirigindo, alguém me corta e o cara tem um adesivo ofensivo no vidro do carro, só preciso disso (risos). Tipo um adesivo ultra conversador, ou racista, e digo: "Ok, vou escrever uma música sobre esse filho da mãe!" (risos).

Algum livro ou filme em especial?
Nate: Estou sempre lendo alguma coisa. Agora estou lendo um livro chamado *Fingerprints of the Gods*, de Graham Hancock. É bem interessante, especialmente se você curte esses lances de conspiração e tudo mais. A maioria das coisas é *nonsense*, mas ainda é muito divertido. Gosto de ler coisas assim, são legais para ter ideias de letras. E filmes favoritos... David Lynch, assisto qualquer filme dele. Também gosto muito dos filmes do John Waters. E também adoro filmes estúpidos dos anos 1980, posso ficar assistindo o dia inteiro.

Você já foi convidado para tocar no Brasil e na América do Sul com o Converge?
Nate: Acho que rolaram conversas, mas nunca uma oferta formal. É algo que queremos fazer há bastante tempo e ainda não conseguimos. Não sei se seria viável financeiramente [para o produtor do show]. Também não sabemos com quem falar. Algumas bandas de amigos já foram e nos apontaram a direção, só precisamos fazer acontecer. Como eu disse, todos estão tão ocupados e tem sido difícil conseguir fazer acontecer. Mas todos nós queremos isso de verdade.

A última. Do que você mais tem orgulho na sua carreira?
Nate: Honestamente, acho que apenas ter conseguido continuar. E não sinto que já tenha gravado um disco do qual não possa me orgulhar. Posso "defender" tudo o que já fiz, nesse sentido. E não acho que muitas pessoas possam fazer isso. Tenho muito orgulho disso, e também do fato de que continuamos fazendo isso e continuamos felizes com o que fazemos.

BOTCH

Brian Cook (baixista do Russian Circles e ex-Botch e These Arms Are Snakes) – entrevista feita em setembro de 2013

Tocar em uma das principais bandas de hardcore torto das últimas décadas já seria motivo de orgulho para qualquer um. Mas Brian Cook, ex-baixista do Botch, resolveu ir bem além ao montar o These Arms Are Snakes e depois entrar para o Russian Circles, provavelmente o principal nome de pós-rock/pós-metal instrumental da atualidade, juntamente com os conterrâneos do Pelican, mais puxados para o metal.

Por isso tudo, essa era uma entrevista essencial para o livro. E a hora não podia ter sido melhor, alguns dias antes do Russian Circles lançar o seu ótimo disco *Memorial* (2013) e cair em uma turnê europeia com a Chelsea Wolfe, que, inclusive, gravou uma participação no mais novo álbum dos caras.

Na entrevista (bem longa) a seguir, o cara falou principalmente sobre como foi ser o último a entrar no Russian Circles, a cena de música estranha e instrumental de Chicago, além de lembrar as gravações do clássico *We Are the Romans* (1999), do Botch, e todos aqueles títulos bizarros e engraçados das músicas da banda de Seattle.

Qual o seu sentimento sobre o disco novo do Russian Circles, o *Memorial*, agora que ele está para ser lançado?
Brian: Estou bem animado. Porque levamos muito tempo escrevendo essas músicas, e depois mais um tempo no estúdio. Acho que estamos "sentados" nele há uns quatro meses. Mal posso esperar para que outras pessoas o escutem. Foi um disco meio estressante de ser feito. Porque costumávamos fazer discos em pouco tempo. Era tipo ensaiar, ensaiar e então ir para o estúdio e correr. Aí acabávamos ficando com um disco que era imperfeito e com falhas. Mas agora conseguimos mais tempo no estúdio para poder reexaminar o que fizemos e tudo mais. Isso era algo que deveria deixar o processo menos estressante, mas aconteceu o contrário, já que foi ainda mais estressante do que a "correria" com a qual estávamos acostumados. Porque você tem todas essas oportunidades de pensar pela segunda vez no que está fazendo, pensar demais sobre as coisas. É um tipo diferente de estresse.

Pelas músicas que ouvi até agora ("Deficit" e "Memorial"), pareceu ser algo mais sombrio e *dark* do que seus trabalhos anteriores. Foi algo consciente seguir essa direção ou esse estresse do processo acabou influenciando no material?

Brian: Nós definitivamente não fizemos o disco com uma noção pré-concebida de como ele iria soar. Apenas escrevemos e vemos o tipo de material que agrada a todos na banda e isso meio que se torna o disco. É um pouco estranho, porque às vezes, à medida que escrevemos um disco, pensamos que esse álbum tem um determinado clima ou *vibe* geral. Mas, depois que terminamos de gravar e voltamos para ouvir o material, acaba sendo algo diferente do que pensávamos que seria. Isso aconteceu com nosso penúltimo disco, o *Empros* (2011). Nós realmente pensamos que estávamos escrevendo um disco mais "suave" à medida que íamos produzindo o material. Não sei exatamente porque pensamos isso, já que a maioria das músicas daquele disco são bem pesadas. Acho que pensamos assim porque o disco tem algumas intros e umas partes mais suaves. Mas acabamos escrevendo algumas das nossas faixas mais obscuras e pesadas, que acabaram mudando toda a dinâmica do álbum. E foi meio isso que aconteceu dessa vez. Para mim, o disco novo estava parecendo bem metal, enquanto trabalhávamos nele. Quase ao ponto de ficar impressionado por estar escrevendo o disco mais metal da minha vida adulta. Tenho 36 anos, é meio estranho. E, depois de terminar o álbum, ao olhar para trás, acho que há algumas músicas bem diretas, pesadas e cruas, mas também há muito material mais "paciente", com nuances e que se baseia um pouco mais em construir uma tensão ao invés de "entrar com tudo". É estranho. Não acho que seja algo muito longe do que já fizemos no passado; não acho que o produto final seja deliberadamente algo tão melodramático. Mas, quando escuto agora, fico meio impressionado, e penso: "Nós acabamos escrevendo um disco que é mais 'calmo', dark, mas não tão puxado para o rock como fizemos anteriormente".

E como foi gravar com a Chelsea Wolfe no disco? Vocês já escreveram a música pensando na voz dela?

Brian: Essa música foi basicamente escrita para a Chelsea. Fizemos uma tour com ela no ano passado [2012], nos EUA, e achamos que ela era um tipo de "espírito semelhante". Foi uma daquelas coisas que você percebe logo de cara. Sabíamos que queríamos colaborar com ela de alguma forma, e ela mencionou que queria trabalhar conosco. Foi algo muito natural e suave de acontecer. O Mike [Sullivan, guitarrista] criou algumas linhas de guitarra e trabalhou nisso comigo e com o Dave [Turncrantz, baterista]. Aí enviamos para a Chelsea e literalmente duas horas após enviar a demo, ela nos enviou o vocal gravado, sem nenhuma falha. De todas as músicas do disco, essa provavelmente foi a mais fácil de escrever, tudo correu de maneira muito tranquila. Definitivamente não é algo que vamos fazer muito no futuro porque gostamos de manter a banda baseada em nós três. Mas, em termos de experiência e de tentar algo novo, acho que tudo correu muito bem.

Existe algum outro cantor ou cantora com quem vocês gostariam de trabalhar no futuro?
Brian: Na verdade, não. O lance sobre ser uma banda instrumental é que não foi uma decisão consciente, do tipo pensar em fazer uma banda instrumental. Eles queriam ter um cantor originalmente [Brian só entrou na banda em 2008], mas isso acabou não dando certo. Mas acho que, para o que fazemos, seria muito difícil achar um cantor capaz de expandir para diferentes climas sem ficar meio brega e melodramático. Gosto de muitos tipos diferentes de vocal, mas pessoas que conseguem dominar muitos estilos são raras. O fato de termos essas partes mais pesadas e metal, e outras mais bonitas, automaticamente faria com que tivéssemos alguém que fosse gritar metade do tempo e cantar na outra metade. E esse lance de ficar entre gritar e cantar não me agrada muito mais. Bandas como o Cave In, no começo, eram ótimas em fazer isso. Mas é uma fórmula que acabou corrompida por muitas bandas ruins. Seria muito difícil [achar um vocalista para o Russian Circles].

Como foi a mudança de uma banda como o Botch, e o These Arms Are Snakes, para o Russian Circles? O clima, o fato de não ter um vocalista e tudo mais, foi muito diferente?
Brian: Em algumas maneiras sim, mas em outras não. Por exemplo, tanto o Botch quanto o These Arms Are Snakes eram bandas que realmente se construíam em torno do instrumental. Em ambas, era basicamente um guitarrista, um baixista e um baterista criando a base da música, escrevendo *riffs*, partes, fazendo músicas, e então os vocais eram meio que "a cereja no

bolo", eram a última adição. E tanto Dave quanto Steve, os vocalistas dessas bandas, certamente ajudavam bastante na parte criativa e de estrutura. Mas as músicas realmente nunca eram escritas em torno de ideias vocais, mas em torno de linhas de guitarra, ideias de bateria, ou de baixo. Não há muita diferença nesse sentido entre as três bandas, apenas que no Russian Circles esse componente final [voz] não é adicionado na composição. Então, criativamente não há muita diferença entre as bandas. Onde há muita diferença é nos shows, já que o Botch e o These Arms Are Snakes eram bandas muito agressivas, que realmente tentavam gerar essa onda de caos, criando músicas que pareciam como se as coisas estivessem desmoronando. E a presença do vocalista era algo que impulsionava aquela violência e aquela energia ao vivo. Com o Russian Circles, somos muito mais focados em precisão e em criar um som que tenha um crescimento, do que simplesmente em criar algo violento e fora de controle.

Como é o processo de composição no Russian Circles? Quero dizer, vocês lançam um disco a cada dois anos, em média.
Brian: Bem, o que normalmente acontece com o Russian Circles é que o Mike está sempre aparecendo com ideias. E Mike e Dave moram em Chicago; eu atualmente moro em Nova York. Mas eu sempre morei em uma cidade diferente deles, de qualquer maneira. Mike trabalha em um monte de coisas, ele escreve enquanto estamos em turnê, e acaba "acumulando" ideias. Então ele manda essas ideias para mim e para o Dave, e nós vamos pegando o que gostamos. E aí ele e o Dave ensaiam e fazem demos dessas músicas. Então eu viajo para Chicago para tocarmos. E aí escrevemos e editamos as coisas. Isso é algo que costumamos fazer. Fazemos muita edição de ideias, mesmo depois das músicas estarem prontas. Trabalhamos nelas constantemente, mudando as coisas. Nós acabamos entrando nesse ciclo de dois anos entre cada disco porque sempre que um álbum é lançado acabamos ficando mais ou menos um ano fazendo shows. E, como não vivemos na mesma cidade, não nos encontramos para escrever material. Só vou para o lugar de ensaios quando temos de nos preparar para uma turnê. E depois que a turnê acaba, pegamos mais sério para trabalhar no material novo, vou para Chicago e tudo mais. Por isso, sempre acaba levando cerca de dois anos para o disco ficar pronto.

Você está na banda desde 2008, certo? Já se sente "em casa" após todos esses anos?
Brian: Sim. Mas, para mim, a banda sempre será focada em torno do Mike e do Dave. Realmente acho que a mágica da banda está na dinâmica entre os dois. Entrei na banda para gravar o Station (2008), mas apenas algumas semanas antes da gravação do disco. Fiz tudo no baixo bem de última hora. E foi só após um ano, um ano e meio na estrada que entrei formalmente para a banda. Até então, eu era apenas um cara que estava ocupando a vaga de baixista. E, mesmo achando que todos nós colocamos a mesma quantidade de trabalho, criatividade e críticas na banda, eu realmente penso que a dinâmica principal e mais importante fica entre o Dave e o Mike. Eles se conhecem desde crianças, começaram a banda e tudo mais. Definitivamente me sinto em casa, mas também sinto que meu papel é ajudar Mike e Dave a mostrarem as suas visões.

Por que Chicago tem bandas instrumentais tão boas, como vocês e o Pelican? Há uma espécie de cena nesse sentido na cidade? Ou apenas não existem bons vocalistas?
Brian: (Risos) Eu não sei. Chicago sempre teve uma história de ter bandas de rock fora do comum e com um som mais pesado. Talvez porque a Touch and Go [influente gravadora dos anos 1990] fosse de lá. Você tinha bandas como Don Caballero, que era de Pittsburgh, mas foi lançada pela Touch and Go e parecia quase como parte da cena de Chicago. Acho que esse tipo de som cerebral, fora do comum e mais pesado sempre teve um lugar em Chicago. O lance realmente incrível sobre o Pelican é que eles eram basicamente uma banda de metal [no começo], mas eles não eram como esses caras cabeludos e que chamam a atenção. Eles eram uns caras totalmente normais, que começaram essa banda e deram certo. Talvez por ser aquela coisa de "lugar certo e hora certa", mas eles vingaram. Eles tiveram um impacto bem grande no que estava acontecendo em Chicago e até em um nível nacional. Muito disso foi simplesmente porque eles meio que simplificaram a fórmula, sabe? A música pesada underground estava ficando mais e mais "inteligente" e complicada. Pessoalmente, eu estava perdendo muito interesse em música pesada porque sentia que muito da diversão estava sendo tirada com esses "exercícios" e com a corrida para saber quem escrevia a música mais "matemática" e complicada. Então o Pelican apareceu com essas músicas simples e pesadas, e eles nem tinham um vocalista. Eles

sabiam como a estrutura essencial de uma música pesada devia ser e apenas "martelaram" nisso, especialmente nos primeiros discos. Era algo do tipo: "É apenas isso que você precisa para ter uma boa música pesada". Apenas escreva um *riff* bom e fique nisso. E isso teve um impacto forte em Chicago, não necessariamente para fazer surgir um monte de bandas instrumentais, mas no sentido de que eles lembraram às pessoas o que constituía a música de qualidade. E tem muita coisa boa rolando em Chicago atualmente. Não acho que seja tudo estritamente instrumental, mas está sempre fugindo dos clichês da música pesada atual.

Falando um pouco sobre o Botch. Qual o seu sentimento ao olhar atualmente para o We Are the Romans (1999), quase 15 anos após o lançamento? Vocês sabiam na época que estavam criando esse disco que seria falado tanto tempo depois?
Brian: Quando estávamos nessa fase na banda, tínhamos muitas discussões sobre o que queríamos fazer musicalmente. Uma das coisas que tínhamos consciência é que não deveríamos tentar soar como as grandes bandas da época – tipo Snapcase, Earth Crisis e Integrity –, pois isso poderia "emburrecer" a nossa música. Sentíamos que precisávamos fazer o nosso próprio lance, sem a preocupação de agradar as pessoas, porque era algo que realmente nos deixava animados. Era uma visão bem pouco ortodoxa. E apenas esperávamos que as pessoas eventualmente entenderiam isso. Quero dizer, nós costumávamos brincar que poderíamos escrever um disco igual aos álbuns do Snapcase, e seríamos muito mais populares, mas éramos meio teimosos. Queríamos nos desafiar. Quando fomos fazer o *We Are the Romans*, não éramos uma banda conhecida. Na última turnê que tínhamos feito, no ano anterior, a maioria das noites tinha cerca de 40 pessoas na plateia. Não tínhamos nenhum tipo de ideia de que éramos uma banda importante ou uma banda da qual as pessoas ainda falariam dez anos depois. Mas nós entramos para fazer aquele disco esperando que faríamos um disco que ainda seria interessante algum tempo depois. Bandas como o Fugazi e o Dead Kennedys fizeram discos dos quais as pessoas ainda falavam cinco, dez ou quinze anos depois de lançados. Para mim, isso era muito mais importante e compensador do que fazer um disco que as pessoas ficassem muito animadas no ano que foi lançado e depois fosse esquecido. Sabíamos que o *We Are the Romans* era esse disco meio estranho, mas estávamos

muito animados com ele. E pensávamos que era um álbum ambicioso e que estávamos fazendo muitas coisas que nunca tinham sido feitas antes. Para nós era algo como: "Meu Deus, ninguém nunca pensou em fazer isso. Isso é incrível". E o fato de o disco ter ido tão bem é algo do qual tenho muito orgulho. Fico muito feliz pelo lance de as pessoas ainda gostarem daquele disco. O fato de ainda existir procura por ele é realmente incrível. Definitivamente não foi uma coisa da noite para o dia. Continuamos a fazer turnês para 40 pessoas por noite. Saímos em tour no ano seguinte e foi a mesma coisa. Foi apenas perto do fim da banda, quando estávamos ficando sem ideias e de saco cheio uns dos outros, que os shows começaram a ir bem. Mas, infelizmente, penso que naquele ponto a banda já estava acabando e acho que realmente não apreciamos o fato de que a banda estava dando certo. Ficou cada um na sua, meio que numa corrida criativa. Acabamos terminando no que deve ter sido o pico da nossa popularidade. Decidimos que era melhor parar e manter o que fizemos no passado.

Já pensaram em voltar para um show ou coisa do tipo? Imagino que já existiram ofertas desse tipo...
Brian: Sim, recebemos ofertas de vez em quando. Existem pessoas na banda interessadas em fazer isso e existem pessoas na banda que não estão realmente interessadas em fazer isso. Por um tempo, eu apenas dizia às pessoas que nunca faríamos uma reunião, que isso não aconteceria. Mas, agora, como há pessoas na banda que realmente querem que isso aconteça em algum momento, estou tentando não ser tão negativo sobre dizer se há uma possibilidade disso acontecer. Pessoalmente, tenho muito orgulho do que fizemos e sou feliz pelo legado que a banda deixou. Fico feliz pelo último disco que lançamos e pelo último show que fizemos. Creio que tudo se encerrou de uma maneira legal. Por isso, a ideia de fazer outro show e mexer com o legado da banda não tem um apelo real para mim. Simplesmente porque não quero estragar algo bom. Acho que, em especial, pelo fato de eu ter continuado tocando música desde que a banda acabou, não há realmente um desejo forte de tocar aquelas músicas novamente, apenas porque a adrenalina que eu tinha ao tocar aquelas músicas é algo que continuo tendo ao fazer isso regularmente com as minhas bandas. E tem outros caras na banda que não tiveram essa oportunidade [de continuar tocando] e também penso que há uma demanda por isso, nós recebemos ofer-

tas ocasionalmente para fazer reuniões. Mas, se isso fosse acontecer algum dia, teria de ser para algo muito especial. Teria de ser um conjunto muito específico de circunstâncias. Até porque exigiria muito trabalho e muito tempo. Para reabrir o livro do Botch teria de aparecer a oportunidade para a banda fazer algo que nunca teve a chance enquanto estava em atividade. Eu não sei (risos). Não é algo que me deixa super animado. Mas, pensando nos outros caras, estou tentando ficar aberto a sugestões.

Vocês sempre tiveram alguns nomes de músicas engraçados e fiquei sabendo que você era a mente por trás da maioria deles. Como surgiam esses nomes, como "C. Thomas Howell as The Soul Man"?
Brian: Esses tipos de títulos meio que se desenvolveram ao longo da nossa carreira. Os nossos primeiros EPs tinham músicas com títulos bem diretos, como "Contraction" e "In Spite of This" [ambas do EP *Faction*, de 1995], mais naquele estilo hardcore e tudo mais. Esse era o lance que prevalecia no hardcore na época, ter essas palavras mais pesadas como títulos. E, para nós, os títulos eram meio difíceis, já que não tínhamos refrãos para cantar junto nem nada desse tipo. Por isso, nunca havia um nome óbvio para dar às músicas. Muitas vezes eram apenas frases estranhas que nós usávamos na banda. Em muitos casos, especialmente com o *We Are the Romans*, acho que os títulos ficaram mais elaborados e estranhos. Costumavam ter uns tipos de referências não muito claras sobre como a música foi feita. Por exemplo, "C. Thomas Howell as The Soul Man". Quando estávamos fazendo essa música no lugar de ensaios, costumávamos nos referir a ela como a "música do tapping" ("The Tapping Song"), porque tem uma parte em que o nosso guitarrista, o Dave, fazia tappings – por isso, era a "música do tapping". Então, quando chegou a hora de fazer demos das músicas, abreviamos o nome para "Taps". E alguém fez uma piada sobre como o *Taps*, que é um filme dos anos 1980, tinha o C. Thomas Howell no elenco. Aí começamos a chamar a música, de brincadeira, de "C. Thomas Howell starring in Taps". E então alguém nos informou que o C. Thomas Howell na verdade não estava nesse filme. E o único filme que conhecíamos do C. Thomas Howell era *The Soul Man*. Então acabou virando "C. Thomas Howell as The Soul Man". Esse é um processo bem extenso e nebuloso para criar o título de uma música.

Mas essa música também foi uma referência a uma banda meio controversa de Chicago que existia no final dos anos 1990, chamada Racetraitor. Eles eram uma banda de hardcore muito politizada, que falava bem diretamente de questões de privilégios e raça, tanto na sociedade quanto no hardcore, e eles tinham uma postura bem agressiva quanto a isso. Tanto que chegava ao ponto de parecer algo que não era sincero, mas sim um "truque". Como se a música fosse algo secundário. E essa música era meio que sobre isso: se a sua banda é toda baseada em um "truque", a atração por isso acaba uma hora. E, se a música não é boa, você não apenas está desperdiçando seu tempo, como também não faz nenhum favor para a sua causa política. Sinto-me mal dizendo isso agora, porque não quero falar coisas ruins sobre o Racetraitor, mas eles eram a banda que usávamos como exemplo de uma banda política que tinha uma ideologia bem direta e agressiva, sobre a qual era baseada toda a reputação deles. Por isso, pensamos que era engraçado que o C. Thomas Howell, no filme *Soul Man*... Não sei se você conhece o filme, mas é uma comédia muito ruim dos anos 1980 sobre um cara branco que toma várias pílulas de bronzeamento para se disfarçar como um homem negro, mas ele definitivamente não sabe o que está fazendo. Então pensamos que havia esse paralelo estranho entre o Racetraitor, que era uma banda que falava muito sobre os privilégios dos brancos, e o título da música que, inadvertidamente, também acabou sendo um comentário sobre os privilégios dos brancos. E era basicamente assim que surgiam esses títulos estranhos das músicas do Botch, a partir de combinações bem complicadas de piadas e referências internas, que também tinham duplo sentido.

Você acha que o *We Are the Romans*, junto como *Calculating Infinity* (1999), do The Dillinger Escape Plan, abriu as portas para esse hardcore "fora do padrão" do que acontecia à época? Ah, e teve também o *Jane Doe* (2001), do Converge...
Brian: Não sei... É difícil realmente afirmar qual o papel do *We Are the Romans* nesse tipo de trajetória. Como eu estava muito envolvido com o álbum, não consigo ter essa perspectiva de fora. Mas o Dillinger e o Converge eram bons amigos da gente. Lembro que conhecemos o Dillinger em 1998, quando eles estavam fazendo a turnê do [EP] *Under the Running Board* (1998). E depois fizemos uma tour com eles na Europa, em 2000, logo após o lançamento do *Calculating Infinity*. Acho que havia uma espécie de "competição saudável" entre

as duas bandas, mesmo achando que tínhamos abordagens diferentes para a música que tocávamos. O Dillinger queria ser muito extremo em termos técnicos e na maneira como estava "orquestrando" o caos. No Botch, estávamos mais interessados em fazer essas músicas a partir de ideias que não deviam ser musicais e que não deviam ser "pegajosas" ou com "ganchos", mas torná-las músicas dinâmicas e emocionais, de alguma maneira. Mesmo com as guitarras sendo "feias" e dissonantes, elas te puxavam para dentro de alguma forma. E, mesmo com os ritmos não sendo 4×4 ou algo mais tradicional, você ainda podia curti-los com a cabeça. Então, acho que estávamos querendo sair do caos para criar algo que parecia desestruturado e com "gancho", enquanto que o Dillinger era essa banda incrivelmente técnica e disciplinada que estava tentando levar a música o máximo possível para o caos. Por isso, não estávamos competindo para alcançar o mesmo fim, mas acho que houve muita influência em termos de estilo. Definitivamente diria que havia uma competição saudável, em termos de uma banda querer superar a outra para tocar da forma mais pesada e agressiva possível. E foi uma turnê incrível. Apesar de não termos tocado tanto com eles [desde então], somos amigos e acho que fazíamos parte da mesma cena. E, quando você faz parte da mesma cena, uma banda sempre acaba "alimentando" a outra.

Agora quero que você me diga três discos que mudaram a sua vida e por que eles fizeram isso.
Brian: Três discos, deixe-me pensar. O primeiro provavelmente seria o *Plastic Surgery Disasters* (1982), do Dead Kennedys. Esse foi o primeiro disco de punk que eu tive. E, mesmo além do punk, foi o primeiro disco de rock mais pesado que realmente fez sentido para mim. Pelo que me lembro, comprei esse disco quando estava na sétima série. Naquela época, as bandas de rock que faziam sucesso eram Mötley Crüe, Guns N Roses, e eu meio que gostava dessas bandas, mas não comprava os discos delas, porque não achava que eram tão boas ou interessantes. Não era algo que eu queria ouvir de novo, sabe? Mas quando ouvi o Dead Kennedys pela primeira vez, foi algo tão estranho e feio, e que não fez nenhum sentido para mim. É meio aquilo que falei do Botch antes. Você tem todas essas coisas que não deveriam ser musicais, que são apenas "feias" e dissonantes, mas, de alguma forma, você consegue um "gancho" a partir de toda

essa feiura. Esse disco realmente mudou minha visão sobre música e como a música podia ser feita. Por isso, esse disco foi meio crucial na minha vida.

O segundo disco seria... Na verdade, não seria exatamente um disco, mas uma banda de hardcore de Seattle chamada Undertow. Essa banda foi a primeira que eu vi ao vivo com um som realmente brutal e catártico e, ao mesmo tempo, muito acessíveis como pessoas. Eu estava no colegial quando eles estavam na ativa e lançaram um disco chamado At Both Ends (1994), que foi um álbum que me influenciou muito. Assistia ao show deles quase todo fim de semana na região do estado de Washington. Eles tocavam para 50, 60, 70 pessoas, mas faziam shows muito intensos e realmente esmagadores. E eles falavam sobre temas pesados, como religiões organizadas, suicídio e outras coisas, e eu não estava acostumado a ver as outras bandas falando sobre isso. Ir assistir aos shows deles quase que semanalmente foi o que me fez ficar ligado na cena hardcore local, e foi onde o Botch começou. Não acho que o Botch seria uma banda se o Undertow não tivesse existido. E não estaria tocando música se não fosse pelo Botch. Por isso, diria que o Undertow foi extremamente importante para mim.

E o meu terceiro disco seria o Blood on the Tracks (1975), do Bob Dylan. O Dylan é um ícone gigante do rock, mas só conheci esse disco na faculdade. Nessa época, só ouvia punk e hardcore. Se não fosse alto e barulhento, e carregado de um viés político, provavelmente não ouvia. O disco [do Dylan] não deve ter custado mais do que 7 dólares e não entrava nesses parâmetros que citei antes. Meu irmão me apresentou o Blood on the Tracks e, por qualquer razão que seja, esse disco realmente deu um "clique" em mim, tirando-me desse período da minha vida bem fechado musicalmente e lembrando-me que havia outro tipo de música aí fora. Que existiam outras maneiras de expressar as coisas em que você acredita. Esse disco foi realmente crucial por me lembrar disso.

Quantos anos você tinha quando começou a tocar baixo e quais eram suas influências na época?

Brian: Comecei a tocar baixo aos 14 anos. E gostava muito de Fugazi, Minutemen, Pixies e Dead Kennedys. Gostava muito de punk, mas acho que gravitava em torno de bandas que tinham baixistas que faziam coisas mais simples (risos). O Mike Watt, do Minutemen, era um baixista que fazia coisas bem diretas. O Klaus Flouride, do Dead Kennedys, fazia as "notas raiz" com o East Bay Ray, enquanto que em outras vezes ele fazia uns *leads* bem legais, mas que eram fáceis o bastante para um iniciante conseguir pegar, sem deixar de serem inteligentes e interessantes. E o Joe Lally, do Fugazi, era um baixista que também gostava bastante porque conseguia misturar diversas influências e estilos sem parecer forçado como muitas bandas de "punk funk" do início dos anos 1990. Essas eram as minhas principais influências quando comecei.

Ah, tenho que perguntar essa. Conhece alguma banda brasileira?
Brian: Conheço apenas aquelas que todo mundo conhece, como Os Mutantes, Sepultura, Ratos de Porão... Mas não sou muito bem informado sobre música brasileira, infelizmente. Era muito fã de Sepultura, do *Beneath the Remains* (1989), do *Arise* (1991), sempre gostei da "veia" punk que eles tinham. Mas acho que o *Chaos AD* (1993) foi o disco que me fez realmente ficar "ligado" neles. Gosto muito desse disco, com aqueles *riffs* bem pesados e simples, mas sólidos – no estilo daquela banda que falei anteriormente, o Undertow.

Qual sua opinião sobre as pessoas baixarem as músicas das suas bandas e de outros artistas sem pagar nada? Acha que é a principal razão para o fechamento de gravadoras independentes, como a Hydra Head?
Brian: Não, não acho que seja a principal razão. É uma pergunta difícil. Essa era do compartilhamento de arquivos realmente permitiu que as pessoas expandissem seus conhecimentos de música. Não acho que estaríamos tendo essa conversa se não fosse pelo compartilhamento de arquivos. Imagino que não deve ser fácil achar nossos discos aí no Brasil. Aliás, qualquer pessoa que não more em uma grande cidade dos EUA terá dificuldades para encontrar os nossos discos. Por isso, acho que o fato de podermos fazer turnês pelo mundo é um benefício do compartilhamento de arquivos na Internet. Não tenho nenhum problema com as pessoas baixarem discos na web. O que me incomoda um pouco é que muitas vezes as pessoas adotam essa ideia de que elas não deveriam pagar por música e ponto final. E isso me incomoda. Porque entendo você baixar porque não pode pagar ou coisa do tipo. Mas sei que tem muita gente que tem totais condições de pagar pelo disco, mas prefere baixar. Se você é fã de alguma coisa, deveria ajudar esse artista de alguma forma; comprando o disco dele, por exemplo. Para que o artista que você gosta possa continuar fazendo

música. Felizmente, para uma banda como nós, que faz muitos shows, a maior parte da nossa receita vem das turnês. Isso não nos afetou de nenhuma maneira negativa, apenas nos ajudou. Mas o que me incomoda é que essa prática acabou sendo prejudicial para muitas gravadoras, como a própria Hydra Head. Mas isso não acontece apenas por causa da Internet. Existem muitos fatores diferentes que podem afetar uma gravadora. Sei que tem muita gente aí fora que concorda com a ideia das bandas não lançarem mais discos físicos, mas apenas material na Internet, algo como uma música de cada vez. Mas nada se compara a ter o seu material lançado em disco. Ainda tenho todos os meus discos da Hydra Head, por exemplo. São verdadeiras obras de arte. Acho que toda a mídia e cultura devem ser disponibilizadas em artefatos físicos e não apenas em arquivos liberados pela Apple e outras empresas. Definitivamente é uma questão estranha. Certamente sou grato por todos os downloads dos nossos discos, e espero que as pessoas escutem e compartilhem com seus amigos e conhecidos. Mas também espero que as pessoas continuem comprando CDs e vinis quando tiverem a oportunidade.

Do que você tem mais orgulho na sua carreira?
Brian: Essa é difícil. Acho que seria o fato de que consegui continuar, sabe? Muitos discos que eu amo foram feitos por pessoas que fizeram um ou dois discos e então a banda acaba e depois você nunca mais ouve falar deles. Sempre fico triste, pensando em como seria se essa pessoa pudesse ter continuado tocando. Gosto de muitos discos que foram feitos por pessoas abaixo dos 30 [anos], mas também existem discos que me marcaram muito que foram feitos quando os artistas já eram mais velhos. Acho que as pessoas sentem dificuldades em conseguir equilibrar o dia-a-dia, a responsabilidade de ser adulto, cuidar de si mesmo e da sua família, e ainda fazer música. Tive sorte o bastante para conseguir navegar por essa fase e ainda conseguir fazer música, gravar discos e sair em turnês. É incrível: tenho 36 anos e ainda posso fazer o que amo.

THE DILLINGER ESCAPE PLAN

Ben Weinman (guitarrista do The Dillinger Escape Plan) – entrevista feita em outubro de 2013

Surgido como um trem desgovernado vindo diretamente de Nova Jersey, o Dillinger Escape Plan sempre tocou um som extremamente agressivo e ajudou a reformular o hardcore no fim dos anos 1990 juntamente com o Converge e o Botch, ao lançar o álbum *Calculating Infinity* (1999).

Conhecida pela técnica apurada, que lhe rendeu o rótulo de mathcore, a banda nomeada em homenagem ao famoso ladrão dos anos 1920/30 acabou ganhando mais e mais influências com o passar do tempo, incluindo até melodias pop, principalmente após a entrada do vocalista Greg Puciato, no início dos anos 2000.

No final de 2013, pude falar por telefone com o guitarrista e fundador do DEP, Ben Weinman, em meio a turnê europeia da banda para divulgar o seu quinto disco de estúdio, *One of Us is The Killer* (2013). Na conversa, falamos sobre a vontade da banda tocar no Brasil, sua relação com os discos que gravou, as dificuldades de manter relacionamentos quando se está em uma banda, entre outras coisas.

E aí Ben, tudo bem? Deve estar cansado, já que vocês acabaram de tocar, certo?
Ben: E aí! Isso mesmo, acabamos de tocar. Mas sem problemas, estou feliz que finalmente conseguimos fazer a entrevista.

E como a turnê está indo?
Ben: Está indo bem, tem sido muito boa. Ainda temos quase um mês pela frente, estamos tocando há apenas uma semana. Os shows estão indo muito bem. Estou até surpreso, para falar a verdade, já que estamos tocando em alguns lugares que tocamos pouco ou nunca viemos.

E quais os planos para depois da tour? Dar uma parada nos EUA e cuidar de outras coisas?
Ben: Sim, vamos fazer uma pequena pausa. Nós temos projetos paralelos, coisas

em que estamos trabalhando, além de família e coisas do tipo. E provavelmente no começo do ano que vem vamos fazer mais shows, talvez pela Austrália. Mas é claro que estamos tentando ir para o Brasil o quanto antes.

Vocês tocaram na Colômbia recentemente, certo? Como foi?
Ben: Sim, nós tocamos! Foi a nossa primeira vez na América do Sul. Curtimos muito. Então, estamos tentando achar uma boa oportunidade para ir tocar no resto da América do Sul. Acho que é um dos únicos lugares onde não tocamos e realmente queremos tocar aí, incluindo o Brasil. Está bem no topo da nossa lista.

E vocês já foram convidados para tocar no Brasil alguma vez?
Ben: Ah, já tivemos alguma coisa aqui e ali, mas nunca deu certo. Tem sido um lugar difícil para nós irmos. Mas nós temos alguns bons amigos do Brasil, obviamente os caras do Sepultura.

E qual seu sentimento agora que o *One of Us is the Killer* (2013) já foi lançado? Você costuma ouvir os seus discos?
Ben: Não escuto esse disco faz algum tempo. Tentamos dar um tempo e não ouvir o disco, na verdade. Então fazemos turnês e tocamos bastante. E, então, uma vez ou outra voltamos a ouvir. É bem interessante ouvir com um ouvido muito mais objetivo. Normalmente não costumo ouvir um disco logo após gravá-lo. Porque ainda está muito próximo e não consigo ouvir de forma objetiva. Mas acho que vou fazer isso em breve (risos). Já está na hora de ouvir como ele soa de verdade.

Entre outras coisas, o novo disco fala sobre as dificuldades de manter um relacionamento, tema que também foi abordado no *Calculating Infinity* (1999). Você costuma pensar bastante sobre isso?
Ben: Sim, é um tema recorrente. Nossa banda faz muitas turnês, e é muito difícil manter relacionamentos – dentro e fora da banda. É algo muito conflitante e extremo quando você nunca está em casa e sempre está com os mesmos caras, o tempo todo. Ao mesmo tempo que você é apaixonado pela sua música, você está com pessoas que são diferentes e têm estilos de vida muito diferentes. E todas com um "filho" em comum, que é a sua música. E então você também tem algo em casa que está tentando manter, o que é muito difícil. Nós realmente

não nos relacionamos com ninguém. Não somos pessoas normais, não temos vidas normais, é difícil ir para casa. É uma situação complicada. Faço turnês de forma ativa há uns 15 anos. Nunca tive uma vida normal. Esse tipo de estresse no relacionamento é comum.

Alguma vez já pensou em dar um tempo com a banda?
Ben: Sim. Mas é meio difícil porque é tudo que fazemos. Este é o nosso trabalho, é a nossa vida. Não conhecemos nenhuma outra coisa de verdade. Mas fazemos algumas pausas, ainda que elas sejam usadas – em sua maioria – para a parte criativa. Ou seja, ou estou em casa fazendo música ou na estrada tocando. Nós vivemos meio que esses extremos. De modo que também posso ficar em casa o tempo todo, sem ir a lugar nenhum, escrevendo músicas por bastante tempo. Nós temos alguns "intervalos", quanto ao estilo de vida e a dinâmica da banda. Mas não parei de tocar ativamente no DEP desde o início da banda. Venho fazendo isso direto há anos. Então é difícil de imaginar [como seria ficar sem a banda].

Você acha que existe algum tipo de pressão sobre a banda para lançar sempre coisas "loucas" ou "diferentes", já que vocês ficaram conhecidos por isso?
Ben: Ah, acho que nos últimos anos os discos têm sido bem variados. Nesse momento, acho que as pessoas esperam algum nível de extremismo. Mas, ao mesmo tempo, elas nunca ficam surpresas quando há algo diferente no disco ou um "cruzado de esquerda", digamos. Mas os nossos discos ainda costumam ter uma boa dose de algo mais extremo, o que eu acho que muitas pessoas consideram a marca registrada do Dillinger ou algo do tipo. Por fazermos isso, por isso ser uma parte tão grande das nossas vidas, é muito importante adicionar essas dinâmicas e tocar todos os tipos de música, para ser algo que pareça real e honesto para nós.

Bom, você escreve a maior parte das músicas da banda. Como isso acontece? Você grava sozinho e manda para os caras ou costuma se encontrar com o Bill (Rymer, baterista) para isso?
Ben: Normalmente tenho a ideia inicial sozinho, e então trabalho nisso com o nosso baterista. Com certeza trabalhamos nisso, até porque o Dillinger é uma banda muito rítmica. Trabalhamos as ideias, definindo as coisas, aí fazemos

demos bem detalhadas e as mandamos para os outros caras trabalharem nas partes deles. Mas enfim, acho que o jeito normal é que eu começo tudo sozinho.

Vocês já gravaram um disco com o Mike Patton nos vocais e fizeram uma tour extensa com o Nine Inch Nails. Há outros ídolos com os quais também gostariam de trabalhar?
Ben: Sim. Milhares deles (risos). Muitos mesmo. Pessoalmente, no EP com o Mike Patton fizemos um cover do Aphex Twin e sempre fui um grande fã deles. Nunca trabalhei com o Richard James, do Aphex Twin, e isso seria muito legal. São tantos que é até difícil começar. Mas também adoraria fazer algo com a Björk (risos). Enfim, são muitos, é até difícil de lembrar agora.

Falei recentemente com o Brian Cook, ex-Botch, e ele falou sobre as tours do Botch com o DEP e disse que existia uma certa "competição saudável" entre as bandas nessa época. Você concorda com ele?
Ben: Sim, realmente sinto falta dessa época em que nós fazíamos vários shows com o Botch. Porque parece que isso não existe mais, [essa coisa] das bandas terem esse sentimento de camaradagem, de trabalhar junto, se ajudando. Antes, bandas como Converge, Botch e Dillinger faziam turnês juntos e uma impulsionava a outra, com uma competição bastante saudável, com um inspirando o outro. Ficávamos tão animados um com a música do outro...

Você pensa que discos como o *Calculating Infinity*, do DEP, *We Are the Romans*, do Botch, e *Jane Doe*, do Converge, mudaram a forma das pessoas verem o hardcore na época?
Ben: Esses foram discos muito influentes. E sim, acabaram tendo esse papel. Porque nessa época, metade dos anos 1990 até início dos anos 2000, bandas como a gente, o Botch e o Converge, estavam realmente cruzando metal e hardcore, visualizando a música de uma forma que não tinha sido feita antes. E a maioria dos ouvintes ainda estava com a mente bem fechada quanto às bandas que estavam cruzando os gêneros. Lembro que nessa época as pessoas tinham muita dificuldade em saber em qual categoria colocar a nossa banda. Por exemplo, bandas como o DEP ou o Botch deixavam as pessoas confusas. Porque soava um pouco como metal, mas nenhum de nós tinha cabelo com-

prido nem visual mais metal, digamos. Naquela época, as pessoas pensavam que tudo tinha de ser categorizado. Se elas não pudessem categorizar, não sabiam o que fazer com isso. Penso que bandas como a gente e o Botch realmente fizeram com que fosse algo "Ok" misturar esses tipos de música.

Você foi entrevistado para um episódio sobre metal progressivo da série de documentários Metal Evolution, do Sam Dunn. Você alguma vez pensou no DEP como uma banda de metal progressivo ou algo do tipo?
Ben: Ah, sim. Eu definitivamente entendo isso. Estamos empurrando as coisas, de uma maneira que não tenha sido necessariamente feita antes. Sempre penso mais na gente como uma banda de fusion. Apenas porque penso que estamos misturando diferentes estilos de música. Então acho que a descrição mais literal para o que somos é "fusion".

Quando você começou a banda, nos anos 1990, pensava que fossem ficar juntos por tanto tempo?
Ben: Não, não. Eu estava estudando na época, também tinha um emprego em tempo integral. O DEP era apenas algo divertido, uma distração. Nunca pensamos que seria uma carreira, nunca pensamos que iríamos viver escrevendo músicas. A intenção nunca foi que isso fosse uma profissão, mas apenas algo real e honesto. E aqui estamos, todos esses anos depois, ainda fazendo isso.

O disco *Calculating Infinity* foi o "ponto de virada" para a banda?
Ben: Tínhamos lançado apenas alguns EPs antes disso. Na época, fizemos uma turnê com o Mr. Bungle, o que foi incrível já que somos grandes fãs da banda. E isso criou um relacionamento entre a gente e o Mike Patton, que levou à gravação do EP com ele nos vocais. Estávamos sendo apresentados para um tipo totalmente novo de pessoas. Fizemos uma turnê na Europa com o System of a Down. Foram oportunidades que se apresentaram para a gente. O que é estranho, uma vez que a nossa música era bem diferente para a maioria das pessoas. Acho que tivemos ótimas oportunidades nessa época.

E qual foi o período mais difícil da banda?
Ben: Acho que o período de composição do *Ire Works* (2007). Porque estávamos

passando por várias mudanças. Nosso baterista, que estava na banda desde o início, saiu de forma inesperada [Chris Pennie]. Foi uma época estranha. Machuquei o meu braço nos shows; desloquei o meu ombro, o que me tirou de ação por alguns meses. Havia muito estresse dentro da banda nessa época. Então diria que essa foi a época mais difícil.

Três discos que mudaram a sua vida e por que eles fizeram isso.
Ben: Primeiro diria o *OK Computer* (1997), do Radiohead. Porque me mostrou que você podia ter uma música melódica, mas ao mesmo tempo bastante experimental. Deixe pensar em outro...Ah, o Cynic! Vamos ver qual disco. Acho que o *Focus* (1993) seria outro muito importante. E o último seria o *Fixation on a Co-Worker* (1995), do Deadguy.

Quais eram as suas influências na época em que você começou a tocar guitarra?
Ben: Comecei a tocar por volta dos 15 anos, mas ganhei minha primeira guitarra um pouco antes, com 13. No começo, tocava umas linhas de guitarra básicas, mais na pegada do Steve Ray Vaughn, Eric Clapton. Isso foi antes de eu começar a ouvir coisas mais pesadas. E então comecei a ouvir death metal, coisas como Deicide, Morbid Angel, Carcass. Depois foi a vez de entrar no punk/hardcore, de forma muito forte, especialmente nas cenas aqui dos EUA; a cena NYHC foi muito importante para mim. Meio que na mesma época também comecei a ouvir coisas mais puxadas para o progressivo, fusion e jazz, como Mahavishnu Orchestra, King Crimson, Miles Davis. Então acho que foi tudo isso que contribuiu para o som do DEP.

Agora é a última. Vocês são muito energéticos no palco. Já se quebrou muitas vezes?
Ben: Sim (risos). Aliás, há cerca de um mês quebrei meu pulso e fraturei meu quadril. Ainda estou me recuperando. Também já quebrei meu pé, machuquei meu pescoço. Foram muitas coisas (risos).

High on Fire
Corrosion of Conformity
Goatwhore
Lo-Pan

DEC 19 · SAN DIEGO, CA · BRICK B[...]

©2014 JOHN HOWARD MONKEYINK.COM

CAPÍTULO 7
JÁ FOMOS HARDCORE

CORROSION OF CONFORMITY | COLISEUM | CAVE IN

A influência do hardcore no chamado metal alternativo dos EUA está presente em todos os aspectos. Algumas bandas, inclusive, acabaram deixando essa maior influência do estilo no som para trás – ainda que não abandonada de vez – para experimentar com outras ideias, como o Corrosion of Conformity com o stoner, o Cave In com o "rock espacial" e o Coliseum com o que quer que eles estejam tocando hoje em dia.

CORROSION OF CONFORMITY

Mike Dean (baixista/vocalista do Corrosion of Conformity e baixista do Vista Chino, antigo Kyuss) – entrevista feita em janeiro de 2012

Conhecido tanto por seus seminais discos de crossover lançados nos anos 1980 quanto pelos ótimos álbuns stoner que saíram nas duas décadas seguintes (já com Pepper Keenan à frente dos vocais), o Corrosion of Conformity chegou aos 30 anos de carreira trazendo o melhor das suas duas fases principais.

Após o carismático Keenan resolver focar suas atenções no Down, o COC decidiu, em 2010, que era hora de retomar a formação em "power trio" do clássico *Animosity* (1985). Aliás, vale lembrar que Mike Dean (vocal e baixo), Woody Weatherman (guitarra) e Reed Mulin (bateria e vocais) também estiveram juntos com Keenan em vários discos da fase stoner da banda, como os favoritos da casa *Deliverance* (1994) e *Wiseblood* (1996), mas tinham aparecido sozinhos como um trio apenas no primeiro disco do grupo.

Em janeiro de 2012, cerca de um ano e meio antes de acontecer o tão esperado primeiro show do COC no Brasil, tive a chance de falar por telefone com a lenda viva Mike Dean, que desde 2013 também comanda as quatro cordas do Vista Chino (ex-Kyuss Lives), antes ocupadas por Nick Oliveri (ex-QOTSA).

Na conversa abaixo, feita enquanto Dean estava em sua casa em Raleigh, na Carolina do Norte, pudemos falar sobre o disco de volta da banda, que mistura muito bem todos os elementos que a tornaram tão conhecida. Falamos também sobre trabalhar no estúdio do Dave Grohl e participar do projeto Probot, a chance de Pepper voltar ao COC um dia, a amizade com os caras do Clutch, entre outros temas.

O novo disco (autointitulado) traz a formação clássica do *Animosity* (1985), sem o Pepper ou outro vocalista no seu lugar. Como foi fazer essa viagem de volta no tempo e se tornar um vocalista e um *frontman* de novo depois de tantos anos?
Mike: Bem, foi mesmo como voltar no tempo, mas indo para frente ao mesmo tempo. Foi algo bastante natural. Nós tínhamos diversas boas ideias para as músicas e só queríamos finalizá-las e lançá-las no disco. Então, éramos apenas nós três e funcionou bem. Por isso, foi uma boa decisão.

A sonoridade do álbum é meio que uma mistura entre as duas principais fases da banda, com e sem o Pepper. Foi algo natural surgir com essas faixas após tanto tempo sem tocar hardcore/crossover? Apenas a saída de Pepper abriu novas possibilidades?
Mike: Foi algo natural. Não somos bons em ser calculistas quanto aos nossos planos e o tipo de música que vamos fazer. Apenas começamos a escrever e a tocar músicas que nos interessam. E esperamos que elas fiquem boas e também acabem sendo interessantes para outras pessoas. E, dessa vez, acho que elas ficaram boas.

Como foi trabalhar com o John Custer novamente, uma vez que ele produziu quase todos os discos da banda desde *Blind* (1991)?
Mike: Foi muito bom. Na verdade, foi ainda melhor do que antes porque acho que ele estava em ótima forma. Dessa vez, a banda estava muito bem preparada. Antes mesmo de falarmos com John sobre produzir o disco, nós fizemos demos da maior parte do material e realmente trabalhamos nos arranjos. Assim, quando chegou a hora de gravar, estávamos muito bem preparados. Se as coisas estavam soando bem, ele [Custer] ficava de fora do processo e apenas escutava. E apenas fazia uma sugestão ou outra... Ele trabalhou principalmente quando chegou a hora de fazer *overdub* das guitarras, criar alguns solos [de guitarra] com Woody, e para gravar os vocais. Foi mais ou menos aí que ele trabalhou. E fez por merecer seu dinheiro: foi bom trabalhar com ele. Na mixagem eu trabalhei em conjunto com o engenheiro John Lasteau [que já trabalhou com o Foo Fighters] e com o próprio Custer. E funcionou muito bem. Lou fez um trabalho muito bom, especialmente na bateria, que foi a mixagem mais fácil.

Pois é, as músicas soam muito bem, pesadas e orgânicas.
Mike: É pesado, mas também é natural. É meio que uma versão orgânica do peso. Não há muita coisa no sentido de *samples* de bateria e coisas do tipo. Não queríamos que fosse perfeito: queríamos que fosse real.

Como vocês acabaram gravando no estúdio do Dave Grohl, chamado Studio 606? Vocês já o conheciam? Ou foi algo que surgiu a partir da sua participação no Probot (projeto de metal do ex-Nirvana)?
Mike: Conhecemos o Dave quando éramos muito jovens, em uma oportunidade

em que fizemos alguns shows em Washington, onde ele morava. Na verdade, ele morava perto de Washington DC e tocava numa banda chamada Dain Bramage. E ele conheceu o Reed, que enviou a demo do Dain Bramage para uma pequena gravadora que acabou lançando o material. Então, Dave ficou agradecido pelo Reed ter basicamente lhe conseguido um contrato de gravação, ainda que um muito pequeno e modesto. E depois Dave começou a tocar no Scream, onde ficou por um tempinho. E, depois disso, nós perdemos contato, e ele se tornou bastante famoso (risos). Alguns vários anos se passaram e então recebi esse convite para gravar com o Probot, para cantar no projeto. Fiz isso e gostei bastante, assim como gostei de todo o disco [o álbum traz nomes como Lemmy, Max Cavalera, Eric Wagner, Wino e King Diamond, entre outros]. Foi uma situação interessante: tive a chance de conhecer o pessoal da Southern Lord Records [que lançou o Probot] e isso abriu algumas portas. Mas acho que, na verdade, Reed foi a um show do Them Crooked Vultures na Geórgia e chamou a atenção de Dave. E foi aí que Dave disse que nós devíamos ir gravar no seu estúdio e que ele nos faria um preço bom. Achei que seria muito trabalhoso ir até a Califórnia para gravar, mas agora estou realmente feliz por termos seguido com isso porque nos levou para longe de todas as distrações cotidianas, e assim pudemos apenas nos focar na tarefa de gravar um disco.

O Dave Grohl contribuiu de alguma maneira com o disco, além de alugar o estúdio por um preço camarada?
Mike: Não, na verdade não. O Foo Fighters tinha acabado de lançar um disco (*Wasting Light*, de 2011) quando estávamos gravando. E depois eles estavam em turnê quando voltamos alguns meses mais tarde para fazer a mixagem. Então acabamos não cruzando com ele. Eu nem cheguei a ver o cara (risos).

Com qual frequência vocês costumam ensaiar? Os três ainda moram na mesma cidade?
Mike: Reed e eu ainda moramos em Raleigh, na Carolina do Norte, que é onde Reed nasceu, na verdade. E Woody mudou-se para um lugar a cerca de duas horas de distância de carro. Ele vive em uma fazenda. Às vezes dirigimos até lá e ensaiamos, apenas para sair daqui. Acabamos compondo grande parte do material para o disco na casa do Woody. Lá no alto das montanhas Blue Ridge.

Recentemente vocês estavam em turnê com o Clutch, de quem são amigos, certo? Como foram os shows e como o público reagiu às músicas novas?
Mike: Foram ótimos. Fico muito orgulhoso em dizer que o público do Clutch provavelmente gosta mais da gente do que os nossos próprios fãs (risos). Sempre que tocamos com o Clutch é muito divertido, sempre fazemos bons shows... E o público é realmente divertido e cabeça aberta. Acho que as músicas novas ficaram boas ao vivo. Essa mini-turnê com eles foi uma boa maneira de terminar o ano e nos prepararmos para iniciar a turnê para o novo disco.

Falando em shows, como está o *setlist* para a turnê? Estão tocando algo dos discos com o Pepper?
Mike: Não. O Pepper até veio e tocou algumas músicas conosco no Hellfest, na França, e em um show em Bilbao, na Espanha, no ano passado. Mas, basicamente, se ele não está por perto não tocamos essas músicas. Acho que algumas vezes faremos uma espécie de *medley* com algumas dessas faixas comigo e o Reed cantando. Mas agora tentamos focar no material novo, além das músicas mais velhas.

Só para esclarecer para os fãs aqui no Brasil: qual a situação oficial do Pepper na banda? Ele continua no COC?
Mike: Bem, é difícil definir. O jeito que eu coloco é o seguinte: se chegarmos ao ponto em que nossas agendas se alinhem, nós estaríamos muito interessados em fazer outro disco com ele. Fazer um álbum muito bom e sair tocando. Gostaríamos de fazer isso. Estamos totalmente abertos a tocar com ele. Foi muito legal quando fizemos esses shows com o Down. Havia uma vibração legal e isso me deixou muito feliz, foi muito divertido. Gostei muito de fazer o *In the Arms of God* [último disco de estúdio do COC com o Pepper, de 2005]. Criativamente esse foi um disco muito divertido de ser feito, mesmo com o Reed fora na época. E acho que no futuro a hora certa vai chegar para nos juntarmos mais uma vez.

E como isso funcionaria nos shows? Metade do set com você cantando e a outra parte com o Pepper?
Mike: Ah, estou aberto a tudo, sabe? E também tem o Reed, que tem uma ótima voz. Ele canta algumas faixas do novo disco: "Weaving Spiders Come Not Here", "What you become" e "Leeches". Ele faz um ótimo trabalho, por isso ele também entra nessa

parte, sempre cantando. Na verdade, ele também canta duas músicas no *Animosity*. Eu preciso tornar isso público já que estou recebendo esses elogios, com as pessoas me cumprimentando por algumas músicas que o Reed cantou (risos).

Eu vi um show de vocês no Maryland Deathfest de 2011 que me deixou impressionado. Como tem sido tocar novamente como um trio?
Mike: Bom, quando são apenas três pessoas tocando, você não tem onde se esconder... O Woody não tem a guitarra base do Pepper para se esconder caso ele cometa um erro, e não tem também uma outra guitarra bem alta cobrindo os meus erros. É tudo muito claro. Isso é bom quando você está afiado, mas pode ser um pesadelo se você não estiver (risos). É muito claro o que acontece para os dois lados. Então você precisa ter isso em mente. Mas é divertido. Agora tenho que tocar com mais distorção no baixo do que faria se houvesse uma segunda guitarra na banda. Porque preciso conseguir dar mais sustentação e levar um pouco mais de peso para o som. Por isso, tem sido interessante tentar usar isso e fazer essa formação em trio funcionar. Mas tem sido divertido, eu gosto. Definitivamente torna tudo mais fácil na hora de tocar as músicas mais rápidas porque fica mais preciso.

É clichê, mas vou perguntar mesmo assim: o que você sabe sobre música brasileira?
Mike: E vou responder apenas o óbvio: Sepultura. E Sérgio Mendes (risos).

Mas isso já é alguma coisa. Qual sua opinião sobre o Sepultura e o fato de eles também terem mudado bastante o som e a formação da banda com o passar dos anos?
Mike: Eu particularmente gosto do *Chaos AD* (1993) e o disco seguinte que foi muito famoso com toda a história indígena, com coisas como "Roots Bloody Roots". Isso era muito foda, além de algo com apelo comercial. Então, eu talvez seja culpado de pensar sobre eles da mesma maneira que as pessoas pensam sobre o COC. Se o Max não está mais na banda, você se pergunta se ainda é a mesma coisa. Mas ouvi alguns discos mais recentes e eles têm uma qualidade. Provavelmente preciso ter uma cabeça mais aberta sobre eles, mas há muita musicalidade no som da banda. A bateria em especial, para aquela época, foi algo revolucionário, assim como a produção dos discos. Foi algo muito grande. Muito, muito, muito influente em outros tipos de metal que eu prefiro não ouvir (risos). As ideias deles foram muito emprestadas e imitadas, mas nunca igualadas.

Em todos esses anos, você só ficou fora de apenas um álbum do COC, o *Blind*. Qual sua opinião sobre esse disco?
Mike: Lembro que saí do COC e, depois de alguns anos, ouvi diferentes relatos sobre os shows da banda e as novas músicas não ficarem muito boas, sabe? Eu não sabia se acreditava nisso ou não, mas então acabei ouvindo o *Blind*, e fiquei impressionado. Porque o disco representava muitas das coisas sobre as quais costumávamos falar, mesmo na época do *Animosity*. Nós costumávamos ouvir muito Deep Purple, Thin Lizzy e coisas desse tipo. E pensávamos que seria legal incorporar essas influências. E acho que chegou ao ponto em que eles finalmente encontraram um vocalista que podia fazia fazer isso, que era o Karl (Agell), e também encontraram um produtor que conseguiu ajudá-los a tornar isso realidade. Por isso, eu fiquei realmente impressionado. Eu não toquei no disco, mas ficaria muito orgulhoso se tivesse tocado.

E o que mais mudou nesses anos todos na sua opinião?
Mike: Acho que a indústria musical e o ambiente cultural e tecnológico, tudo isso mudou a forma como a música é consumida pelo ouvinte e como você leva sua música até ele. Com a Internet e tudo que temos à nossa disposição, em qualquer lugar e a qualquer momento. É como se fosse uma grande bênção, no sentido de você poder compartilhar música, poder falar comigo no telefone usando o Skype em vez de precisar gastar um monte de dinheiro com as operadoras. Acho isso muito positivo. Pelo lado negativo, ficou mais difícil vender produtos físicos, discos. Quem vai querer comprar algo se pode ter de graça? Mas essa tem sido uma transformação interessante com certeza. A música, de certa forma, pelo menos nos EUA, tornou-se uma parte menos importante da cultura. Ouvir música era uma parte importante do que fazíamos quando éramos jovens; colocar os fones de ouvido e descobrir esses ótimos discos de rock, hardcore e metal... E, agora, penso que os videogames e as mídias sociais e outras coisas do tipo meio que eclipsaram um pouco dessa proeminência da música. E isso é um pouco triste. Porque quando você escuta música e deixa sua mente "viajar", isso é algo bom para sua mente e para sua imaginação, ou sua criatividade, o que quer que você faça. Não é um evento inteiramente passivo, sabe?

Vocês vão lançar o novo álbum em vinil?
(nota: o disco acabou saindo em fevereiro de 2012.)
Mike: Sim, sim, definitivamente. Eu gosto de vinil, você pode segurar na mão, ler as letras, e ainda é seu após seu HD quebrar. Quando fizemos aquela música "Your Tomorrow", levamos o single em vinil para vender durante a turnê. E era legal, porque muitas pessoas que nem tinham uma vitrola acabaram comprando; é um objeto bonito.

Já que falamos há pouco sobre as mudanças na indústria musical, qual a sua opinião sobre as pessoas baixarem sua música muitas vezes sem pagar nada?
Mike: Bom, eu não sei. Acho que existe uma espécie de obrigação cômica de pagar por algo se você usou. Mas não acho que deveria ser [assim], não é algo que realmente me incomoda. Pessoalmente não vou fazer isso, porque tenho uma vida modesta tocando música. E seria hipócrita se eu fizesse downloads de graça. Mas não acho que seja algo muito importante. Penso que o dinheiro de verdade na indústria musical agora vem dos shows. Então, acho que a coisa certa é comprar, mas se você não tem dinheiro para isso, acho que é uma boa opção apenas baixar de graça (risos). Não posso pregar isso para as pessoas, mas tento pagar porque prefiro ter a cópia física. Eu sei que os arquivos (MP3) são mais convenientes porque podem ser levados para todo lugar, mas gosto de ter o vinil se puder.

Quais foram os três discos que mudaram a sua vida e por que?
Mike: Ok, o primeiro seria o *Paranoid* (1970), do Black Sabbath, porque eu estava no ginásio e tive sorte o bastante de ter irmãos mais velhos e suas coleções de discos. Por isso, tinha conhecimento de rock pesado mais antigo (e coisas do tipo) quando era mais novo. Lembro que inicialmente esse álbum não teve um grande impacto em mim. A primeira vez que isso aconteceu mesmo foi quando ouvi "Electric Funeral", por causa do pedal wah, sabe? E eu costumava andar por aí colocando e tirando os dedos do ouvido enquanto o professor falava, por isso parecia que ele tinha um pedal de wah na voz (risos). Isso explica o meu sucesso no mundo da educação (risos). Obrigado ao Tony Iommi e Geezer Butler por isso. E outro disco que realmente mudou minha vida provavelmente foi o primeiro do Bad Brains. Era um lançamento apenas em K7, em 1981. Era

o clássico primeiro disco amarelo deles, com "Pay to Cum" e todas essas coisas. Isso mudou a maneira como eu pensava o punk. E me fez pensar no estilo como algo com possibilidades reais, no sentido da musicalidade. Pois ia além do rock pesado e do hardcore em geral, também trazia coisas de música negra. E isso foi uma revelação para mim na época. E o último provavelmente seria o *Band of Gypsys* (1970), do Jimi Hendrix. Quero dizer, eu poderia ter dito algo como Led Zeppelin, mas esse é um bom exemplo de uma banda em trio. Quando voltei para o COC nos anos 1990, costumava ouvir muito o Billy Cox, o jeito dele tocar, e isso era algo que eu tentava alcançar. Você pode me perguntar isso de novo amanhã e vou responder três coisas totalmente diferentes, mas é isso por hoje.

Quais seriam suas principais influências como músico, já que você mudou bastante seu jeito de tocar com o passar dos anos?
Mike: Elas seriam John Paul Jones, do Led Zeppelin, Darryl Jenifer, do Bad Brains, e Geezer Butler, do Sabbath.

Você tem algum disco favorito com o COC?
Mike: Putz, essa é difícil. Gosto muito do *Deliverance* (1994) e do *Animosity* (1985), logo depois vem o *Wiseblood* (1996). E o *In the Arms of God* (2005) é um disco com coisas legais também. Mas acho que o novo álbum é o melhor na minha opinião.

Agora para terminar: você costuma pensar até quando quer continuar tocando? Tem algum plano nesse sentido, já que está com a banda há cerca de 25 anos?
Mike: Eu apenas sigo o que a vida me dá, e gostaria de continuar com esse lance do trio. E fazer muitos shows com esse disco e me ocupar com o próximo, antes que passe muito tempo. Sem o lance de dar um tempo ou algo do tipo, como já aconteceu com a gente. Apenas focar nisso, dar um passo de cada vez e ver até onde isso nos leva.

COLISEUM

Ryan Patterson (guitarrista e vocalista do Coliseum, artista visual e dono da loja virtual de camisetas e discos Shirt Killer) – entrevista feita em outubro de 2013

Com um som mais pesado até a metade da sua carreira, que beirava um crust meio melódico, o Coliseum é uma das poucas bandas que soube se reinventar e ficar ainda melhor. Desde o álbum *House With a Curse*, de 2010, o trio de Louisville, Kentucky, mesma cidade do Slint e do gonzo Hunter S. Thompson, conseguiu emplacar um som talvez mais calmo, mas com muito mais identidade e qualidade.

Após o disco *No Salvation* (2007), que contava com o ótimo baterista Chris Maggio, que depois tocou no Trap Them, o líder do Coliseum, Ryan Patterson, insatisfeito com o rumo da carreira da banda, decidiu assumir as rédeas para fazer o som que sempre quis. O ápice do grupo aconteceu em 2013 com o álbum *Sister Faith*, que mistura a agressividade do hardcore com influências pós-punk e uma pegada bastante inspirada no Fugazi.

Na entrevista abaixo, feita antes de uma tour com os amigos do Pelican, Patterson falou sobre a química entre os membros da banda, que se conhecem há bastante tempo, os piores comentários de fãs nos shows, os discos que inspiraram o começo do Coliseum, a importância das artes visuais no grupo, entre outras coisas.

Vamos começar falando do último disco do Coliseum, o *Sister Faith* (2013). Como você o vê agora que já foi lançado há algum tempo, cerca de seis meses? Pensa que é o melhor álbum da banda?
Ryan: Sim. Você sempre pensa que seu disco mais recente é o melhor. Definitivamente estou orgulhoso dele, é o meu favorito e o disco que quis fazer a minha vida toda. Talvez não especificamente, mas por ser algo representativo do que eu queria alcançar na música. Mas, nesse momento, penso que é o melhor disco que já fizemos. Isso até gravarmos um novo e eu pensar que esse é o melhor.

O fato de vocês já se conhecerem há algum tempo ajudou na hora de compor?
Ryan: Sim, com certeza. Kayhan e Carter se conhecem desde crianças. Não sei exatamente desde quando, mas com certeza já eram amigos na quarta série,

aos nove anos ou algo assim. Eles cresceram juntos como melhores amigos e isso faz uma diferença enorme, no sentido que a habilidade deles se comunicarem musicalmente é realmente incrível. Nós todos nos damos bem. O Kayhan já tinha sido nosso roadie antes de entrar para a banda, vendendo merchandise e tudo mais. Então, sim, isso realmente ajuda. E acho que personalidades diferentes se conectam de maneiras diferentes. Uma banda é como qualquer outro relacionamento. Algumas relações funcionam por muito tempo e outras não. Ou podem mudar depois de um tempo. Sempre tive um bom relacionamento com todo mundo que tocou na banda, mas algumas vezes suas prioridades mudam, ou sua perspectiva. E, às vezes, alguém sai da banda ou a banda pede para essa pessoa sair ou algo do tipo. Mas diria que este é o nosso melhor momento, o que é algo muito bom e relaxante. E fico muito agradecido por isso. Adoro tocar com o Carter e o Kayhan. Realmente gosto da companhia deles, o que é bom porque passamos muito tempo juntos (risos).

E como é o ritmo de ensaio de vocês? Pergunto isso porque vocês não moram mais na mesma cidade, certo?
Ryan: Isso mesmo. Realmente não ensaiamos muito. Uma vez que o disco foi lançado e estamos em turnê, não ensaiamos tanto. Passamos o *setlist* uma vez antes de sair para a *tour*. Se tiver alguma música antiga ou mais complicada que precisamos reaprender, então ensaiamos essa música logo antes de fazer a *tour*. Mas é claro que ficar fazendo shows é o melhor ensaio que você pode ter. Tocamos tantas vezes as músicas que você só precisa tocar uma vez para "tirar o pó" um pouquinho. Eu não lembrava certas partes de algumas músicas, por exemplo, mas era só começarmos a tocar que tudo corria perfeitamente. É assim que as coisas são. Quando estamos compondo, costumamos ensaiar bastante. Fazendo demos e coisas do tipo. Os caras vêm pra cá nos finais de semana e passamos muito mais tempo escrevendo coisas novas ao invés de tocar músicas antigas. Mas, em termos de passar o *setlist* toda semana ou algo parecido, não é algo que fazemos mesmo.

Vocês lançaram vários clipes do último disco, *Sister Faith*, e (algo como) metade deles teve como diretor o Max Moore. Como vocês conheceram o cara?
Ryan: Na verdade, o Max dirigiu dois dos vídeos do *Sister Faith* que fizemos até

o momento. Ele também é de Louisville [cidade natal da banda], e tocava baixo numa banda daqui. Eu o conhecia de shows locais, mas acabei conhecendo-o melhor através de um amigo de outra banda da cidade, que era próximo do Max. Ele é um cara muito talentoso, por isso pareceu natural trabalhar com ele. Na verdade, falei com ele na semana passada sobre fazer outro vídeo nosso. Adoraria trabalhar com ele de novo.

No clipe de "Bad Will" vocês estão tocando na rua e então aparece um carro de polícia e acaba com a festa. Como foi isso? Vocês chegaram a ser detidos?
Ryan: É, foi interessante. Nós fizemos esse show ilegal na rua e a polícia apareceu. Foi uma experiência legal, com certeza (risos). Nós realmente não sabíamos o que ia acontecer. Era o fim de uma exposição de arte em uma galeria local e nós apenas decidimos algo do tipo: "Foda-se! Vamos fazer o show". Acabou dando certo e não foram feitas acusações contra a gente. Ficou tudo bem.

Vi alguns comentários na Internet de pessoas reclamando da sonoridade da banda nos dois últimos discos, *House with a Curse* e *Sister Faith*. Você esperava esse tipo de comentário negativo quando decidiu por essa nova direção para a banda?
Ryan: Sim, acho que esperava isso. As pessoas gostam de reclamar e de focar no lado negativo das coisas. Não sei, penso que é um pouco estranha essa fixação sobre o que alguém costumava ser. Por exemplo, quando as pessoas seguem determinado artista que não faz nada de bom há muitos anos apenas porque ele fez alguma coisa boa em determinado ponto da carreira. Acho que o Danzig é um bom exemplo. Ou essa reunião do Black Flag. As pessoas vão em busca de algo que gostam muito, mas isso sempre acaba parecendo uma coisa "requentada". E, para mim, o sentido da vida é seguir em frente. Criar novas coisas, ter novas ideias. Não sei, é engraçado. Quando escuto o nosso primeiro disco hoje em dia, fico muito feliz e tenho muito orgulho dele. Acho que é muito legal o jeito como fizemos, o fato de que gravamos o disco numa garagem e tudo mais. Foi uma daquelas coisas espontâneas e estranhas. Fizemos o disco antes mesmo de fazer um show. E é legal. Depois disso, fizemos outras coisas que eram diferentes. Se tivéssemos feito a mesma coisa várias e várias vezes, quem teria ficado feliz com isso?

Se tivéssemos feito quatro discos rápidos, mais punk/hardcore, seria apenas mais do mesmo. Provavelmente ficaria pior, iria perder qualidade com o tempo, como acontece com muitas bandas que fazem isso. Eu simplesmente não estava interessado nisso. Após o [disco] *No Salvation* nós tínhamos entrado demais nesse lance mais metal. E eu não queria isso. Não sou um cara do metal, não é algo com o que cresci. Cresci com a Dischord, a SST. Sempre com punk, hardcore, indie rock, e coisas dos anos 1990. É esse quem eu sou. É óbvio que gosto de coisas no metal, existem muitas bandas boas. Mas isso não era algo que eu estava realmente confortável para fazer. Por isso, tomei uma decisão de tentar fazer algo diferente e que me representasse mais. E é para onde fomos com o *House with a Curse*. Mas está tranquilo, algumas pessoas vão gostar mais dos discos novos, outras não. Se tivéssemos feito a mesma coisa dos três primeiros discos, as pessoas iriam reclamar que não era tão bom quanto costumava ser. Alguém sempre vai reclamar sobre alguma coisa. Apenas não ligo, não dou ouvidos. Não é o que importa para mim. Agora as pessoas falam do *No Salvation*, mas ele não foi muito bem quando saiu. Não foi um disco muito bem-sucedido, para ser honesto (risos). Fizemos uma tour extensa, com vários shows ruins, mas não pareceu chamar a atenção das pessoas na época. E foi também numa época em que eu não estava feliz com o que estávamos fazendo. Por isso, mudamos para uma nova direção. E agora as pessoas vêm me falar sobre esse disco [*No Salvation*], dizendo que adoram o álbum e tal. Dizendo coisas como "Meus amigos odeiam vocês, porque nós gostamos muito daquele disco". Eu apenas não me importo, não ligo se eles me odeiam por isso. Eles não estavam lá quando o disco saiu; ou talvez até estivessem. Mas sempre tem esse lance de "você era melhor antes". Isso não me importa. Não chegaria em uma pessoa para falar "Ei cara, gostava mais do seu cabelo como estava antes" ou "Você era mais bonita no colegial, agora não está mais tão bem com 30 anos". Isso não é algo que você diz para uma pessoa apenas porque ela está em uma banda. As pessoas pensam que é normal falar isso. Algo como "essa pessoa não gosta mais de você" e eu falo "Tá bom" (risos). Mas eu sou uma pessoa. Adoro o que fiz antes e também o que estou fazendo agora. Tudo isso faz parte de mim, é o meu sangue, minha alma, tudo em mim. Acreditava no que fizemos, mas não quero fazer a mesma coisa sempre.

Falando nisso, recentemente você publicou algo como um "manual de conduta" para as pessoas nos shows. Tiveram algum problema nesse sentido?
Ryan: É, eu estava na van, entediado, e meio que de mau humor, acho que postei algo como "dicas de etiqueta". Definitivamente nunca publicaria regras, porque regras são algo que um professor ou um policial diria. Não diria regras para ninguém, as pessoas fazem o que quiserem. Quando você está em turnê com a sua banda, acontecem essas coisas que são tão surreais, tão cômicas, que às vezes você se pergunta como isso aconteceu. Uma vez um cara veio até nós depois de um show em San Diego e disse: "Vocês são ótimos, caras! Tenho um novo nome para vocês. Vocês precisam mudar de nome. Deviam se chamar Chaingang!". Eu só pensei algo como "foda-se". Agradeço a sugestão, mas não vamos fazer isso, nós somos o que somos. Não vou chegar em alguém e dizer: "Seu nome é Gareth, que horrível, você devia se chamar Mike". Essas coisas são muito estranhas. É claro que você é educado e tudo mais com todo mundo, a não ser que a pessoa seja idiota. Mas, nesse dia, por qualquer razão que seja, eu resolvi falar: "Essas são coisas engraçadas que aconteceram comigo e essas foram as minhas reações". Já vieram falar mal dos nossos discos várias vezes... Uma vez um cara veio dizer que nossos discos não soavam bem, não eram igual nossos shows e que devíamos gravar com o Kurt Ballou. Então eu disse que já gravamos com o Kurt Ballou, temos um disco com ele. Enfim, essas coisas são engraçadas, desde que as pessoas não façam nada de errado. As pessoas talvez estejam realmente tentando ser construtivas quando falam essas coisas. Ou talvez não percebam que há humanidade por trás da música, na banda ou no músico. Acho que talvez esqueçam disso e, por isso, dizem coisas que não falariam normalmente. Enfim, foi por isso que falei essas coisas no Twitter. Mas não no sentido de dizer o que cada um deve fazer. É só que eu tenho o direito de dizer que a pessoa está agindo de maneira estúpida, tanto quanto ela tem de falar que não gosta do meu som de guitarra.

Vocês já lançaram splits com bandas como Baroness, High on Fire e Doomriders. Você enxerga o Coliseum como parte de uma comunidade, uma "cena", digamos?
Ryan: Sinto que somos meio parte desse grupo de bandas que surgiu na mesma época, como Torche, Baroness, Kylesa e Doomriders. Penso que fazemos parte de uma comunidade bem tranquila, todos tocamos juntos, somos amigos. E isso é

muito legal, ficamos felizes de fazer parte disso. Mas, ao mesmo tempo, sinto que o Coliseum, e todas essas bandas, não ficam presas a apenas um gênero. Às vezes sinto que somos meio que um *outsider*, já que não somos tão pesados quanto essas bandas. Não nos encaixamos no lance do metal algumas vezes. Ao mesmo tempo, também tocamos com o Boris e o Russian Circles, que são bandas diferentes. Fizemos uma turnê com o Rise Against na Europa. Acho que somos sortudos de poder ir para todos os "lados", tocar com quem a gente quer. E também somos amigos de algumas bandas que nos inspiraram, coisas de Washington DC, por exemplo. Saímos em turnê com o Red Hare, pudemos gravar com o J. Robbins [Government Issue/Jawbox/Channels] recentemente. Acho que isso é algo que ajuda muito, mas também pode ser algo ruim. Como somos uma banda que não toca com ninguém, então não temos uma "casa" às vezes. As pessoas gostam de "compartimentar" as bandas, e isso é difícil de fazer com a gente. Na verdade, é difícil de fazer com qualquer banda. Então sim, penso que somos uma comunidade muito ligada ao Baroness, Doomriders, Torche e Kylesa, mas também penso que temos uma ligação forte com eles em termos de estilo.

Além de tocar com o Coliseum, você também trabalha como artista visual e é dono do site Shirt Killer, que vende camisetas e discos. Como você divide seu tempo?
Ryan: É um pouco difícil. Quando estou em turnê, é basicamente só o Coliseum. É realmente difícil fazer quase tudo na turnê, é meio que uma realidade alternativa, dirigindo o dia todo e ficando nos lugares dos shows à noite. Não consigo fazer muito do meu trabalho em turnê. E, em relação a Shirt Killer, eu tenho um sócio que cuida da maior parte dos negócios quando não estou em casa. Quando estou na cidade, vou para a Shirt Killer quase todas as manhãs, e empacoto pedidos, essas coisas, e faço muito trabalho da Shirt Killer em casa também; faço meus trabalhos de design quando posso. Sabe, não é tão difícil quando estou em casa. É uma vida bastante normal. A não ser quando tenho uma turnê, e aí fica mais difícil equilibrar as coisas. Mas fico agradecido por poder fazer todas essas coisas. Tentamos sempre manter um equilíbrio do tempo em turnê e em casa, sem fazer turnês muito maiores do que três ou quatro semanas, porque você pode perder um pouco o senso de quem você é. É difícil, mas fico agradecido por isso. É o que sempre quis fazer.

E o que veio antes na sua vida: a música ou as artes visuais?
Ryan: Eu não sei. Acho que as artes visuais. Eu desenhava muito quando era criança. Curtia pintar as capas do Minor Threat, aos 14 ou 15 anos. Sempre fui interessado em arte, mas sempre de uma forma conectada com a música. Quando era mais novo, sempre curtia copiar as capas de discos e tudo mais. Então, quando comecei a ter bandas, desde o início desenvolvia a parte visual de todas as minhas próprias fitas demo, por exemplo. Os logos e as capas. Por isso, sempre foi algo muito conectado. E mais ainda nos últimos anos. Quase todo o trabalho de design que fiz teve relação com a música: artes para a minha banda ou para bandas de outras pessoas, contratado por alguma gravadora. Venho tentando fazer mais da minha arte que não está ligada a isso. Para mim, é difícil conseguir fazer isso, conseguir separar as coisas. Se vou trabalhar numa pintura, preciso focar apenas nisso. Pelo menos é assim que funciona comigo. Mas tudo está muito ligado. Provavelmente ninguém ligaria para o meu trabalho como designer se não fosse pelo que fiz com a minha banda. Não consigo imaginar um sem o outro.

Qual sua opinião sobre outras bandas que também fazem suas próprias artes, como o Converge com o Jacob Bannon e o Baroness com o John Baizley? Pensa que essa ligação maior – com alguém da banda fazendo isso – torna a experiência do disco mais rica para o público?
Ryan: Com certeza. Penso que essa é uma parte muito legal da música. Os primeiros discos do Misfits tinham arte do Glenn Danzig. Então você tinha uma pessoa fazendo as músicas, as letras, tocando e também criando essa experiência visual. Isso é algo maravilhoso e meio exclusivo do punk. Tenho certeza que existem outros gêneros em que você encontre isso, mas quando estava crescendo não existiam muitas (ou talvez nenhuma) grandes bandas de rock fazendo suas próprias capas. Parecia que isso era algo do DIY e dos anos 1980 mesmo. Tenho certeza que existe alguém em que não estou pensando e fazia isso. Mas, no punk, se você era alguém que fazia arte/design, então você podia criar suas próprias capas e as camisetas da sua banda. É, acho que essa é uma parte muito importante da experiência. É por isso que não chamo ninguém para fazer as capas do Coliseum. Porque tenho uma visão e isso é parte da diversão. Algo que me deixa animado quando estou trabalhando em um disco novo. Porque sei que vou poder fazer a capa (risos).

Sempre faço essa pergunta. Queria saber três discos que mudaram a sua vida e por que eles fizeram isso.
Ryan: Três? Ok, estou pensando aqui. É uma pergunta bem difícil (risos). Não diria que é um disco que realmente mudou a minha vida, mas...Vou dar uma "trapaceada" aqui. Existem dois discos específicos que influenciaram o Coliseum, que me fizeram ver o que eu podia fazer. Eu tive bandas desde o colegial. E tocava mais guitarra porque não achava que era um bom vocalista. Mas não queria mais ser apenas um guitarrista porque não queria que as minhas bandas acabassem, queria poder controlar um pouco mais o meu destino. Por isso, decidi que tinha que ser guitarrista e vocalista. Além disso, queria poder dizer as minhas coisas nos shows. Só que eu não tinha certeza se podia realmente cantar... Não tinha essa confiança. E tem dois discos que ouvi muito nessa época, que me fizeram pensar, "Sabe o que mais? Eu posso fazer isso". Um deles é de uma banda chamada Avskum, da Suécia. O nome do disco é *In the Spirit of Mass Destruction* (2000). Era algo com vocais mais cheios, linhas melódicas na pegada hardcore d-beat, estava ouvindo muito isso na época, adorava o disco. E pensei: "Isso? Eu posso fazer isso. Posso cantar dessa maneira. Isso faz sentido para mim". E o outro era um disco do Born Dead Icons, que é uma banda de Montreal, no Canadá, com bastante influência de hardcore d-beat também. O disco, *Ruins* (2003), foi gravado quase que num porão, em oito canais. Adoro a música deles. É melódica, dark. Foi algo que pensei: "Posso fazer isso, gravar um disco quase sem dinheiro". Então escolho esses dois discos, não apenas em termos de estilo, mas pelo conceito de eu poder fazer isso. Além desses dois, existem muitos outros discos sensacionais, e poderia falar outra coisa daqui uma semana. Diria que o Fugazi mudou a minha vida, mas não consigo apontar apenas um disco. Talvez o *Repeater* (1990), porque foi o primeiro disco deles que eu comprei. Não é o meu disco favorito deles, mas definitivamente era o disco que eu olhava com mais carinho quando era mais jovem.

E você conhece alguma banda brasileira?
Ryan: Ratos de Porão. Mas acho que é isso. Ah, não sei se é conhecido no Brasil, mas conheço o filme *Orfeu Negro*. Adoro esse filme, sou um grande fã, de verdade. Penso que é um dos filmes mais bonitos já feitos.

Do que você tem mais orgulho na sua carreira?
Ryan: Tenho orgulho da música que eu fiz. Tenho muito orgulho do *Sister Faith*. Sinto que é o nosso disco que importa. E sinto que é um disco muito sincero. E talvez, quem sabe, que traz algo musicalmente que não está acontecendo agora. Quanto a minha vida, e a música que fazemos, fico muito impressionado por podermos fazer isso, viajar o mundo tocando. E não são muitas pessoas que possuem vários amigos de verdade no meio musical. E pude conhecer e ficar amigo de pessoas que eram meus heróis. Que eram fotos em discos, em um zine, o que seja. E pessoas como essas agora são meus amigos. Isso é algo muito legal, que nunca imaginei que fosse acontecer. Então, tem algumas coisas das quais tenho orgulho, coisas que fizemos. Algumas vezes estar em uma banda é uma luta, e pode se tornar mais e mais difícil. Por muitos anos eu só queria que a banda chegasse a um ponto em que não fosse uma luta para fazer as coisas. Mas ainda é uma luta (risos). E acho que sempre será difícil. Você sempre espera que tenha mais gente nos shows... Ou que mais algumas pessoas comprem o seu disco... Esse tipo de coisa. E quando está na banda há tanto tempo, você percebe que isso não vai realmente mudar. Definitivamente não existe sucesso da noite para o dia. Não é como se as coisas fossem melhorar muito no nosso próximo disco. É interessante estar em uma banda vista como "grande" ou algo do tipo, que é "conhecida" no mundo todo... Você conhece a gente, por exemplo, e nós ainda somos uma banda pequena e enfrentamos muitas dificuldades. Ainda temos muitos momentos ruins, de decepção. Sei lá, existem milhões bandas que adorariam estar no nosso lugar, poder fazer turnês como a gente, lançar discos e tudo mais. Então temos muita sorte. Em termos do público, definitivamente estou feliz com o que fizemos no Coliseum. Quanto aos discos, tenho muito orgulho do *Sister Faith* e do *Goddamage* [EP de 2005]: acho que foram nossas afirmações mais fortes. São as mais significativas para mim.

CAVE IN

Stephen Brodsky (vocalista e guitarrista do Cave In e Mutoid Man) – entrevista feita em agosto de 2013

Assim como San Francisco, Chicago, Nova Orleans e o estado da Geórgia, a região em torno de Boston é peça fundamental na cena de metal alternativo dos EUA, tendo gerado bandas como Isis, Converge e o Cave In, que começou como uma banda de hardcore com algumas melodias diferentes, para dizer o mínimo, e seguiu seu caminho para uma mistura disso tudo com um "rock progressivo espacial" da melhor qualidade, seja lá o que isso queira dizer.

Provavelmente a mais subestimada dessa trinca de bandas fundamentais de Boston, que juntas formam o recomendadíssimo supergrupo Old Man Gloom, o Cave In talvez sinta até hoje os efeitos negativos de ter ido para uma gravadora grande no início dos anos 2000, quando fez até turnês com o Foo Fighters e foi acusado de se "vender" por muita gente.

Para esclarecer tudo isso, resolvi escrever para o vocalista e guitarrista Stephen Brodsky, que concordou numa boa em responder à minha bateria de perguntas via e-mail. O cara contou como é dar aulas de guitarra para crianças, a influência da literatura e da mudança de Boston para NY na sua forma de compor, o peso de ter lançado o já clássico disco *Until Your Heart Stops* (1998) recém-saído da adolescência, e o futuro do Cave In, que está "na geladeira" há alguns anos, desde o ótimo *White Silence* (2011).

O que acha do seu último disco solo, *Hit or Mistery* (2013)? É o seu melhor trabalho sozinho?
Stephen: Estou feliz com ele. Penso que ter muitas pessoas envolvidas no processo realmente ajudou. Às vezes a ideia de fazer um disco solo é confundida com ter de fazer tudo sozinho. Ultimamente tem parecido quase impossível para mim fazer tudo completamente por conta própria sem ter arrependimentos depois.

Foi uma decisão consciente ir nessa direção mais suave, ou as músicas apenas saíram assim?
Stephen: Escrevi quase todos os arranjos e fiz a maioria das gravações no meu

apartamento. Fiz isso porque não tinha um lugar de ensaio no meu primeiro ano morando em Nova York. Naturalmente tive de tocar de forma mais calma. Penso que isso definitivamente causou um efeito na música que eu estava escrevendo.

Como tem sido a mudança de Boston para Nova York?
Stephen: Eu estava muito confortável vivendo em Boston. Foi meu lar por 14 anos. Agora tudo isso virou de cabeça para baixo. Há tanta coisa acontecendo em Nova York, com as pessoas aglomeradas em todos os lugares, agindo como se estivessem completamente perdidas em seus próprios mundos. E o custo de vida é tão alto que às vezes mal consigo me manter. Acho que consigo ver por que os artistas gostam de se "alimentar" desse tipo de ambiente, porque ele realmente aumenta seu instinto de sobrevivência.

Tem algum artista com o qual você ainda gostaria de tocar em uma nova banda ou projeto?
Stephen: Quando o The Mars Volta acabou, falei para um amigo que nós deveríamos tentar fazer o Cedric (Bixler-Zavala, vocalista da banda) começar uma banda com a gente. Também adoraria fazer aulas de piano com Harold Budd. Ou apenas fazer uma *jam* com ele.

Falando agora um pouco sobre o Cave In. Na turnê do *Antenna* (2003), vocês tocaram em alguns festivais grandes, como o Reading. Você prefere tocar em lugares pequenos ou maiores?
Stephen: Os dois ambientes são divertidos. Os shows menores são ótimos para fazer contato visual com o público e se conectar nesse nível. Os maiores são bons para correr pelo palco e sentir a brisa, além de observar o "por trás das cenas" e as operações insanamente complexas que algumas bandas possuem.

Você tem algum show ou turnê favorita com a banda?
Stephen: Tenho ótimas memórias da turnê Plea for Peace, em 2001. Tínhamos acabado de assinar com a RCA e era nosso "período de lua de mel" com uma grande gravadora. Então havia muitos comportamentos de comemoração nesses shows, como comportamentos desastrosos no palco e destruição de prédios abandonados nos arredores dos shows.

E como foi tocar com o Foo Fighters nessa época?
Stephen: Esses shows foram ótimos. Tivemos sorte e fizemos duas turnês com eles. A tour no Reino Unido foi algo muito especial. No fim de uma noite, lembro que tínhamos vendido algo como 400 cópias do CD *Tides of Tomorrow* (2002). Isso apenas pareceu uma quantidade incrível para uma banda de abertura em um show numa arena.

Mais uma pergunta sobre o *Antenna*. Vocês esperavam a reação negativa de alguns fãs quando estavam compondo o disco? E acha que as pessoas vão mudar de ideia sobre ele algum dia?
Stephen: Sim, nós passamos a esperar isso com praticamente todos os discos que fizemos! O velho ditado na banda é que para cada fã que perdemos, esperamos ganhar talvez outros dois.

Qual a situação atual do Cave In?
Stephen: Não tocamos juntos há mais de um ano. Mas, como pessoas e amigos, ainda fazemos parte um da vida do outro. Rolaram algumas conversas recentemente sobre criar novas músicas para o Cave In, o que parece estar deixando todos na banda animados para tocar novamente.

Como foi lançar um disco tão importante como o *Until Your Heart Stops* quando vocês eram tão jovens? Sentiram alguma pressão na época?
Stephen: Ser relativamente jovem na época definitivamente nos ajudou a ter a energia para escrever aquele tipo de material. Na época, nós estávamos basicamente vivendo e respirando a cena hardcore. Além disso, eu ainda era um membro do Converge, e muito do *UYHS* foi criado sob a influência de escrever e gravar o *When Forever Comes Crashing* (1998). Junte isso tudo com o suporte da Hydra Head, e acho que estávamos bem preparados para fazer um disco sólido.

Podemos considerar o *Jupiter* (2000) como um ponto de virada na carreira da banda, em que descobriram mais claramente o seu próprio som?
Stephen: De certa maneira, sim. Naquele ponto, a banda tinha finalmente se acertado com uma formação consistente. Então ficou mais fácil testar algumas ideias musicais que pareciam novas e interessantes na época.

Você tem algum disco favorito com o Cave In?
Stephen: Agora é provavelmente o *White Silence* (2011). Sei que é meio clichê para as pessoas falarem bem do seu disco mais novo ao invés do material mais antigo. Mas o lance é que o *White Silence* é igualmente dividido entre os quatro membros quanto à composição, vocais e instrumentação – por esse lado, é um disco muito único para o Cave In. Tenho uma fita cassete dele no meu carro, e admito sem nenhuma vergonha que escuto com frequência!

Quando começou a banda, imaginava que vocês fossem ficar juntos por tanto tempo?
Stephen: Pessoalmente, fiz um voto para mim mesmo que, sob todas as circunstâncias, o Cave In iria superar as crises e tentar continuar como uma banda. Mesmo aos 16 anos de idade, descobri que ter um pouco de paciência era algo importante se você quisesse tocar música fora do seu porão.

Aliás, qual o "segredo" para manter uma banda por tanto tempo? Acha que a relação entre vocês melhorou com o tempo?
Stephen: Você só tem que aceitar a onda de caos que vem junto com o fato de estar em uma banda, especialmente uma que atraia qualquer tipo de atenção. Atualmente, todos possuem vidas fora da banda, o que melhorou nosso relacionamento dentro da banda, uma vez que não temos mais tempo para perder com as coisas pequenas.

Agora um pouco sobre o Brasil. Conhece alguma banda daqui?
Stephen: Admito que estou um pouco atrás em relação à música moderna do Brasil. Mas quando era adolescente curtia muito o *Arise* (1991) e o *Beneath the Remains* (1989), do Sepultura. O vocalista original do Cave In, Jay Frechette, costumava me pedir para ensinar os *riffs* do Sepultura na guitarra. O Cave In já teve muitos "moshes" na van enquanto íamos de um show para outro ouvindo o *Roots* (1996) no último volume. E nos últimos anos passei a adorar Os Mutantes – eles são os Beatles do Brasil!

Três discos que mudaram a sua vida e por que eles fizeram isso.
Stephen: O *Ride the Lightning* (1984), do Metallica, foi o primeiro disco que realmente me assustou, desde a capa até a risada assustadora no final de "Fight

Fire With Fire". Depois o *The Real Thing* (1989), do Faith No More, me acertou tão em cheio que acabei com parte da audição de um ouvido por ficar escutando o disco muito perto das caixas de som. E, por fim, diria que as expressões artísticas no *Halo in a Haystack* (1993), do Converge, ajudaram a me converter em um completo devoto do punk/hardcore.

Quando começou a tocar guitarra? E quais eram as suas influências na época?
Stephen: Comecei quando tinha 12 ou 13 anos de idade. Meu pai foi uma grande influência – ele tocava bastante quando era mais jovem, então sempre havia uma guitarra em casa durante a minha infância/adolescência.

Qual a sua opinião sobre as pessoas que baixam músicas sem pagar nada? Acha que é a principal razão para o fim de gravadoras como a Hydra Head?
Stephen: A maioria das pessoas que conheço já fez isso. Eu também já fiz isso. E, se descobrir um disco que adoro, provavelmente vou comprar uma cópia, talvez em vinil ou fita K7. Não acho que seja certo culpar seus fãs por algo que atualmente torna a Internet tão incrível. No momento atual, fica a critério das pessoas que são donas de gravadoras encontrar maneiras criativas para entrar no futuro. E, para quem não cresceu com a Internet nas suas vidas durante a infância/adolescência, é desafiador pensar "fora da caixa". Mas nós simplesmente temos de fazer isso – a Internet não vai sumir, os formatos físicos de música não terão uma "volta" completa, e é muito fácil apenas ficar velho e amargo. Essa é a dura verdade – e, acredite em mim, também estou sentado sobre caixas de CDs que não foram vendidos.

E você vê alguma solução a longo/curto prazo?
Stephen: É difícil dizer. Melhores serviços de streaming? Ou talvez um sistema em que os fãs possam se inscrever diretamente para um artista, e garantir que vão receber uma determinada quantidade de material gravado/ao vivo por um certo período de tempo? Tenho a impressão de que não importa qual seja a solução, os artistas mais proficientes e produtivos são aqueles que vão se beneficiar mais – eles só precisam focar em encontrar maneiras para trabalhar o imediatismo da Internet em seu benefício.

No ano passado, fiz uma entrevista com o Kenneth Thomas, que dirigiu o documentário *Blood, Sweat + Vinyl*. Como foi participar das gravações?
Stephen: Foi legal. Kenneth parece ser um fã genuíno desse mundo. As filmagens que ele fez do Cave In foram realizadas mais de cinco anos antes de o filme ser finalizado. Eu posso respeitar esse tipo de dedicação a um projeto.

Li que você já estudou poesia. Como foi isso? Isso ajuda na hora de escrever suas letras? E quais são seus autores favoritos?
Stephen: Sim, [estudei poesia] na faculdade. Fiz alguns cursos de escrita que se focavam principalmente em poesia. Na época, era apenas o que eu precisava para essencialmente escrever todas as letras para o disco *Until Your Heart Stops*, porque menos de um mês antes de começar as gravações, nosso vocalista Dave Scrod saiu da banda. Recentemente passei por uma fase em que li tudo do [Richard] Brautigan. Agora estou passando muito lentamente pelo livro *Book of Longing*, do Leonard Cohen, lendo cada trecho duas vezes antes de seguir em frente.

Além de música e literatura/poesia, o que mais te influencia a escrever músicas?
Stephen: Às vezes pode ser um filme. Acabei de escrever uma música inspirado por assistir ao filme The Gate pela primeira vez em muito tempo. A música "Days of Heaven", do meu último disco *Hit or Mistery*, foi inspirada no filme de mesmo título do Terrence Malick.

Vi no seu site que você dá aulas de guitarra. Como é a experiência? Já recebeu alguns fãs do Cave In entre os seus alunos?
Stephen: Meus últimos anos em Boston foram muito bem-sucedidos nessa parte de dar aulas. Trabalhava principalmente com crianças/adolescentes, com idades entre 9 e 16 anos, todos muito novos para conhecer o Cave In. As aulas diminuíram um pouco desde que vim para NY, mas recentemente trabalhei com um fã de Cave In em algumas coisas de guitarra e foi ótimo! Não tive que "torcer" o braço dele para praticar, o que foi algo novo, dadas as minhas experiências com crianças... Apesar de que não há nada igual a ver um aluno jovem indo de não saber nada até conseguir tocar uma música inteira na guitarra.

Outro dia li na sua página do Facebook que você estava começando a curtir mais a fase do Black Sabbath com o Dio. Você prefere o Sabbath com ele ou com o Ozzy? E o que achou do disco novo deles, 13 (2013)?
Stephen: Sempre vou preferir a época do Sabbath com o Ozzy, porque todas aquelas músicas estão muito enraizadas na minha "educação musical". As coisas com o Dio são animadoras para ouvir agora que estou realmente aberto para isso. Fiquei surpreso em achar que muito do material dessa época me lembrava as coisas iniciais do Iron Maiden. Apesar de ainda não ter escutado o 13, algumas fontes confiáveis me disseram que, na verdade, não é ruim!

Agora são as duas últimas. Do que você mais tem orgulho na sua carreira?
Stephen: Tenho orgulho em dizer que as quatro pessoas no Cave In ainda são amigas, acima de tudo e apesar da montanha-russa em forma de "carreira" que tivemos como uma banda.

E como você quer que as pessoas lembrem de você?
Stephen: Como alguém experimentalmente desafiado! (risos)

UNSANE
BIG BUSINESS

22 JUNY 2012 · 20:00H · MUSIC HALL BARCELONA · 16 EU / 18 EU

CAPÍTULO 8

NOISE/ EXPERIMENTAL

TODAY IS THE DAY | UNSANE | OXBOW

A partir do final dos anos 1980, em meio à ebulição do rock alternativo, surgiram algumas bandas ainda mais estranhas e pesadas do que Helmet, Faith No More, Jesus Lizard e outros nomes que alcançaram sucesso comercial em diferentes níveis. Com um som extremamente barulhento, e por vezes experimental, Today is The Day, Unsane e Oxbow continuam deslocados em um gênero que já é deslocado por natureza.

TODAY IS THE DAY

Steve Austin (guitarrista/vocalista do Today is the Day e produtor musical) – entrevista feita em março de 2014

Homônimo do famoso lutador (e agora ator) norte-americano, Steve Austin consegue expressar ainda mais agressividade do que o seu xará com o Today is the Day, verdadeira instituição do metal feio dos EUA.

Formada no início dos anos 1990 em Nashville, a banda tem uma lista de ex-baixistas e bateristas que provavelmente supera a ficha corrida de Al Capone, mas sempre se manteve ativa e com um som muito próprio graças a Austin, seu líder e único membro original.

Além de ficar à frente do TITD, Austin também é um conhecido produtor musical, já tendo trabalhado com bandas como Converge e Lamb of God. E o cara não para por aí, já que atualmente está com outros projetos, incluindo um (que promete muito) junto com o guitarrista e vocalista do Unsane, Chris Spencer.

Na entrevista a seguir, feita por e-mail em março de 2014, Austin comenta seu relacionamento com o Converge e o próprio Unsane, lembra da sua primeira tour na Europa, em 1994, revela que gostaria de tocar com Neil Peart, do Rush, e conta quais discos mudaram a sua vida.

No segundo semestre de 2013, você entrou em estúdio com o Chris Spencer, do Unsane, para gravar um novo projeto. O que podemos esperar dessa nova banda e como isso aconteceu?

Steve: Na metade de 2013, meu amigo Chris me ligou e perguntou se eu queria colaborar em uma nova banda. Chris é um dos meus melhores amigos (e heróis), então é claro que eu disse sim. Ele [Chris] voou para Maine em agosto e entramos no meu estúdio, onde começamos a criar alguns *riffs*. As coisas andaram rapidamente. Tivemos uma química musical imediata na hora de compor. Então, antes que pudéssemos perceber, o disco já estava escrito e com as demos gravadas. Um pouco depois, pedimos para outro grande amigo meu, Pat Kennedy, do Ironboss, para gravar a bateria do disco. Após uma longa busca, acabamos chegando em Aarned Victorine para tocar baixo. Estamos no estágio final da mixagem agora.

E como está indo o novo disco do Today is The Day? O que podemos esperar,

já que é o décimo disco de estúdio da banda?
Steve: Sim, esse é o nosso décimo disco. Jeff Lohrber, do Enabler, que é um baterista amigo de longa data, juntou-se comigo e o nosso baixista Sean Conkling para escrever o novo disco do Today is The Day, em dezembro de 2013. Atualmente estamos gravando as faixas e vamos começar a mixagem no final de março [de 2014]. Essa é uma besta pesada e complexa. Realmente nos esforçamos para fazer essas músicas. Após passar por muitos eventos dolorosos na vida durante o ano passado, essa é uma saída de pura insanidade e dor.

Como você divide seu tempo entre o Today is The Day, suas outras bandas e seu trabalho como produtor?
Steve: O meu lema é "precisamos fazer as coisas". Estou em três bandas diferentes com três discos novos e, sim, tem sido louco. Mas amo isso e tudo acaba sendo feito no momento certo.

Recentemente você publicou no Facebook um link com algumas fotos da primeira tour do Today is the Day na Europa, em 1994. Quais suas memórias dessa turnê?
Steve: Foi uma experiência transformadora, de abrir os olhos. Viajar pela Europa realmente teve um impacto forte em mim e é uma memória que nunca vou esquecer.

Os dois primeiros discos da banda, *Supernova* (1993) e *Willpower* (1994), tiveram um grande impacto no metal alternativo de forma geral. Bandas como Mastodon, Converge e The Dillinger Escape Plan não soariam da mesma forma sem esses discos. Você pensa que hoje em dia o Today is the Day recebe o crédito merecido por esse pioneirismo?
Steve: Não busco crédito por nada. Simplesmente existo e crio. Sei que algumas das coisas que eu fiz influenciaram outras pessoas e, à medida que o tempo passa, é isso que acontece. A música é uma evolução e o que fazemos acaba criando um caminho para o presente e para o futuro. Tenho orgulho do trabalho que fizemos e é parte de mim, não importando se você ama ou odeia esses discos.

Você sempre teve bateristas incríveis tocando no TITD, como o Brann, do Mastodon, e o Derek Roddy. Com quem mais você gostaria de trabalhar?
Steve: Neil Peart, do Rush, e Bill Bruford, do King Crimson.

Você concorda que o Today is the Day talvez seja uma das bandas de metal mais pessoais da história? Claro, existem outras, como Iron Maiden e Black Sabbath, que sempre tiveram "aquele cara", como o Tony Iommi e o Steve Harris, por exemplo, mas sempre seguiram determinados padrões no som. Com o TITD não vemos isso, e cada disco traz novos elementos...
Steve: O Today is the Day é um estilo de vida. As músicas e os temas são reais e vêm do coração.

Você produziu o *When Forever Comes Crushing*, do Converge, em 1998, e mais recentemente o Kurt Ballou, guitarrista do Converge e produtor conhecido, produziu o *Pain is a Warning* (2011), do Today is the Day. Qual sua relação com os caras do Converge?
Steve: O Kurt Ballou é um dos meus melhores amigos. Realmente o admiro como pessoa, artista, engenheiro de som e músico. Foi absolutamente fantástico trabalhar com ele no *Pain is a Warning*. Tirou toda a minha responsabilidade para esse disco e ele conseguiu um som incrível.

Três discos que mudaram a sua vida e por que eles fizeram isso.
Steve: *Spiderland* (1991), do Slint = real. *Reign in Blood* (1986), do Slayer = real. *Red* (1974), do King Crimson = real.

E você tem um disco favorito com o Today is the Day?
Steve: Todos são como filhos para mim. Amo e odeio todos eles.

Quando começou a tocar guitarra? E quem eram os seus heróis naquela época?
Steve: Comecei aos 13 anos. Meus heróis eram o Angus Young, Eddie Van Halen, Daniel Ask, Tony Iommi, Jimmy Page, e as duplas de guitarristas do Iron Maiden e do Judas Priest.

Do que você tem mais orgulho?
Steve: Dos meus dois filhos e da minha esposa. Não seria nada sem eles.

E como você quer ser lembrado?
Steve: Como alguém que se importou...

UNSANE

Dave Curran (baixista do Unsane) – entrevista feita em janeiro de 2014

Os power trios sempre foram responsáveis por algumas das formações mais barulhentas e intensas nos chamados anos áureos do rock, como Cream, Blue Cheer e Grandfunk Railroad. O Unsane continua com louvor essa tradição, desde o final dos anos 1980, provocando um verdadeiro caos sonoro diretamente de Nova York.

A banda faz um som apontado por muitos como uma variação do sludge, mas que, na verdade, é mais uma mistura com o que há de mais pesado no metal e no hardcore, além de um pouco de noise para deixar todo mundo surdo e feliz.

Diretamente ligado a bandas como Neurosis, Melvins e Eyehategod, com quem costumam fazer turnês desde o início dos anos 1990, o Unsane sempre teve um som muito próprio e diferenciado, assim como todo esse pessoal citado acima.

Na entrevista a seguir, feita com o baixista Dave Curran (que também trabalha como tour manager do Melvins e do próprio Unsane), deu para falar sobre a relação da banda com a cena sludge, a proximidade deles com o Jello Biafra, o impacto do skate na banda e até da sua "amizade" com o Derrick Green, que tocava em bandas de hardcore de Nova York antes de entrar para o Sepultura.

Além de tocar baixo no Unsane, você também é o tour manager da banda. Como é isso?
Dave: Sim, eu tomo conta das coisas das turnês, porque faço isso o tempo todo. E aí pensei "Por que pagar alguém para fazer isso?", sendo que eu podia fazer. Já faço isso há cerca de 20 anos, por isso já ficou meio fácil nesse ponto, [para] fazer as duas coisas.

Você também é tour manager do Melvins. Como foi fazer a turnê com as duas bandas no ano passado, em que você tinha que cuidar de tudo isso e ainda tocar? Vocês tiveram inclusive que dividir os bateristas, certo?
Dave: Bom, nós tivemos que fazer a turnê toda com os bateristas do Melvins [Dale Crover e Coady Willis], porque o Vinnie [Signorelli, baterista do Unsane] estava com alguns problemas de saúde, mais especificamente na perna dele, e

teve de ficar no hospital durante aquela tour. Ele está melhor agora, mas teve alguns problemas bem sérios e teve de ficar sem tocar por algum tempo. Isso aconteceu um pouco antes daquela turnê e, no último minuto, Dale e Coady se ofereceram para tocar com a gente. Então, foi assim que aconteceu.

E como foi para vocês, olhar para trás e não ver o Vinnie, que é baterista do Unsane desde 1992?
Dave: Ah, foi ótimo, apesar de um pouco estranho sem o Vinnie. Mas não podia pedir dois bateristas melhores para substitui-lo (risos). E, no final das contas, as pessoas gostaram dos nossos shows, mesmo com essa mudança, e foi divertido tocar com esses caras. Por isso, missão cumprida.

O último disco de vocês, Wreck (2012), saiu pela Alternative Tentacles. Como isso aconteceu? Vocês já conhecem o Jello Biafra há um bom tempo, não é?
Dave: Sim, nós conhecemos o Jello há bastante tempo. Ele costuma ir aos shows do Unsane desde o início dos anos 1990. Sempre que tocamos em San Francisco, ele vai lá, nós conversamos e tal. Ao longo dos anos, passamos por outras gravadoras, mas naquele ano em especial não tínhamos contrato com nenhuma gravadora e ele se ofereceu para lançar nosso disco, o que aceitamos felizes.

E vocês têm planos de fazer um disco novo em breve?
Dave: Por enquanto estamos em espera, para o Vinnie ficar melhor, e então veremos o que fazer a partir daí. Isso porque ele ainda está se recuperando daquele ferimento que falei anteriormente. Por isso, ele não pode tocar por um tempo. Assim, não temos planos de lançar nada em 2014.

Numa situação normal, com qual frequência vocês se encontram para ensaiar e tudo mais? Aliás, todos vocês ainda moram em Nova York?
Dave: Sim, ainda moramos em Nova York. Sobre a frequência, acho que depende da situação. Se estivermos para gravar um disco novo, então ensaiamos bastante, apenas para deixar as músicas finalizadas para a gravação. Ou, se tivermos uma turnê chegando, então pegamos para ensaiar mais nas semanas antes da tour, umas três ou quatro vezes por semana, para deixar o *setlist* mais afiado. Não há nenhuma fórmula mágica nisso, apenas prática mesmo (risos).

Você foi o último da formação clássica a entrar na banda. Como é isso?
Dave: Bom, nós estamos com essa formação desde 1993, 1994. Eu, Vinnie e Chris (Spencer). Teve apenas uma turnê na Europa em que tivemos que tocar com outro baterista porque o Vinnie não podia fazer a tour. E teve uma outra tour em que um outro baixista me substituiu porque eu não podia tocar naquele determinado período. Mas, tirando isso, tem sido a mesma formação para as gravações e a maior parte das turnês desde 1994.

E como aconteceu de você entrar na banda? Já conhecia os caras?
Dave: Bom, inicialmente o Pete Shore, o baixista original, saiu da banda e eles contrataram esse cara de Seattle para fazer a turnê. Eu já era amigo do Chris e ele me chamou para fazer o som na tour. Nesse momento, o cara não deu certo em apenas quatro shows na turnê. Então, eles demitiram o cara e perguntaram se eu não queria fazer o resto da tour com eles como baixista da banda. Acho que isso foi no final de 1993. E, no fim daquela turnê, eles estavam prontos para fazer um disco novo. Então, basicamente eles me pediram para ficar e eu fiquei.

Há outras bandas de Nova York que você acredita que são próximas de vocês, algo como bandas irmãs?
Dave: Acho que sim. Eu toco em uma outra banda chamada Pigs, que lançou um disco no ano passado e saímos em turnê depois disso. É, acho que tem muitas bandas legais em NY. Tem o John LaMacchia, do Candiria, que tem uma banda nova chamada Crooked Man, que é muito boa. A Julie Christmas, vocalista do Made Out of Babies, tem um projeto solo que é muito bom. Tem uma outra banda chamada Tidal Arms, que também é legal. Então, sim, temos uma cena razoável por aqui desse gênero (risos).

Sendo uma banda de NY, vocês tiveram dificuldades no início? Porque a maioria das bandas que soavam mais como vocês eram de outras partes do país, como Califórnia e Nova Orleans...
Dave: Eu não sei. Não sei se tem alguma banda que soe como a gente em Nova York, por assim dizer. É mais um lance de bandas diferentes que pensam de forma parecida. Já encontramos nas turnês, em diferentes lugares – como EUA, Europa e Austrália –, bandas que abriram nossos shows e eram de alguma for-

ma influenciadas pelo nosso trabalho, que soavam como nós... E algumas que eram "covers do Unsane", o que é estranho (risos). Então, acho que tem algumas bandas por aí que soam como a gente.

E você acha que é possível colocar o Unsane na mesma comunidade de bandas como Neurosis, Eyehategod, Buzzov•en e Melvins?
Dave: Acho que as pessoas vão nos colocar onde elas quiserem. Quero dizer, o Unsane começou com essas bandas. Com exceção do Melvins, que começaram antes. Mas o Chris começou a banda em 1989 e todas essas bandas que você citou também começaram no início dos anos 1990. E também tocamos com todas essas bandas. Então, acho que somos crias da mesma cena.

Vocês tiveram alguns momentos bem difíceis com o Unsane, como quando o Chris foi espancado na Europa ou quando vocês decidiram dar um tempo da banda por alguns anos. Por isso, queria saber do que você tem mais orgulho na sua carreira?
Dave: Não sei sobre orgulho, mas a turnê que fizemos com o Melvins no ano passado foi ótima. Definitivamente foi uma situação em que tudo podia ter dado errado, já que o Vinnie não pôde ir de última hora. E o fato do Dale e do Coady terem se oferecido para nos ajudar foi...não sei se orgulho é a palavra certa, mas me marcou bastante o fato de saber que temos amigos dispostos a nos ajudar e salvar a turnê do jeito que foi. Diria que esse foi um bom momento, na minha opinião. Acho que, em relação aos discos que lançamos, gosto de todos os nossos álbuns. Se tivesse que escolher favoritos, provavelmente diria o *Scattered, Smothered & Covered* (1994) e o *Visqueen* (2006). Mas, em termos de ficar orgulhoso, se realmente conseguirmos fazer um disco e sair em turnê, já fico muito orgulhoso de conseguirmos fazer isso (risos).

E quais os shows ou turnês favoritas?
Dave: Suponho que existam lugares em que sempre temos bons shows. Sempre nos divertimos bastante quando tocamos na Itália, França. E nos EUA também temos ótimos shows em cidades como Austin, Chicago, San Francisco e Nova York. Quero dizer, nós temos muitas sorte. No geral, sempre fomos muito bem recebidos em todos os lugares. É difícil escolher um show em especial, mas esses lugares que mencionei são alguns dos meus favoritos.

O clipe mais famoso de vocês, da música "Scrape", traz vários tombos de skate. Vocês costumavam ser ligados nesse meio, certo? Você ainda anda de skate?
Dave: Bom, quando eu era mais novo, sim (risos). Agora eu tenho 43 anos. Por isso, infelizmente parei de andar de skate. Mas, quando esse disco saiu, em 1994, eu costumava andar de skate o tempo todo; o Chris também. Todos os nossos amigos eram skatistas. Por isso, na verdade, foi muito fácil fazer aquele clipe. Um amigo nosso chamado Thomas Campbell, que era um skatista e também escrevia para uma revista de skate, tinha acesso a centenas e centenas de horas de vídeos de skate. Aí um dia estávamos assistindo a vídeos de skate e pensamos em como seria engraçado fazer um vídeo desses. Então ele juntou todas aquelas filmagens para nós. Foi um clipe realmente barato, custou algo como 300 dólares.

Voltando ainda mais no tempo. Quando você começou a tocar?
Dave: Comecei a tocar guitarra aos 10 anos. Meu pai me ensinou a tocar. Depois disso, fiz aula por um ano e tudo que aprendi depois foi sozinho. Um pouco depois, quando já era adolescente, acabei tocando baixo em uma banda e então decidi que também gostava de tocar baixo. E, quando o Unsane me chamou para tocar, eu aceitei na hora.

E tem algum disco que mudou a sua vida?
Dave: Bom, essa é difícil. Acredito que sejam vários em momentos diferentes. Quando comecei a tocar guitarra, aos 10 anos, o AC/DC tinha acabado de lançar o *Back in Black* (1980). E, naquele momento, isso mudou a minha vida porque tudo que eu queria fazer era tentar tocar as músicas desse disco na guitarra. Um pouco depois que eu entrei no Unsane, nós tocamos com uma banda chamada The Cherubs, do Texas, e realmente adorei aquela banda; depois viramos amigos e fizemos outros shows juntos. Diria que esses discos mudaram a minha vida porque os escutei por anos; quero dizer, ainda costumo ouvi-los. Além disso, acho que os suspeitos de sempre quando você é mais jovem, como Sabbath, Iron Maiden, Led Zeppelin e coisas desse tipo. Mas eu diria que a primeira banda que mudou a minha vida foi o AC/DC e o *Back in Black* foi o disco que me fez decidir que queria tocar música de verdade.

Você acha que o Unsane tem um público e um reconhecimento maiores atualmente, em comparação aos anos 1990?
Dave: É difícil dizer. Na última turnê que fizemos por aqui [nos EUA] foi meio que a mesma coisa. E nós ficamos alguns anos sem fazer shows, o que não ajuda. Então, acho que o fato de termos parado e depois voltado, e então repetir isso, certamente não nos ajudou no sentido de conseguir um público maior. Isso nos EUA. Na Europa tem sido algo bem estável, sempre tivemos a mesma quantidade de pessoas indo aos nossos shows. Estando na banda, é meio difícil falar alguma influência que tivemos ou não. Mas, no geral, diria que os shows têm sido basicamente os mesmos, quanto ao público, pelo menos.

No final dos anos 1990, vocês decidiram dar um tempo na banda. Por que? E se arrepende dessa decisão?
Dave: A banda era um emprego em tempo integral nessa época. Nos separamos porque, nos dois ou três anos antes disso, estávamos fazendo turnês em algo como 10 meses ao ano, fazendo 300 shows numa temporada, e acho que exageramos. Nos cansamos e precisávamos de um tempo. Sobre me arrepender... Eu não me arrependo realmente porque era algo que precisava acontecer na época. Quero dizer, a banda estava implodindo, de qualquer forma. Acho que foi boa a maneira como fizemos porque pudemos fazer mais discos alguns anos depois disso. Penso que se tivéssemos continuado, só teria ficado pior e nunca mais teríamos tocado juntos. Por isso, tento não me arrepender de nada, nem pensar muito no assunto. Se é algo que precisa ser feito, então é isso.

Qual a sua opinião sobre as pessoas que fazem download de músicas sem pagar nada?
Dave: Bom, não é nenhum segredo que isso arruinou o pouco de dinheiro que as bandas ainda estavam fazendo com a venda de discos. Ninguém ganha mais com isso. Basicamente, é algo ruim por esse lado. Mas é positivo para os fãs, porque as bandas precisam fazer mais shows, já que essa é a única maneira de ganhar dinheiro e sobreviver fazendo música. Você não vai ganhar dinheiro vendendo discos, ponto. Então, é ruim para as bandas e provavelmente bom para os fãs.

Você conhece alguma banda do Brasil?
Dave: Não conheço muitas bandas do Brasil. Conheço o Sepultura, é claro. O Derrick [Green, vocalista da banda] era meu amigo. Quer dizer, não sei, não vejo o cara há muito tempo, desde que ele entrou para o Sepultura. Ele era de uma banda local, chamada Alpha Jerk. Fizemos alguns shows com eles antes de ele entrar para o Sepultura e ir morar no Brasil. Mas, infelizmente, ainda não tive o prazer de ir para a América do Sul, para o Brasil, e conhecer a cena local. Gostaria muito de ir algum dia.

Vocês já foram convidados para tocar aqui?
Dave: Acredito que fomos convidados, mas isso foi na época em que a banda estava separada. E, além disso, acho que não era [para tocar] no Brasil; se não me engano fomos convidados para tocar em algum festival na Argentina...

Bom, essa é a última. Como você quer ser lembrado?
Dave: Ah, cara, essa é foda. Como um bom amigo, eu acho, não sei (risos). Bom, eu terei sorte se pelo menos se lembrarem de mim. É uma pergunta difícil. Mas acho que é isso. Ficarei feliz se lembrarem de mim e ponto (risos).

OXBOW

Eugene Robinson (vocalista do Oxbow, escritor e lutador) – entrevista feita em janeiro de 2014

Uma das bandas mais talentosas e subestimadas dessa cena alternativa dos EUA, juntamente com Buzzov•en e Cave In, o Oxbow é um caso especial, já que tem o som mais distante do metal e do hardcore de todos os grupos entrevistados neste livro.

O quarteto de San Francisco faz um som pesado, sim, mas com um quê desesperador e algo de experimental, sendo tarefa impossível tentar rotulá-lo, característica que chamou a atenção de selos como a Neurot e Hydra Head, que já lançaram seus discos.

Em janeiro de 2014, tive a chance de falar com o carismático e por vezes polêmico vocalista Eugene Robinson, que também divide seu tempo com outros projetos musicais, além de escrever livros e ser um lutador amador de mão cheia (literalmente).

Nesta entrevista, ele fala sobre o primeiro disco do Oxbow desde 2007, *The Thin Black Duke*, sua carreira como escritor, a retomada do projeto Black Face (iniciado com o ex-baixista do Black Flag, Chuck Dukowski), a razão para já ter literalmente "saído na mão" com fãs do Oxbow e do que gosta de música brasileira: a lista inclui nomes como Caetano Veloso, Seu Jorge, Sepultura e Cavalera Conspiracy.

Em que pé está o novo disco do Oxbow, que será chamado *The Thin Black Duke*? Em julho de 2013, você disse que o plano era começar a gravá-lo alguns meses depois, em setembro, na França, com o produtor Joe Chiccarelli.
Eugene: Não conseguimos fazer a logística funcionar. Chegar até esse estúdio no sul da França teria sido ótimo, mas temos muitos equipamentos e vidas e, apesar de ir até lá parecer um sonho, nossos chefes provavelmente iriam discordar. E fazer isso por um disco em que ninguém vai realmente gastar dinheiro é algo difícil de justificar, uma vez que esse valor não será recuperado. Por isso, nada de França. Nós apenas esperamos até que Joe pudesse vir até Oakland, onde nós gravamos as faixas básicas, no último mês de novembro.

Além do Joe, que é um produtor conhecido e já trabalhou com o U2, vocês também já colaboraram com o Steve Albini e até tiveram a Marianne Faithfull cantando em uma das suas músicas. Há algum outro produtor e/ou cantor com o qual você gostaria de trabalhar no Oxbow?
Eugene: Produtor? Bom, Joe é o nosso cara. E o Steve também, de certa maneira. Mas se envolver com produtores é como se envolver com músicos: eles são valiosos pela colaboração que trazem para a música que você está fazendo. Quanto a outros cantores, tenho uma lista longa...mas nem todo mundo diz "sim". Adoraria cantar com a Sade. A Björk também seria legal, pela voz dela. Mas, quando digo isso, as pessoas costumam rir; e quando elas olham e eu não estou rindo, elas ficam pensando se eu sou louco. Só que antes preciso pedir para essas cantoras trabalharem comigo. Isso deve me deixar um pouco mais próximo de fazer isso acontecer.

Como você obviamente sabe, 2014 marca o aniversário de 25 anos da banda. Algum plano especial?
Eugene: Terminar o disco novo, *The Thin Black Duke*, fazer alguns shows e não morrer. Não nesta ordem.

Falando nisso, o primeiro disco do Oxbow, *Fuckfest* (1989), foi originalmente pensado como um bilhete de suicídio em forma de um álbum. Explique um pouco mais sobre como isso aconteceu e o que te fez mudar de ideia.
Eugene: Bem, às vezes os jovens tendem a dramatizar demais o significado das suas vidas, do que estão sentindo e coisas do tipo. Mas, apenas porque é algo super dramatizado não quer dizer que é menos significativo. Especialmente se você tem uma arma na sua mão. Mas uma inabilidade de comunicar ou explicar toda a tristeza geralmente resulta em muita coisa para conseguir respirar, o que leva a um desejo de parar de respirar. Mudei de ideia (sobre o suicídio) quando o *Fuckfest* foi lançado e a resposta do mundo para a minha rendição a um mundo em que foder era o meio de troca e todos estavam fodidos para sempre em tudo que fazia a vida valer a pena foi surpreendentemente positiva (?). Bem, eu senti que provavelmente não estava tão sozinho quanto tinha pensado inicialmente.

Você já lançou alguns livros, como *Fight* e *A Long Slow Screw*. Algum plano para escrever outro? E talvez também um livro sobre a história do Oxbow?
Eugene: Sim, há a peça *The Inimitable Sounds of Love: A Threesome in Four Acts*, que saiu em 2013 pela Southern. Então, estou sempre escrevendo. O que realmente gostaria é ver qualquer um dos meus livros ser transformado em um filme ou série de TV. Mas, até agora, apenas Denis Amar [cineasta francês] mostrou interesse em fazer isso. Agora, um livro sobre o Oxbow? Nunca pensei em fazer isso, além do "livro das letras"... Será que o mundo está pronto para isso? Ou eu estou pronto para o mundo estar pronto para isso? Não se sabe no momento.

Qual sua opinião sobre outros músicos que também são escritores, como Nick Cave, Henry Rollins e Mike IX Williams (do Eyehategod)? Já teve a chance de falar com algum deles?
Eugene: Já falei com todos eles em circunstâncias diferentes. Nick e eu cantamos em um show que Barry Adamson fez como parte do London Jazz Festival. E não falamos nada sobre escrever. Henry e eu costumávamos ser parceiros e, apesar de ter memórias de ter falado com ele sobre James Joyce, nós não temos uma conversa sobre qualquer coisa desde 1985 ou 1986. Mike IX Williams e eu falamos mais recentemente e vou me encontrar com ele em alguns dias. Nós nos falamos há pouco, de maneira muito informal, quando ele me perguntou sobre publicação de livros... Cave e Rollins já lançaram livros, mas não penso neles como escritores e não acho que eles pensem em si mesmos dessa maneira, apesar que eu posso estar errado. Ainda não tive o prazer de ler o material do Mike, já que ele disse que ia me enviar seus textos, mas o serviço de correio de Nova Orleans está meio ferrado desde o Katrina. Mas fico feliz quando qualquer pessoa coloca palavras no papel. É um empreendimento nobre, não importa o que seja.

O Oxbow tem um ótimo público na França e na Europa, de forma geral. Você acha que ultimamente mais pessoas no mundo, incluindo também mais locais nos EUA, estão dando o valor merecido para a sua música e de outras bandas, como o Neurosis, por exemplo?
Eugene: Não tenho ideia. Eu realmente não tenho uma boa percepção de quantas pessoas estão prestando atenção ou se é o que "merecemos". Mas o público continua aumentando nos shows, então tem ISSO.

Você disse recentemente que existem planos para retomar o Black Face em 2014, mas sem o baixista Chuck Dukowski, que agora está no FLAG (banda com vários ex-integrantes do Black Flag, menos o "dono" Greg Ginn). Como foi tocar com ele e o que podemos esperar dessa nova fase da banda?
Eugene: Chuck era uma das minhas pessoas favoritas daquela época (do Black Flag). E, por isso, tocar com ele foi algo maravilhoso. Mas estou tão feliz quanto é possível por ter pulado toda a *bad vibe* que vinha com a continuidade em tocar aquele tipo particular de música. Mesmo que eu gostasse da música. Seguindo em frente, como fui convencido pelo nosso baterista Tom Dobrov, nós chamamos o Harley Flanagan, do Cro-Mags, pra tocar baixo. O guitarrista ainda está sendo decidido enquanto falo com você. Mas o Oxbow, e outro projeto paralelo meu, chamado Leisure High, vão tomar a maior parte do meu tempo musical em 2014, apesar de eu me devotar de coração para fazer isso (Black Face) à medida que for humanamente possível.

Algumas pessoas dizem que você tem um estilo mais voltado para o confronto físico no palco, uma vez que já teve brigas com pessoas do público em diferentes situações. Você concorda com isso?
Eugene: Eu levo arte e música muito a sério. Também levo muito a sério o direito de não ter gelo arremessado na minha cabeça, cigarros acesos jogados no meu corpo e levar socos nos meus testículos sem nenhum motivo aparente. Se isso é "ser voltado ao confronto", então sim, concordo totalmente com isso. Mas uma verdade verdadeira? Preferiria apenas poder tocar nossa música muito complicada para todos esses amantes da arte que se importam em nos ver e ouvir.

E o lance de tirar a roupa no palco? Tem a ver com usar a arte para provocar as pessoas de alguma maneira ou mais com o lance de, por você ser um lutador, estar mais acostumado e confortável em (não) ficar vestido dessa maneira? Ou nenhuma das anteriores?
Eugene: Manter suas roupas limpas durante uma turnê é uma verdadeira arte.

Quais os três discos que mudaram a sua vida e por que eles fizeram isso.
Eugene: O primeiro disco que comprei: *Psychedelic Shack* (1970), do The Temptations. Porque eu não apenas queria soar como eles, como também queria SER eles. De-

pois seria o *Teenage Depression* (1976), do Eddie and The Hot Rods... Sem eles? Eu não entraria no punk. E o punk mudou a minha vida. E por último o *Prayers on Fire* (1981), do Birthday Party, que significou para mim uma saída do punk com algo muito mais persuasivo e interessante do que qualquer coisa que eu tinha pensado.

Qual sua opinião sobre as pessoas baixarem a sua música e de outros artistas sem pagar nada? E acha que essa é a principal razão para o fim de gravadoras independentes como a Hydra Head?
Eugene: Odeio. Porque odeio a palavra "free", a não ser que estejamos falando sobre eu sair da cadeia ["free" pode significar gratuito ou livre, em inglês]. Mas a Hydra Head não morreu por causa desses downloads, mesmo que fosse conveniente eu dizer isso. Só que o fato de esse tipo de download gratuito ser tão agressivamente prevalente deixa tudo mais e mais difícil para quem faz música poder continuar fazendo isso e se beneficiar da música feita. As gravadoras gastam em embalagens e afins, sendo que nunca vão ver esse dinheiro de novo. E as únicas que acabam comprando o disco são as pessoas nos shows, que é algo que fica cada vez mais difícil de se justificar para continuar fazendo, se as vendas não são significativas o bastante para sabermos se as pessoas querem nos ver, em primeiro lugar. É ruim e fodido e provavelmente não vai mudar em breve. Mas as pessoas que fazem isso deveriam aproveitar o "gratuito" enquanto puderem...eventualmente a única música que vai sobrar para elas escutarem "de graça" será a Miley Cyrus. O que pode não ser ruim.

Como sou do Brasil, gostaria de saber quais artistas brasileiros você conhece.
Eugene: Caetano Veloso, Seu Jorge, Vinícius...e obviamente Sepultura, Cavalera Conspiracy do outro lado. Mas tudo o que pode ser considerada música brasileira tradicional: Gilberto Gil, Sérgio Mendes, e por aí vai... Sou um grande fã da música feita no Brasil. E é claro que também sou um grande fã de "luta livre".

Ok, essa é a última. Agora, quase 25 anos depois de lançar um disco que deveria servir como um bilhete de suicídio, como você quer ser lembrado?
Eugene: Como um ótimo pai, lutador decente, amante com qualidades, e um escritor e artista genial. No entanto, nada aqui sobre ser lembrado como um BOM homem, já que sinto que essa chance eu já perdi.

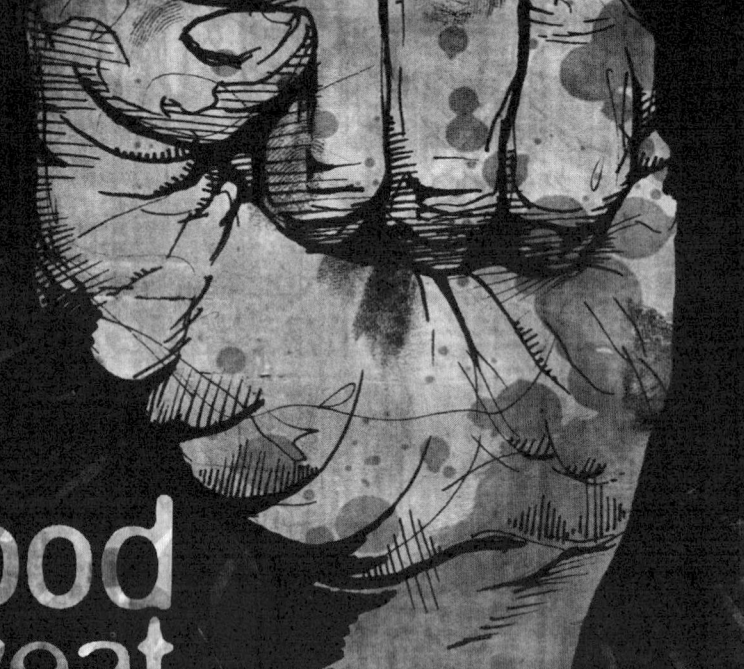

Blood Sweat +Vinyl: DIY in the 21st Century

CAPÍTULO 9

NO CINEMA

BLOOD, SWEAT + VINYL | SUCH HAWKS SUCH HOUNDS

Sem livros específicos sobre sua história (até então), o metal alternativo dos EUA já foi tema de dois ótimos documentários. Enquanto Such Hawks Such Hounds (2008) traça o caminho do stoner/sludge norte-americano, Blood, Sweat + Vinyl (2011) foca na pegada "faça você mesmo" das gravadoras Hydra Head, Neurot e Constellation.

BLOOD, SWEAT + VINYL

Kenneth Thomas (diretor do documentário Blood, Sweat + Vinyl) – entrevista feita em outubro de 2012

A batalha entre integridade artística e a música como negócio sempre gerou fortes discussões e até "vítimas" como o Sleep, que, por divergências com a sua ex-gravadora (London), só conseguiu lançar a obra-prima épica do stoner chapado *Dopesmoker* (2003) após o fim da banda.

Pensando nisso e em como o lema punk "Faça Você Mesmo" continua vivo em pleno século 21, o diretor Kenneth Thomas encontrou um ponto de ligação entre três de suas bandas favoritas – Neurosis, Isis e Godspeed You! Black Emperor – para produzir um documentário que contasse a história das três gravadoras a que esses grupos estão ligados – Neurot, Hydra Head e Constellation, respectivamente – e seus modos de pensar e operar totalmente fora do padrão comercial atual.

Em meio aos seis anos de produção de *Blood, Sweat + Vinyl*, Thomas precisou até tirar um ano de férias do projeto para "não enlouquecer". Mas todo o esforço valeu a pena, já que o filme consegue a difícil proeza de registrar esse verdadeiro ato nobre dos selos independentes pela arte em pleno século 21, com o download ilegal sendo algo possível e fácil para praticamente qualquer ouvinte de música. Além disso, o filme mostra a Hydra Head em pleno funcionamento, algo que não deve mais acontecer nos próximos anos.

Na entrevista a seguir, feita cerca de um ano após o lançamento do filme, Thomas explica como tudo começou, a já citada "crise de um ano", como foi trazer o filme para o Brasil (no festival Indie em 2011, onde foi exibido com o título *Sangue, Suor e Vinil*), passa alguns conselhos para fazer um documentário musical, entre outras coisas.

O filme acaba de completar um ano. Qual o seu sentimento sobre ele, agora que é algo, digamos, mais distante?
Kenneth: Boa pergunta. É interessante. Dei muitas entrevistas assim que o filme foi lançado e não fazia nenhuma há nove meses. Pessoalmente, ainda gosto de assistir o filme, e ainda recebo e-mails e mensagens no site de pessoas do

mundo todo que se dizem muito agradecidas pelo documentário ter sido feito. Então, isso é algo muito emocionante e estou muito agradecido por toda a atenção que o filme vem recebendo.

Qual foi o maior desafio durante a produção, que durou vários anos?
Kenneth: Na verdade, acho que o maior desafio foi começar a fazer o documentário. Porque quando comecei eu era um grande fã dessa música, mas não conhecia realmente ninguém das bandas. Não conhecia o Aaron Turner [Isis e Hydra Head], não conhecia os caras do Neurosis, nem ninguém da Constellation Records. Por isso, o maior desafio foi conseguir começar a produção, iniciar as conversas com eles. Uma vez que consegui isso, posso dizer que todos foram extremamente atenciosos e ajudaram muito. Na verdade, foi um pouco mais fácil do que eu esperava.

E qual foi o seu primeiro contato para iniciar o projeto?
Kenneth: Meu primeiro contato "nesse mundo" foi o Larry Herweg, baterista do Pelican. Eles estavam fazendo um show em Los Angeles (Califórnia). Isso foi em outubro de 2005. E eu tinha tido essa ideia sobre o filme cerca de uma ou duas semanas antes do show. Então, o *timing* foi muito bom. Fui até lá, me apresentei, contei a minha ideia, e ele disse "Isso parece ótimo. Na verdade, o Aaron Turner, um dos diretores da Hydra Head, está aqui. Se você quiser, posso te apresentar a ele". Então, foi muita sorte eu ter ido nesse show do Pelican em que o cara da banda foi super legal sobre a ideia e ainda me apresentou para o Aaron, que basicamente me disse "Ah, me mande um e-mail e falamos sobre isso". E em novembro, cerca de um mês depois, o Isis fez um show e eu filmei essa apresentação, eles realmente gostaram do material e basicamente o resto é história. Depois disso, acho que eles viram que eu sabia o que estava fazendo e concordaram com uma entrevista e começamos daí.

Quando aconteceu a primeira gravação para o documentário?
Kenneth: Bom, a primeira gravação foi feita em 5 de novembro de 2005.

Nossa, você lembra a data exata?
Kenneth: Sim, eu me lembro. Eu lembro porque, na época, estava saindo com uma garota em San Francisco, na Califórnia, e ela queria que eu fosse ao ani-

versário dela. E eu escolhi filmar o show ao invés de ir ao aniversário (risos). E então nós terminamos. Por isso, eu me lembro bem da data.

Boa escolha! (Risos)
Kenneth: É, também acho que foi uma boa escolha. E o show foi ótimo. O show do Isis foi muito bom porque era um show fora da turnê, eles viviam em Los Angeles na época, e tocaram algumas músicas naquela noite que nunca mais foram tocadas depois. Então, tive sorte de filmar aquele show, pois pude ver e documentar algumas músicas que não estavam documentadas em nenhum outro lugar – o que foi muito legal. E isso foi em 5 de novembro de 2005. E fizemos uma espécie de exibição prévia do filme em abril de 2011. Mas foi uma edição inicial do filme. O documentário foi oficialmente lançado em 15 de outubro do ano passado [2011].

Se não me engano, o filme foi exibido aqui no Brasil, em São Paulo, um mês antes disso, em setembro.
Kenneth: Ah sim, você viu nessa época, mas o lançamento oficial foi em 15 de outubro, porque foi quando o DVD foi lançado oficialmente. Então, houve a exibição do filme em São Paulo, e também num festival em Los Angeles [Heavy Metal Film Festival], em abril de 2011, mas a versão final de verdade só saiu em outubro.

E como o filme acabou sendo exibido em São Paulo? Você já mantinha contato com alguém daqui?
Kenneth: Basicamente, após esse festival em LA, eu dei muitas entrevistas e pelo que me lembro, alguém ligado ao festival de São Paulo (Indie Festival) é muito fã de metal e viu uma entrevista minha na Internet, viu as bandas estavam envolvidas [no projeto] e me escreveu dizendo "Isso é ótimo. Eu trabalho para esse festival de cinema sobre música, nós gostaríamos de exibir seu filme". Então fui convidado a fazer parte do festival, o que foi muito legal. É uma pena que não pude ir até aí para acompanhar as exibições.

Nós estávamos falando da Hydra Head. Você ficou surpreso com o fim da gravadora, anunciado há algumas semanas? Era algo que talvez já esperava?
Kenneth: Ah, eu não esperava. Eles duraram quase 20 anos como uma grava-

dora que coloca a arte acima das vendas, sabe? Gastaram muito dinheiro para essas capas e pacotes realmente incríveis, a arte dos trabalhos é algo para se guardar. E eles poderiam ter economizado muito dinheiro ao produzir CDs da maneira mais comercial, que é algo barato. Você tem tudo no plástico, coloca uma arte mais barata e está pronto. Mas não, eles fizeram da maneira mais cara. E eles conseguiram durar o que considero um tempo bastante considerável fazendo isso, em uma época em que está ficando cada vez mais e mais difícil para os músicos e gravadoras existirem, basicamente vendendo música. Por isso, estou muito feliz por eles terem durado tanto tempo. Eu não tinha ideia de que eles estavam passando por problemas financeiros desse tipo, a ponto de precisar fechar. Então isso foi uma surpresa. Mas sou agradecido por terem existido por todo esse tempo. Acho que Aaron Turner disse em sua entrevista que um dos fatores que levaram à sua queda foi que eles sempre colocaram a arte acima das vendas. E, infelizmente, isso não vem como uma surpresa nesse sentido, já que com essa maneira de pensar é difícil tocar um negócio, em que a arte seja o fator principal. Então, nesse sentido não estou surpreso, mas de algumas maneiras eles conseguiram fazer isso funcionar por quase 20 anos, e fico feliz e agradecido por isso.

É óbvio que a gravadora deixará um legado, mas você acha que esse fim da Hydra Head talvez dê uma outra dimensão para o seu filme? Digo, o fato de que a gravadora agora está registrada para sempre, suas ideias e seu modo de funcionar, e tudo mais.
Kenneth: Em um nível pessoal, fico feliz por ter documentado as bandas da gravadora e a gravadora em si durante o que acredito que tenha sido um dos pontos altos deles. Em 2006 e 2007, quando realizei a maior parte das gravações, foi quando as bandas da Hydra Head estavam fazendo muitos shows. E, mesmo estando em uma cena underground, de música mais extrema em certos casos, penso que estavam no auge da sua popularidade naquela época. Por isso, fico muito agradecido pela oportunidade de documentar isso. E fico muito triste em saber que eles não vão mais estar aí. Mas, se você pegar a declaração de Aaron [Turner, quando anunciou o fim da Hydra Head], ele diz que vai continuar fazendo música, as pessoas da gravadora vão continuar fazendo música, e eles vão lançar seus discos por outra gravadora ou outro meio independente. E o

nome do documentário é *Blood, Sweat + Vinyl – DIY in the 21st Century*. E eu penso que basicamente todos vão continuar operando em um nível menor. Aaron tem outra gravadora, que ele gerencia com sua esposa. E, em comparação com a Hydra Head, é menor. Mas acho que eles vão fazer isso funcionar de alguma maneira. Na verdade, poderia ser interessante fazer outro documentário. Tipo uma sequência: "Como as pessoas estão fazendo isso funcionar agora que as coisas mudaram?". Porque o que impulsionou essas pessoas que criaram essas gravadoras é a paixão pela música e o desejo de criar arte. E isso continua vivo, mesmo com o fim da gravadora. Então o espírito continua ali.

O fim do filme, na parte dos créditos, é dedicado ao Old Man Gloom, que é uma banda bem cultuada dessa "cena". O que achou da volta deles neste ano e do novo álbum?
Kenneth: Eu adorei o último disco. Acho que é muito bom. E eles estão em turnê, por isso consegui vê-los algumas vezes ao vivo – dois shows no norte da Califórnia. Fico muito feliz que esses caras ainda se reúnem para fazer música. Porque é uma daquelas bandas que é difícil descrever, eles definem seu próprio som. Eles são o seu próprio gênero (risos).

Como você chegou nessas três gravadoras para o documentário (Neurot, Hydra Head e Constellation)? Havia outras "concorrentes"?
Kenneth: Eu escolhi as três gravadoras em parte por razões pessoais. Godspeed You! Black Emperor, da Constellation, é uma das minhas bandas favoritas. O Neurosis é uma das minhas bandas favoritas também. E o mesmo com o Isis. Por isso, essas três bandas e essas três gravadoras foram, na verdade, minhas primeiras escolhas. E também as escolhi porque sentia que quando você vai a uma loja de discos, e vê um disco da Constellation, você sabe que é deles só de olhar. E o mesmo vale para a Hydra Head e a Neurot. Com todas, apenas olhando para a capa dos discos, há uma vibração, em cada uma delas, que fala para o mundo que essa é a gravadora. Foi meio que daí que a ideia do documentário surgiu. Tipo, como essa atmosfera de família foi criada nas gravadoras de uma maneira que se estende ao trabalho de arte dos discos, e no fato de que quando uma pessoa vê um CD ou vinil em uma loja ela sabe que é de determinado selo, entende? Eles alcançaram esse lance muito legal, incluindo a arte visual.

Começa com a música e vai até o conceito visual. Havia outras gravadoras. A Southern Lord, por exemplo, teria sido uma quarta gravadora muito boa [para o filme]. Mas eles têm algumas diferenças. E colocar quatro gravadoras em um documentário de noventa minutos seria muito... Eu queria passar uma quantidade de tempo falando sobre cada gravadora. E com quatro gravadoras acho que ficaria muito apertado.

Falando nessa questão do tempo: você deixou muito material de fora da versão final?
Kenneth: Sim. O filme tem noventa minutos e eu tinha mais de 70 horas de filmagens. Isso inclui muitas gravações de shows. Porque todos os clipes que estão no documentário foram tirados de shows inteiros. Então, por exemplo, você vê trechos de dois shows do Isis no documentário. Eu filmei o Isis umas cinco ou seis vezes. Com o Neurosis a mesma coisa, você vê uma música no documentário, mas eu filmei o show todo de Portland. Então, você está vendo um trecho muito pequeno do que foi filmado. E é por isso que no DVD há um segundo disco especial com músicas inteiras de várias bandas – duas horas de shows.

Entrevistei o Scott Kelly há alguns meses e ele fez elogios ao filme e sobre ter trabalhado com você. Você chegou a falar com algum dos outros caras do Neurosis, além do Scott e do Steve Von Till?
Kenneth: É, estava subentendido desde o início que Scott e Steve eram meio que "os representantes para a imprensa" da banda. E eu estava ok com isso, já que queria manter tudo o mais simples possível. No documentário, tentei fazer tudo da forma mais cooperativa possível. Tipo, eu sou o diretor, mas tudo que está aqui teve a ajuda de todos que estão no documentário. Em outras palavras, se o Neurosis queria ser representado apenas por esses dois membros, então é assim que seria feito. O Isis estava numa boa com todos da banda falarem, então foi o que eu fiz. Porque queria que todos estivessem representados da maneira que eles queriam.

E como foi juntar todo esse material para chegar na versão final de 90 minutos? Você chegou a ficar louco (risos)?
Kenneth: Putz... Na verdade, eu tirei férias do projeto por mais ou menos um ano, um pouco mais talvez, sem editar nada. Entre 2008 e 2009 eu simplesmen-

te disse "não posso". Eu comecei a ir aos shows por um tempo sem filmar nada, sabe? (Risos) Porque eu adoro filmar shows, mas estava filmando tanto que tinha uma quantidade de material que começou a ficar fora de controle. Precisava me afastar disso por um tempo. O que foi bom, porque em 2010 foi como se eu literalmente acordasse um dia e uma chave tivesse sido ligada na minha cabeça, algo do tipo "eu sei como vou fazer isso". Foi como um trem em alta velocidade, de repente eu sabia exatamente como tudo ia ficar no filme. É como se eu precisasse tirar um tempo de férias do filme. E então, quando estava pronto para acontecer, isso rolou numa boa. Foram necessários vários meses de edição, quase todos os dias, para terminar o filme. Trabalhando de madrugada, dormindo muito pouco. Mas foi muito excitante. Até hoje, quando assisto o filme, ainda fico animado porque é como quando você vai num show e a banda toca uma música que você gosta, e eles chegam num ponto alto da faixa e você fica muito animado. Ainda há partes do documentário que funcionam assim comigo. No começo da edição, parecia um monstro enorme que não poderia ser domado. Mas, depois que descobri um tipo de estratégia, tudo meio que se encaixou.

Qual o seu conselho para alguém que está pensando em fazer um documentário musical?
Kenneth: Esta é uma boa pergunta. Bom, eu já filmava shows há uns três anos antes de começar a fazer o documentário. Por isso, tinha uma boa experiência e me sentia confiante quanto às minhas habilidades técnicas. E, como eu me sentia confiante, tudo que eu tinha a fazer era basicamente mostrar a uma pessoa ou a uma banda qual era a minha ideia. E então com sorte o restante se encaminharia. E foi meio isso que aconteceu. Eu sabia que se conseguisse filmá-los ao vivo, eles poderiam ver e pensar "esse cara sabe o que está fazendo". E, assim, eu poderia dizer "está bem, vocês gostam dessa filmagem? Então agora posso fazer uma entrevista?". Eu acho que deu certo porque eles viram que eu era sério sobre o que estava fazendo. Por isso, acho que é importante abordar seus entrevistados (em potencial) com muita seriedade e muita competência; muita competência técnica. Porque eles sabem o que estão fazendo, eles criaram um som de que gostam. E, se alguém quisesse entrevistá-los, eles iriam pensar e gostariam que fosse alguém que sabe o que está fazendo. E também é importante informá-los sobre seus objetivos desde o início. Deixá-los saber quais são

os seus planos, de forma honesta. Por exemplo: eu não tenho planos de vender esse documentário para uma empresa grande ou algo do tipo. Sempre foi algo independente, desde o início. E nenhuma dessas bandas quer ter suas músicas vendidas para um conglomerado ou qualquer coisa desse tipo. E eu passei essa informação para as bandas desde o início. Eles confiaram em mim. Resumindo: deixe as pessoas saberem quais são suas intenções desde o começo, seja muito sério naquilo que está fazendo, tenha uma estratégia bem pensada, e tenha alguma habilidade técnica em realmente fazer isso.

É possível notar uma preocupação estética muito grande no filme, de maneira parecida com as próprias bandas que são retratadas nele...
Kenneth: Sim! Isso meio que segue o que eu disse antes sobre um conceito cooperativo. Todas essas bandas possuem uma conexão muito forte com o elemento visual. No sentido de que elas encaram o elemento visual como arte e não apenas uma capa legal. Por isso, eu queria ter certeza que isso estivesse bem representado no filme.

Pois é, na primeira vez que vi o filme, achei que tivesse sido feito por alguém próximo das bandas, já que tudo estava "na mesma página".
Kenneth: Acho que o fato de eu escutar essas bandas há bastante tempo também ajudou. A música é minha principal inspiração. A maioria dos diretores dizem ser inspirados por um filme ou um diretor em especial. E a minha inspiração são as bandas...e essa música. Por isso, o estilo visual e da edição final "combina" com isso.

E você tem uma banda ou toca algum instrumento?
Kenneth: Infelizmente, não. Toco guitarra e baixo, como muitas pessoas no mundo. Mas gostaria muito [de ter uma banda]. Acho que esse foi um dos motivos pelo qual fiz o filme. Poder contribuir de alguma forma com essa música que eu gosto tanto, sabe?

Quais seus documentários musicais favoritos?
Kenneth: Há um documentário muito bom chamado *The Band That Would Be King*. É sobre a banda Half Japanese, um grupo de indie rock dos EUA. Esse é o

meu favorito. Deixa eu pensar em mais um...sempre dá um branco quando me perguntam isso. Visualmente, há um filme que é tipo um documentário do Sigur Rós chamado *Heima*. O legal é que o filme mostra a banda tocando algumas músicas na Islândia (terra natal deles), e cada uma delas é tocada em um lugar diferente. Uma faixa é tocada em uma caverna, outra em uma escola, e mais uma em um campo aberto. Também há entrevistas com os caras da banda. E a filmagem é incrível, muito bonita. E tem também um documentário sobre black metal, chamado *Until the Light Takes Us*, que é muito bom.

No seu documentário, o Aaron Turner diz que formou o Isis depois da Hydra Head, enquanto que o Steve Von Till afirma que a grande diferença da Neurot é que eles já eram uma banda muito antes da gravadora existir. Você acha que essas diferenças tiveram algo a ver com a forma como as duas gravadoras funcionam?

Kenneth: Eu acho que eles ainda vêm do mesmo lugar. Mas essa é uma boa pergunta, realmente boa (risos)! O que é interessante sobre o Steve Von Till é que ele diz que uma das coisas mais importantes para o Neurosis é preservar o legado deles. E eles dizem que a gravadora ajuda nessa missão, porque a gravadora é deles, e assim eles lançam tudo que já fizeram pela gravadora. E eles estão relançando coisas antigas pela gravadora, porque é deles. E nenhuma pessoa de fora vai vir e mudar algo. Então, depois que eles se forem, essa música ainda existirá da maneira que eles queriam que ela existisse. Acho que as pessoas são atraídas para a gravadora por razões parecidas, porque elas enxergam muita integridade lá e querem estar conectadas com isso. E creio que Aaron Turner e a Hydra Head partilham de algo parecido. Acho que eles estão vindo de uma perspectiva parecida. Porque eles também estão lançando discos da maneira que eles acham correta. Eles não colocariam essa quantidade de energia e dinheiro nesse pacote a não ser que eles quisessem que fosse lançado dessa maneira. E ser lembrado dessa maneira.

Como sou do Brasil, vou te perguntar isso e já meio que sei o que você vai responder. O que você conhece de música brasileira?

Kenneth: Ah, o Sepultura (risos). Depois você me indica umas bandas, ok?

Ok! O seu filme é sobre gravadoras independentes que realmente precisam vender discos e material para que possam sobreviver. Qual a sua opinião sobre downloads ilegais? Acha que foram a causa principal para o fim da Hydra Head?

Kenneth: Definitivamente não os ajudou a sobreviver. É estranho porque eu já baixei música na Internet, eu admito. Pessoalmente, acho que se você realmente gosta de música, então deveria comprar. Música é uma forma de arte. E você não rouba um quadro [numa exposição] ou vai a um cinema e rouba os rolos 35mm do seu filme favorito. Acho que o mesmo se aplica à música. E o lance do download afeta todo mundo. Você ouve as grandes gravadoras reclamando e é verdade, está sendo ruim para elas. Mas também "machuca" os caras menores. E acho que essa é uma força que as gravadoras como a Constellation, Neurot e Hydra Head possuem: o fato de que seus discos – seus vinis, em particular – são tão lindamente feitos que você precisa comprá-los se realmente quiser a experiência completa da música, sabe? Acabei de comprar o disco novo do GYBE, em vinil. E é lindo, tem um pôster enorme! É incrível ter todo esse pacote e você não recebe isso se apenas baixar o álbum. Muitas pessoas não ligam para a parte visual, só querem ouvir uma música aqui e ali. Não sei se vão conseguir encontrar uma solução para isso, em que bandas e gravadoras possam sobreviver. Penso que estão tentando fazer isso agora: encontrar um novo modo de fazer e distribuir música. Mas, numa época em que todo mundo tem um computador, é muito fácil fazer download. O que é uma pena, porque, como disse, música é uma forma de arte. Algumas pessoas acham que a arte deve ser gratuita; eu penso que há muita energia colocada para criar essas coisas e apenas pegar isso de graça é algo meio errado.

SUCH HAWKS SUCH HOUNDS

John Srebalus (diretor do documentário Such Hawks Such Hounds) – entrevista feita em janeiro de 2014

Apesar de não ser tão popular em livros e documentários quanto outros subgêneros do metal (como thrash e black metal), o stoner/sludge recebeu o tratamento merecido nas telonas com o ótimo filme Such Hawks Such Hounds, lançado em 2008.

Com o apropriado subtítulo Scenes from The American Hard Rock Underground (Cenas do Rock Pesado Underground dos EUA, em tradução livre), a produção do diretor John Srebalus faz um passeio pelo gênero desde os anos 1970 até os anos 2000, trazendo bandas atuais e ainda em atividade.

Remontando desde a origem do verdadeiro peso do som e da importância dos amplificadores para toda a cena, a película traz uma lista de entrevistados de primeiríssima linha, com nomes como Wino (Saint Vitus), Matt Pike (Sleep e High On Fire), Al Cisneros (Sleep), Mark Arm (Mudhoney), Scott Reeder (Kyuss), Greg Anderson (Goatsnake), os produtores Billy Anderson (Neurosis, Eyehategod, Melvins) e Jack Endino (Nirvana, Soundgarden, TAD), e o escritor e editor Ian Christe, entre outros.

Nesta entrevista, John fala sobre os maiores desafios para fazer o filme, os entrevistados que ficaram faltando, seus documentários musicais favoritos, a importância da Internet para essas bandas, entre outras coisas.

Qual seu sentimento ao assistir o filme hoje, quase quatro anos após seu lançamento? Existem coisas que gostaria de mudar ou algo do tipo?
John: Faz algum tempo que não assisto ao filme, mas ele está praticamente memorizado. Sim, há coisas que eu gostaria de ter mudado, desde a época que finalizamos a produção até hoje. Chegou ao ponto de deixar a perfeição de lado, percebendo que não poderia manter o tempo e a energia de comprometimento além dos dois anos que levei fazendo o filme. Tivemos sorte de ter conseguido a maioria das bandas que queríamos, e mais tempo não teria nos feito conseguir as outras que não conseguimos. O dinheiro estava acabando, por isso eu precisava ser realista. Algumas das filmagens do rolo B poderiam ter ficado melhores, por exemplo, e algumas apresentações ao vivo podiam ter sido filmadas

novamente, mas, por outro lado, eu meio que gosto de ter algumas coisas mais "cruas". Apesar de termos conseguido estilizar alguns aspectos do filme.

Quanto tempo levou entre o início das filmagens e o lançamento do filme?
John: Tínhamos uma versão para festivais em menos tempo, mas desde a primeira entrevista até o lançamento em DVD foram cerca de dois anos.

Qual foi o maior desafio que você enfrentou ao fazer o filme?
John: Tivemos sorte no sentido de que as bandas foram bastante acessíveis e interessadas em participar. Não tivemos realmente grandes percalços no caminho; acho que é por isso que terminamos de forma tão rápida. Não conseguimos algumas bandas chave por diferentes razões (como Melvins, Fu Manchu, Neurosis e Eyehategod), por isso tive que me sentir em paz com essas ausências notáveis. Licenciar a música foi algo bastante complicado e que me provocou muita ansiedade, precisando incomodar muitas pessoas por assinaturas e o desconforto geral de falar sobre negócios com os músicos com os quais tínhamos trabalhado.

Por que decidiu focar no rock pesado underground dos EUA? Sentia que essas bandas não tinham o reconhecimento necessário?
John: Sim, isso resume muito bem a razão. Além disso, pensei que os músicos teriam histórias interessantes para contar, e a cena tem uma forte estética visual.

No filme, é discutida a importância do movimento punk/hardcore para a cena dos anos 1980. Você pensa que essa talvez seja a maior diferença entre as cenas stoner dos EUA e Europa – a verdadeira influência do DIY e até de uma sonoridade mais punk na música das bandas americanas?
John: Isso parece verdade agora que você falou, mas eu não tinha consciência dessa diferença e não conhecia muito da cena europeia, além das bandas mais conhecidas.

Fala-se muito sobre o Pentagram no filme, que era uma das bandas mais importantes da época. Você chegou a tentar entrevistar o Bobby (vocalista da banda)? E o que achou do documentário sobre ele, *Last Days Here*?
John: Sim, nós tentamos entrevistar o Bobby, mas tenho a impressão que a história dele estava sendo guardada para esse documentário. Realmente gostei do

filme, achei que foi bem feito e é uma adição importante ao grupo de artistas íntegros que não se importam apenas com sucesso comercial.

Além das quatro bandas que você já citou, há alguma banda ou artista que você queria entrevistar para o filme e não conseguiu?
John: Fiquei perto de fazer uma entrevista com John Garner, do Sir Lord Baltimore, mas ele queria receber uma boa quantia de dinheiro. Não podia fazer isso por questões de orçamento, entre outros motivos.

Você falou com muitos músicos e produtores conhecidos, como Wino, Matt Pike, Scott Reeder, Jack Endino e Billy Anderson, mas também artistas menos conhecidos do público, como Earthless, Dead Meadow e Acid King. Você tinha a intenção de mostrar esses artistas ao público por meio do filme?
John: Queria dar exposição a todas as bandas. Algumas foram escolhidas por gosto pessoal e/ou pela maneira como representavam as diferentes variações sobre o tema.

Quais são os seus documentários favoritos sobre música?
John: São muitos, mas na época [em que estava fazendo o filme] estava muito influenciado pelo estilo do Doug Pray, que fez *Hype!* e *Scratch*. O *Dogtown and Z-Boys* não é um filme sobre música, mas adoro a maneira como Paul Crowder editou o filme junto com a música. Tentei entrar em contato com ele apenas por tentar – meio que um editor dos sonhos – mas nem ele ou sua equipe responderam.

E como você vê essa cena stoner/sludge que começou nos anos 1980 nos EUA e que ainda é bastante ativa atualmente, com bandas como Neurosis, Eyehategod, Down, COC, Clutch, e Baroness, entre outras?
John: Já ouvi discos dessas bandas, mas não sou uma autoridade em nenhuma delas. Mas penso que esse tipo de coisa sempre terá um público forte. Eles sempre farão isso bem, e algumas [bandas] com certeza vão dar certo. O rock pesado preenche uma necessidade humana, e o quanto mais longe ele chega da sua natureza essencial, mais passageiro será. O underground recompensa a qualidade com lealdade e longevidade.

Na maioria dos livros e documentos sobre metal só se fala sobre bandas como Mastodon e Tool, que tiveram mais sucesso comercial, nesse lado mais alternativo da música pesada. Você acha que essa cena stoner/sludge ainda precisa de um maior reconhecimento como gênero pela mídia em geral?
John: Não, penso que o reconhecimento já está aí. Em qualquer gênero, a indústria vai reconhecer os artistas que ela possa vender como um produto, e isso depende de atratividade, de uma "atuação" e todos os tipos de fatores tangenciais. Uma audiência mundial de fãs ardorosos é o que essas bandas recebem. A reação ao meu filme me diz que pessoas da Eslovênia, Indonésia e Brasil conhecem essa música, e encontraram o filme por conta própria.

Além dessa cena forte nos EUA que mencionei antes, também existem festivais dedicados a esses estilos na Europa, como o Roadburn e o Desert Fest. Você pensa que a Internet ajudou a tornar essas bandas mais populares ou é só o fato de que a música pesada é mais aceita atualmente do que quando surgiu nos anos 1970?
John: Bom, nos anos 1970 você tinha bandas como essas em grandes gravadoras, por isso diria que hoje é menos aceito em termos de um mercado mais de massa. O rock independente dos anos 1980 dependia de distribuição e turnês para o tipo de alcance levado a novos níveis pela Internet. Então, felizmente, essas bandas e outras de alta qualidade têm um modelo menos preto e branco de sucesso.

Qual a sua opinião sobre os downloads ilegais? Pensa que são a principal razão para o fechamento de gravadoras independentes, como a Hydra Head?
John: Esse tipo de análise não é realmente o meu forte. Sei que tem sido difícil até mesmo para as mentes altamente treinadas dos grandes conglomerados para descobrir como monetizar o modelo digital, por isso imagino que deve apresentar problemas para vários locais que são comandados por pessoas que vivem e respiram música, mas não tem tanto entusiasmo pela estratégia de negócios. Não estou dizendo que esse é o caso com a Hydra Head; é apenas o meu sentimento geral mais instintivo.

Uma das principais linhas abordadas pelo filme é a vitalidade da música e como ainda existem grandes bandas tocando por aí. Com isso em mente,

você pode citar três bandas novas que merecem mais atenção?
John: Tenho escutado coisas mais antigas ultimamente, correndo atrás pelo Spotify de coisas que perdi quando saíram pela primeira vez. Mas realmente gosto do Steve Gunn, que é um cara que faz um tipo de folk progressivo; e, quanto a rock mais pesado, gosto dos últimos discos do Lumbar e do Mouth of the Architect. Conheci o trabalho dela mais tarde, mas a Sharon Van Etten é incrível.

Você está preparando algum outro documentário relacionado à música?
John: Tenho uma ótima ideia para um documentário que envolve baterias, mas isso terá de esperar até eu ter minha vida de volta após finalizar o último documentário que estou fazendo.

SCENES FROM THE AMERICAN HARD ROCK UNDERGROUND

SUCH HAWKS
SUCH HOUNDS

"THE BEST DOCUMENTATION
OF OUR MUSIC EVER DONE."

— *Scott "Wino" Weinrich (The Obsessed, Saint Vitus, et. al.)*

APÊNDICE
por Fabio Massari

A STORM OF LIGHT

Josh Graham (guitarrista e vocalista do A Storm of Light, ex-Neurosis, Battle of Mice e Red Sparowes, e artista visual/diretor de vídeos) – entrevista feita por Fabio Massari em setembro de 2011

A entrevista com o personagem mais multifacetado do livro, Josh Graham, não podia ter sido feita por ninguém menos que o Reverendo Fabio Massari, que também sabe como poucos como é transitar entre os diversos meios e estilos musicais.

Além de tocar no A Storm of Light, Graham conta com um currículo invejável nos seus trabalhos como diretor de arte e de vídeos, que incluem colaborações com nomes como Soundgarden, The Dillinger Escape Plan, Sleep, Isis e, obviamente, o Neurosis, banda da qual fez parte por 12 anos como artista visual.

Na entrevista a seguir, inédita até então, Massari vai fundo para investigar toda a carreira de Graham, que revela o que o levou a entrar no Neurosis, seu método de trabalho como artista visual, além de comentar sobre seus outros projetos musicais, como Battle of Mice e Red Sparowes.

Vamos chamar essa primeira de "pergunta de registro". Músico? Artista? Considerando o seu amplo repertório de trabalhos, você consegue separar com facilidade as suas diferentes tarefas?
Josh: Às vezes é bastante cansativo ficar mudando constantemente entre os projetos, mas todos eles me recompensam de maneiras diferentes. Por isso, após o conflito inicial, normalmente torna-se apenas divertido e inspirador para criar alguma coisa nova.

Você sempre sabe como vai lidar com uma ideia assim que ela chega?
Josh: Cada projeto é diferente e, na maioria das vezes, eu tenho bastante tempo para começar com um *brainstorm* de ideias, o que ajuda bastante no processo. Para o A Storm of Light (que envolve música e arte) e o Neurosis (arte), eu começo gravando/escrevendo ideias e coletando imagens até um ano antes de realmente iniciar essa arte ou música. Nesse ponto, é quase como se estivesse apenas juntando imagens ou sons que já foram criados na minha cabeça.

Aliás, você trabalha em projetos diferentes ao mesmo tempo?
Josh: Sim, estou sempre trocando de projetos durante o dia. Nas últimas semanas, por exemplo, tenho trabalhado em camisetas do Neurosis, A Storm of Light e Soundgarden, além da capa de um álbum do Soundgarden, e alguns trabalhos como freelancer, entre outras coisas.

Queria falar um pouco sobre o Neurosis agora. Vi um show da banda em 1994, em San Francisco, em uma festa especial da Alternative Tentacles. Você estava lá? Fiquei obviamente impressionado com toda a parte visual do show, que me fez entender imediatamente esse aspecto orgânico da banda. É incrível que, mesmo sendo um músico, você é um elemento importante para o Neurosis sem tocar nenhum instrumento! Pode me falar um pouco sobre o seu papel específico na criação/composição da música com eles?
Josh: Bom, 1994 foi antes da minha época no Neurosis, já que entrei para a banda em 2000. No entanto, assisti a essa turnê, que foi incrível, para dizer o mínimo. E essa turnê é obviamente o que me levou a trabalhar com a banda sete anos depois. Agora estou com eles há cerca de 11 anos, o que é insano.
[nota: Josh acabou saindo do Neurosis em 2012]
A parte visual dos shows já mudou várias vezes. A mais significativa dessas mudanças aconteceu quando eu assumi essa área, e acho que mudei isso umas três vezes desde que comecei. As imagens mudam de acordo com o clima da banda no momento, uma vez que isso é muito importante para mim. Vou mudar mais uma vez de maneira completa a parte visual no ano que vem [2012], o que será uma grande alteração, mas que vai valer a pena.
No Neurosis, eu sou o cara da parte visual/arte, interpreto visualmente o que escuto. Já no A Storm of Light, a música, a parte visual e as letras estão todas muito conectadas. Todas contam a mesma história e tornam-se um pedaço coeso de arte.

Agora gostaria que você falasse um pouco sobre seus outros projetos musicais, começando pelo Battle of Mice.
Josh: O Battle of Mice foi uma época interessante na minha vida. Namorar a vocalista (Julie Christmas, do Made Out of Babies) provou ser um desastre, e esse desastre foi o que impulsionou o disco. Nunca fizemos nenhum show e, para

falar a verdade, não ouvi mais o disco desde que foi lançado. Algo bem louco, mas é verdade. Parece um pesadelo nebuloso e distante (risos).

O Red Sparowes é um projeto incrível, com discos conceituais de música progressiva cheia de títulos ótimos e uma parte visual sensacional. Queria saber qual a razão para trabalhar nos nomes das músicas como se fossem pequenas crônicas poéticas/ensaios? Quando você faz isso, não há um elemento de "spoiler" envolvido?
Josh: A arte e os títulos das músicas do Red Sparowes foram arranjados para substituir o conteúdo das letras [nota: a banda é instrumental]. Ainda queria transmitir uma mensagem para os discos e essa parecia uma maneira interessante de fazer isso. A imprensa teve um dia daqueles com esses nomes de músicas, quase se ofendendo por eles serem tão longos, o que foi engraçado de certa maneira. O último disco em que toquei (*Every Red Heart Shines Toward the Red Sun*) possui os maiores títulos de todos os álbuns da banda.

Jarboe e Lydia Lunch, duas favoritas da casa, musas eternas. Como as conheceu? E quando elas cantaram nos seus projetos, você já tinha em mente o que queria delas em termos vocais? Imagino que elas compartilham da sua visão de mundo...
Josh: Conheci a Jarboe quando o Neurosis fez uma série de shows com ela em 2004. Nos tornamos amigos e sempre ficamos em contato. Fizemos alguns shows juntos, com o Red Sparowes, e eu também toquei em um disco dela, o *Mahakali*. Ela já participou de dois discos do A Storm of Light e espero trabalhar com ela mais vezes. Para os vocais dela no disco *Forgive Us Our Trespasses* (2009), tínhamos uma ideia forte sobre em quais partes queríamos que ela gravasse nas músicas, mas deixamos totalmente em aberto o que ela iria fazer, o que sempre funcionou para a gente.
Sobre a Lydia Lunch. Na verdade, enviei um e-mail totalmente "no escuro" e ela me escreveu de volta, o que foi muito legal. Ela respondeu imediatamente à música e às ideias que tínhamos. Queríamos que ela fosse a Mãe Natureza, acordando de um longo sono, e ela foi incrível. Ainda somos gratos por ela ter feito isso.

Kim Thayil, do Soundgarden.
Josh: O Kim toca em duas músicas do último disco do A Storm of Light, chamado *As the Valley of Death Becomes Us, Our Silver Memories Fade* (2011). Conheci o Kim

quando o A Storm of Light tocou com o Shrinebuilder em Seattle. Ele realmente gostou da arte que fiz para as duas bandas. Então, quando o Soundgarden decidiu lançar sua coletânea *Telephantasm*, eles me chamaram para fazer a arte. Kim e eu começamos a conversar mais durante esse processo e nos tornamos amigos. Como a nossa música estava seguindo para um *feeling* mais rock, pensamos que seria perfeito ter o Kim tocando neste disco. Demos algumas músicas para ele e deixamos que ele fizesse o que quisesse. Mais uma vez, isso funcionou muito bem.

A Storm of Light é o seu "bebê" agora, certo? Que "circuito" vocês tocam, com quais bandas?
Josh: Estamos tocando em todos os lugares, o que é incrível. Já tocamos em Moscou, Bogotá, Helsinki, Los Angeles, Nova York, Montreal, Lisboa, Zagreb, etc. Temos muita sorte por poder ter isso em apenas alguns anos. Estamos realmente tocando com todos os tipos de bandas, cada show é diferente. É impossível listar todas, mas você pode ver quais são no nosso site.

Já sentiram algum tipo de pressão pela sua ligação com o Neurosis? E pensa que a música de vocês é muito "viajante" para um fã de metal tradicional?
Josh: Sobre o Neurosis, acho que sempre teremos essa conexão. Mas a música está se distanciando desse "domínio". O [disco] *As the Valley of Death Becomes Us, Our Silver Memories Fade* é uma prova disso. Com esse disco estamos agora mais focados, mais pesados e mais melódicos. Por isso, penso que vamos começar a ter um apelo maior junto aos fãs de metal mais tradicional, e espero manter também nossa base eclética de fãs.

A música de vocês é muito intensa, pesada, com visões apocalípticas...e beleza e redenção?! Por isso, queria saber como é a experiência dos shows do A Storm of Light.
Josh: Música muito intensa, pesada, com visões apocalípticas...e beleza e redenção?! Sim! Todas as anteriores. Já disseram que o nosso show é "esmagadoramente pesado", que é algo que gostamos de ouvir. O peso das letras, da parte visual e da música: tudo isso vem com muita força.

Queria saber um pouco sobre a sua arte visual. Poderia me guiar um pouco pelo processo de um dos seus trabalhos, como o *And We Kept the Black Ocean* e/ou o *Ghosts*?

Josh: Com o Ghosts tinha a ideia na minha cabeça por cerca de um ano. Fui até hospícios abandonados e coletei imagens para o trabalho, e então fiz tudo em cerca de duas semanas. Então foi um pouco lento e um pouco rápido.
O We Kept the Black Ocean (2008) também era uma ideia em que estava pensando há meses. Nesse caso, as imagens vieram de maneira diferente do que pensei que seria, mas no fim das contas ficou melhor e mais coeso do que imaginei que seria possível. Um dos meus trabalhos favoritos, com certeza.

Assisti ao vídeo da sua Installation 6 e não pude deixar de pensar que alguns aspectos da sua arte definitivamente nasceram para esse formato. Voltando ao início, você sempre se viu misturando suas áreas de atuação com diferentes abordagens, informações e técnicas?
Josh: Por mais estranho que pareça, sempre misturei as mídias; desde que estava no colegial. Tocando em bandas que sempre tinham projeções e fazendo a parte visual e os flyers para essas bandas. Acho que era apenas algo que tinha de ser mesmo.

Voltando ao A Storm of Light. Você diria que é uma banda de "discos"? Penso que o seu trabalho não funciona se você baixar simplesmente algumas músicas.
Josh: Gostaria de pensar que somos uma banda de "discos", mas você nunca sabe quem é o seu ouvinte. Todos são diferentes e buscam pelos seus próprios gostos. E damos as boas-vindas a todos eles!

Esta é a última pergunta, aproveitando a anterior. Você ainda compra discos? Baixa músicas? O que acha da ideia das pessoas baixando sua música de graça nos blogs da vida?
Josh: Sim, eu compro discos de vinil e CDs e versões digitais de álbuns. Não baixo música a não ser que já tenha comprado antes...no caso de ter perdido um disco, por exemplo. O download ilegal definitivamente prejudica a indústria musical, e está afetando as bandas menores e as gravadoras independentes da mesma forma. Ficou realmente mais difícil receber adiantamentos para gravar um disco agora, porque as vendas estão bem menores.

Por Luiz Mazetto

50 DISCOS ESSENCIAIS PARA ENTENDER O METAL ALTERNATIVO

A Storm of Light – *And We Kept the Black Ocean Within* (Neurot / 2008)
Acid Bath – *Paegan Terrorism Tactics* (Rotten / 1996)
Amenra – *Mass V* (Neurot / 2012)
Baroness – *Blue Record* (Relapse / 2009)
Battle of Mice – *A Day of Nights* (Neurot / 2006)
Black Flag – *My War* (SST / 1984)
Botch – *We Are the Romans* (Hydra Head / 1999)
Breach – *It's Me God* (Burning Heart / 1997)
Buzzov•en – *Sore* (Roadrunner / 1994)
Cave In – *Until Your Heart Stops* (Hydra Head / 1998)
Cave In – *Jupiter* (Hydra Head / 2000)
Clutch – *Blast Tyrant* (DRT / 2004)
Coliseum – *Sister Faith* (Temporary Residence / 2013)
Converge – *Axe to Fall* (Epitaph / 2009)
Converge – *Jane Doe* (Equal Vision / 2001)
Corrosion of Conformity – *Animosity* (Death / 1985)
Corrosion of Conformity – *Wiseblood* (Columbia / 1996)
Crowbar – *Odd Fellows Rest* (Mayhem / 1998)
Cult of Luna – *Somewhere Along the Highway* (Earache / 2006)
Down – *NOLA* (Elektra / 1995)
Earth – *Earth 2* (Sub Pop / 1993)
Eyehategod – *Take as Needed for Pain* (Century Media / 1993)
Goatsnake – *Flower of Disease* (Southern Lord / 2000)
Godflesh – *Pure* (Earache / 1992)
Godspeed You! Black Emperor – *Lift Your Skinny Fists Like Antennas to Heaven* (Constellation / 2000)
Grief – *Come to Grief* (Century Media / 1994)
High on Fire – *Death is this Communion* (Relapse / 2007)
Isis – *Oceanic* (Hydra Head / 2002)
Isis – *Panopticon* (Hydra Head / 2004)
Jesu – *Silver EP* (Hydra Head / 2006)
Kylesa – *Static Tensions* (Prosthetic / 2009)
Mastodon – *Leviathan* (Relapse / 2004)
Melvins – *Gluey Porch Treatments* (Alchemy / 1987)
Melvins – *Houdini* (Atlantic / 1993)
Minsk – *With Echoes in the Movement of Stone* (Relapse / 2009)
Neurosis – *Souls at Zero* (Alternative Tentacles / 1992)
Neurosis – *Through Silver in Blood* (Relapse / 1995)
Old Man Gloom – *Seminar II* (Tortuga / 2001)
Oxbow – *The Narcotic Story* (Hydra Head / 2007)
Pelican – *Australasia* (Hydra Head / 2003)
Russian Circles – *Station* (Sargent House / 2008)
Saint Vitus – *Saint Vitus* (SST / 1984)
Sleep – *Sleep's Holy Mountain* (Earache / 1993)
Swans – *Soundtracks for the Blind* (Young God / 1996)
The Dillinger Escape Plan – *Miss Machine* (Relapse / 2004)
Today is The Day – *Willpower* (Amphetamine Reptile / 1994)
Tool – *Undertow* (Zoo / 1993)
Unearthly Trance – *Electrocution* (Relapse / 2008)
Unsane – *Scattered, Smothered & Covered* (Amphetamine Reptile / 1995)
U.S. Christmas – *Bad Heart Bull* (Play the Assassin / 2004)

CRÉDITOS E REFERÊNCIAS

Reportagem do Metal Insider sobre a briga entre Isis e Revolver citada no texto "Breve História do Metal Alternativo": http://www.metalinsider.net/events/revolvers-tom-beaujour-responds-to-aaron-turner-public-criticism-of-golden-gods-awards

CARTAZES DE SHOWS

Precursores: Neurosis – *Arte por Andrew Crawshaw*
(www.brokenpressdesignandprint.com)

Sludge: Eyehategod – *Arte por Andrew Crawshaw*
(www.brokenpressdesignandprint.com)

Pós-metal: Isis – *Arte por Seldon Hunt*
(www.seldonhunt.com)

Sludge progressivo: Kylesa – *Arte por Xavi Forné*
(www.error-design.com)

Stoner/doom: Clutch – *Arte por Xavi Forné*
(www.error-design.com)

Hardcore torto: Converge – *Arte por Andrew Crawshaw*
(www.brokenpressdesignandprint.com)

Já fomos hardcore: COC/High on Fire – *Arte por John Howard*
(www.monkeyink.com)

Noise/experimental: Unsane/Big Business – *Arte por Xavi Forné*
(www.error-design.com)

No Cinema: Blood, Sweat + Vinyl – *Arte por Yoli Hodde*
(www.aponeurotica.com)

No Cinema: Such Hawks Such Hounds – *Arte por Masaki Koike*
(www.phyxdesign.com)

NÓS SOMOS A
TEMPESTADE

MONDO ⊕ MASSARI

Este livro foi composto em Caecilia LT Std, com textos auxiliares em Neutraface Display.
Impresso pela gráfica Prol, em papel Offset 75g/m². São Paulo, Brasil, 2014.